Guido Grandt

Der Satan von Witten

Und andere fanatische Ritualmörder

Knaur Taschenbuch Verlag

Für Sandra:
Es tevi milu!

Besuchen Sie uns im Internet:
www.knaur.de

Originalausgabe Mai 2007
Copyright © 2007 bei Knaur Taschenbuch.
Ein Unternehmen der Droemerschen Verlagsanstalt
Th. Knaur Nachf. GmbH & Co. KG, München
Alle Rechte vorbehalten. Das Werk darf – auch teilweise –
nur mit Genehmigung des Verlages wiedergegeben werden.
Umschlaggestaltung: ZERO Werbeagentur, München
Umschlagabbildung: FinePic, München
Satz: Pinkuin Satz und Datentechnik, Berlin
Druck und Bindung: Clausen & Bosse, Leck
Printed in Germany
ISBN 978-3-426-77934-7

2 4 5 3 1

Inhalt

I. Vorwort 7

II. »Ritualmord« – Das verborgene Phänomen 16

III. »Ritualmorde« weltweit 56

IV. »Ritualmorde« in Deutschland – Die Opfer 74
    1. *Sandro Beyer: »Im tiefen Wald hört dich niemand schreien ...«* 74
    2. *Markus Wachtel: »Schädelkult und Leichenschändung«* 93
    3. *Tristan Brübach: »Okkulte Kastration und Grabschändung«* 127
    4. *Tobias Dreher: »Halloween und satanistischer Phallus-Kult«* 138

V. »Ritualmorde« in Deutschland – Die Täter 164
    5. *Günter Diefenthal: »Okkulte Hinrichtung«* 164
    6. *Silvia Brakel: »Luzifer, Herr der Finsternis, gib mir ein Zeichen«* 169
    7. *Frank Gust: »Der Rhein-Ruhr-Ripper«* 171
    8. *Armin Meiwes: »Der Kannibale von Rotenburg«* 177
    9. *Manuela und Daniel Ruda: »Menschenopfer für den Satan«* 214

VI. »Ritualmorde« in Österreich 240
   *10. Friedrich Wawrik: »Blutbad und
        Satanskult«* 240
   *11. Liselotte Peyer: »Ritualmord wegen
        Besessenheit«* 246

VII. »Ritualmorde« in der Schweiz 248
   12. »Kind in schwarzer Messe getötet?« 248
   *13. Martha D.: »Teufelspakt« und
        »Satansmord«* 250

VIII. Nachwort 272

   Danksagung 283
   Anmerkungen 285

I. Vorwort

»Es gibt kein Volk, das Gott nicht Menschen zum Opfer dargebracht hätte, kein Volk, das sich nicht durch das entsetzliche Blendwerk der Magie verführen ließ.«
François Marie Arouet Voltaire (1694–1778),
Dichter, Kritiker, Philosoph und Freimaurer

»Du sollst verborgen sein, eine Gefahr für die Welt. Du sollst erhoben sein, und keiner soll dich sehen; erhoben und keiner soll dich verdächtigen.«
Aleister Crowley (1875–1947),
Begründer des Neosatanismus

»Manche Dinge sind geheim, weil sie schwer zu erfahren sind, andere, weil sie nicht geeignet sind, sie auszusprechen.«
Francis Bacon (1561–1626),
Dichter und Staatsmann

»Die Wahrheit wird oft verdunkelt, aber sie erlischt nie.«
Livius (röm. Geschichtsschreiber um 250 v. Chr.)

Während Sie diese Zeilen lesen, geschieht gerade irgendwo auf der Welt ein Mord! Wird ein Mensch erschossen, erstochen, erschlagen, erdrosselt, ertränkt oder wie auch immer zu Tode gebracht. Aus Mordlust, aus Heimtücke, aus Habgier, aus Eifersucht, aus Neid oder aus Gier.
Aber es gibt auch noch ein anderes Motiv, ein »geheimnisvolles«, ein »unheimliches«, ein »nicht fassbares«, eines, dem in Deutschland wenig Beachtung geschenkt wird in

den Büchern der Kriminalisten und Kriminologen und in den Akten der Ermittler, der Staatsanwälte und Richter: der Mord aus rituell-religiösen Motiven; der »Ritualmord«. Mit ihm und in diesem Zusammenhang mit subreligiösen Gruppierungen und Okkult-Fanatikern will ich mich in diesem Buch beschäftigen.

Ritualmorde und Menschenopfer

»Ritualmord« ist die Tötung eines Menschen aus rituellen Gründen oder eine kultische Handlung. Und das »Menschenopfer«, die »sakrale Tötung« von Menschen, ist das »höchste« Opfer, vielfach belegt in der Religionsgeschichte. Tötungsrituale, Ritualmorde und Menschenopfer sind wahrscheinlich so alt wie die Menschheit selbst, als sie anfing, die »Götter« zu erkennen, anzubeten, zu huldigen und hat es in nahezu allen Kulturen der Welt gegeben.

Der amerikanische Archäologe Johann Reinhard, Experte für Mumien und Sakralopfer, ist davon überzeugt, dass auch der Gletschermann Ötzi vor rund 5000 Jahren in einem Ritualmord »geopfert« worden ist. Die höchsten Gipfel des Ötztales seien ein solcher Ort, wie ihn Bergvölker traditionell suchten, um ihren Göttern Opfer darzubieten. Zudem hätte ein »zufälliger« Mörder die wertvolle Bronzeaxt und andere Dinge mitgenommen, die neben Ötzis Leiche gefunden wurden.

Im Jahr 2003 entdeckt ein britisch-irisches Forscherteam zwei Moorleichen in der Nähe von Dublin, die schon vor 2300 Jahren, in der sogenannten »Eisenzeit«, Ritualmordopfer waren. Eines der Opfer wurde erstochen, enthauptet und dann zerstückelt – seine Brustwarzen waren ihm zuvor abgeschnitten worden. Dem anderen wurde der Schädel

zertrümmert. Die Leichen sind an den Grenzen königlicher Territorien im Moor versenkt worden, um für gute Ernten während der Ägide des Herrschers zu sorgen.
Schon für die Azteken war der Ritualmord ein »Akt tiefster Frömmigkeit«, der der Erhaltung der Ordnung und Berechenbarkeit des Universums diente, denn »ohne Mahlzeiten aus Menschenblut würde die Sonne sterben und die Welt in Finsternis gestürzt«.[1]
Und auch die Kelten sollen Menschenopferungen mit Festen zum Wechsel der Jahreszeiten durchgeführt haben.
Ritualmorde und Menschenopfer sind nicht nur Ausdruck grausamer Kulte, sondern auch Zeichen tiefsten okkulten, religiösen und pseudoreligiösen Verständnisses mit langen Traditionen. Der Archäologe und Volkskundler Michael M. Rind erklärt dazu:

> »Menschenopfer kommen fast ausschließlich im Zusammenhang mit abergläubischen Vorstellungen in religiös-rituellem Kontext vor ...«[2]

Die rituelle Tötung eines Menschen als Kulthandlung dient dazu, höheren Mächten Dankbarkeit zu erweisen oder sie zu beschwichtigen, eigenen Bitten und Wünschen bei ihnen Nachdruck zu verleihen beziehungsweise sie zu beeinflussen, Vergehen zu sühnen, aber auch als Strafe oder Warnung, als Abschreckung für andere. Genau diese Aspekte werden bei Ermittlungen zu vielen Morden in Deutschland entweder gar nicht oder nur ungern in Betracht gezogen, wie ich in diesem Buch noch erläutern werde.
Vergessen wollen wir auch nicht den »vergeltenden« Ritualmord, den »Tod dem Verräter«, der in einigen okkult-satanistischen und pseudoreligiösen oder neuheidnischen

Gruppierungen rund um den Erdball durchaus praktiziert wird. So wird aus dem Ritualmord ein »Okkultmord«.

Rätsel »Ritualmord« und hilflose Ermittler

Tatsächlich stehen mitunter hinter vielen Morden andere Motive als aus den Ermittlungsakten ersichtlich. Hinter dem Drang zum Töten können auch pseudoreligiöse oder okkult-satanistische Motive stecken. Auch religiöse Zwangs- und Wahnvorstellungen, deren Hintergründe die allerwenigsten Kriminalisten überhaupt erfassen können. Die verborgenen Seelenschichten der Ritualmörder bleiben für sie zumeist undurchdringlich.

Der »Mord mit Ritual« stellt die Ermittler immer wieder vor Rätsel und vor Unglauben. Und deshalb versagen sie auch oft bei der Bearbeitung dieser Fälle. Die wahren, die okkulten Hintergründe der rituellen Morde bleiben fast immer unerkannt. Genau das ist das wirklich Erschreckende! Vieles lässt sich nicht belegen, ist nicht zu dokumentieren. Denn dieses Milieu ist streng geheim. Unverständlich und verschleiert für »Nichteingeweihte«. Fast nichts dringt nach außen. Vieles hat Methode: Täuschen, Tarnen, Lächerlichmachen kennzeichnen den okkult-satanistischen Untergrund in Deutschland. Denn »Verschwiegenheit« ist, so ein Insider der Szene, das »A und O«!

Auch wenn Ritualmörder gefasst werden, gelten sie zumeist als »Geistesgestörte«, als »Irre«, deren Taten nur so ein- und zugeordnet werden können. Selbst wenn bekennende Satanisten oder Okkultisten zugeben, im »Namen Satans« getötet zu haben, wird ihnen dies oftmals von Psychologen, Psychiatern, Staatsanwälten und Richtern mit irgendeinem Krankheitsbild abgesprochen! Als ob es so verwunderlich wäre, dass Religion und Verbrechen nicht nur als Gegensätze zu sehen sind, sondern auch Hand in Hand gehen können.

Mit diesem »Unglauben« der Exekutive und Judikative bleiben die wahren Motive, die im satanistischen, okkulten oder neuheidnischen Glauben begründet liegen, oftmals verborgen. So gibt es auch Täter, die die Ermittler ganz bewusst in die Irre führen, die falsche Spuren inszenieren, die beispielsweise auf Sadismus, statt auf magischen Fetischismus (wie etwa bei der Zerstückelung von Leichen) hindeuten sollen, die die wahren Hintergründe verschleiern und Morde als Taten von psychisch Gestörten tarnen, obwohl es sich um rituelle oder symbolische Tötungen handelt.

Der »Ritualmord« entspricht zumeist ganz und gar nicht der Vorstellung aus zweitklassigen Kinofilmen: ein schwarzer Altar, eine nackte Frau, brennende Kerzen, drum herum in Roben gekleidete Gestalten, der Hohepriester mit einem Dolch, der das Opfer ersticht. Der Ritualmord kann tausend verschiedene Gesichter haben, und mitunter wird nicht eines erkannt!

Und während diverse Ermittlungsbeamte hierzulande über Satanismus und sein Umfeld noch von »organisierter Gruselei« sprechen, wird vergessen, dass okkulte Dogmen nicht nur an den Rand des Wahnsinns derer führen können, die sich damit einlassen, sondern mitunter eben auch zu einer angeleiteten Bluttat.

Dafür gibt es keine Zahlen, keine Statistiken, denn mit diesem »Okkultwahnsinn« will eigentlich niemand etwas zu tun haben. Den Ritualmord gibt es statistisch nicht, denn er wird nirgends erfasst. Es ist fast so, als wäre der Ritualmord ein Vakuum in den ansonsten exakten Tatbestandserklärungen, in der Überbürokratie der Justiz. Mord ist

Mord, könnte man lapidar sagen. Denn nach deutschem Recht (StGB § 211) ist ein Mörder,

> »wer aus Mordlust, zur Befriedigung des Geschlechtstriebs, aus Habgier oder sonst aus niedrigen Beweggründen, heimtückisch oder grausam oder mit gemeingefährlichen Mitteln oder um eine andere Straftat zu ermöglichen oder zu verdecken, einen Menschen tötet.«

Auf meine Anfrage nach statistischen Daten zu Ritualmorden in Deutschland beim Bundeskriminalamt in Wiesbaden wird mir lapidar mitgeteilt:

> »Statistische Daten zu Ritualmorden liegen beim BKA nicht vor. ›Morde‹ werden in der Polizeilichen Kriminalstatistik differenziert nach ›Mord in Verbindung mit Sexualdelikt‹ und ›Mord in Verbindung mit Raub‹ … Aufgrund einer nicht vorhandenen (Legal-)Definition zu Ritualmorden werden solche nicht gesondert von den Landespolizeidienststellen an das BKA übermittelt.«[3]

Im Klartext: Weil es für »Ritualmorde« keine »legale Definition« gibt, wird diese »Mord-Art« einfach nicht erfasst und damit totgeschwiegen! Und das in einem hochbürokratischen Staat, in dem jedes Fünf-Euro-Knöllchen per Computer erfasst und verfolgt wird.

Reise in eine »dunkle Welt«

So macht dieses Buch vielleicht einigen Angst, weil es uns an einen Abgrund führt, von dem die meisten gar nicht wissen, dass es ihn überhaupt gibt. Geschweige denn jemals

einen Blick hinab in die Tiefen der »menschlichen Hölle« geworfen zu haben.
Dieses Buch ist unbequem, weil es unbequeme Fragen aufwirft. Für die Politik, für Staatsanwaltschaften und Polizei und für jeden von uns.
Dieses Buch klärt auf, weil es uns eine Wahrheit »hinter« der Wahrheit aufzeigt.
Dieses Buch soll zum Nachdenken, zum Diskutieren anregen.
Und vielleicht führt dieses Buch auch zu Nachermittlungen bei den noch ungeklärten Mordfällen und zum Nachdenken bei den staatlichen Strafverfolgungsbehörden.
Der Leser wird viel Neues, Unglaubliches und Erschreckendes aus der dunklen Welt des Satanismus, des Okkultismus und der Magie erfahren. Diese Welt existiert genau da, wo er sie am allerwenigsten vermutet: direkt vor seiner Haustür. Allerdings versteckt und verborgen, für Nichteingeweihte (fast) nicht zugänglich.
Diese Welt, in der auch eine satanistische »Mord-Religion« verkündet wird, beinhaltet all das, was die meisten nicht glauben wollen: den »Ritualmord«, den kultischen Mord, den Mord im satanistischen, okkult-magischen Umfeld. Zumeist getarnt und als solcher nicht oder nur schwer zu entdecken. Oftmals bedient er sich Symboliken, die auch am Tatort zurückgelassen werden, um »Eingeweihte« zu informieren oder zu warnen. Symboliken, die für Profane, für »Uneingeweihte«, vor aller Augen sichtbar und doch verborgen sind! Unsichtbar für alle, die nicht wissen, was sie zu bedeuten haben. Geheimgesellschaften, Geheimbünde, Logen, Orden, Zirkel und Kulte bedienen sich dieser geheimen Zeichen, dieser geheimen Symbolik, schon seit Jahrhunderten.

Der Leser lernt Täter und Opfer genauso kennen wie einige Mitspieler und Protagonisten der okkult-satanistischen Szene. Ihm werden einige grauenvolle und unfassbare Mordfälle bekannt vorkommen, weil sie quer durch die Medienlandschaft gingen. Aber dieses Buch wird vor allem die Aspekte beleuchten, die entweder gar nicht, nur vernachlässigt oder ungläubig von der Presse und der Justiz betrachtet wurden: die rituellen, okkult-magischen, satanistischen Aspekte.

So wird dieses Buch nicht nur zum »Reiseführer« durch die Welt der tatsächlichen oder mutmaßlichen Ritualmorde, sondern auch ein Trip durch die okkult-magische, satanistische Welt mit all ihren Irrungen und Wirrungen, all ihren bizarren und grausamen Facetten und so wirklich wie die aktenkundigen Verurteilungen weltweit.

Ich habe auch versucht, verschiedene Symboliken, die an Tatorten zurückgelassen wurden, zu entziffern, sie dem Leser nahezubringen.

Natürlich bleibt einiges Spekulation. Aber in dieser Hinsicht ist auch die bisherige Ermittlungsarbeit (zumindest bei den ungeklärten Mordfällen) oftmals Spekulation oder eine für die Ermittler »logische« Einordnung von Tatzusammenhang und Motiv (bei den geklärten Mordfällen), ohne zu wissen, ob es sich wirklich so abgespielt hat oder nicht. So ist vieles im Dunkeln geblieben, das dieses Buch an das Licht der Öffentlichkeit bringen soll.

Ich hatte über fast zwei Jahrzehnte hinweg Gelegenheit, diese okkult-satanistische, magische und neuheidnische Welt wenigstens im Ansatz kennenzulernen, denn nur als Eingeweihter wird diese einem ganz erschlossen. Doch das, was ich als Außenstehender bislang gesehen und gehört habe und zum größten Teil auch belegen kann, ist schlimm genug. Dabei stützen sich meine Recherchen nicht nur auf wissenschaftliche Bücher oder Sekundärliteratur, Studien oder zugängliche Schriften aus dem pseudoreligiösen Untergrund, sondern vor allem auch auf geheime Insidermaterialien, persönliche Gespräche mit Protagonisten dieser Szene und Vor-Ort-Recherchen bei den meisten der in diesem Buch ausführlicher behandelten »Ritualmorde«. Und ich greife auf Interviews und vertrauliche Gespräche mit Ermittlern verschiedener Dezernate und Polizeidienststellen zurück, die verständlicherweise kein Interesse daran haben, sich öffentlich zu outen.

Bleibt zu hoffen, dass einige von mir in diesem Buch vorgeschlagenen Ermittlungsansätze und auch Erklärungen möglicher Tatmotive Gehör finden werden. Die Täter dürfen sich nicht länger hinter dem Unglauben und Unwissen der Ermittlungsbehörden verstecken und sicher fühlen. Das sind wir den bisherigen »Ritualmord«-Opfern schuldig. Und auch denen, die zweifellos noch folgen werden.

Guido Grandt,
Februar 2007

II. »Ritualmord« – Das verborgene Phänomen

*Schein statt Sein oder: Die Wahrheit
hinter der Lüge*

Die Luft riecht förmlich nach Tod und Terror. Nach verbranntem Fleisch, glühendem Metall, verschmorten Kabeln, angesengtem Kunststoff. Dichte dunkle Rauchschwaden aus tiefen Erdkratern steigen in einen azurblauen Himmel, aus dem vor kurzem der stählerne Tod herabgestürzt ist. Die Flammen sind größtenteils gelöscht. Häuser in Schutt und Asche. Blinkende Blau-, Rot- und Orangelichter. Auf- und abheulende Sirenen. Korsos von Polizei-, Feuerwehr- und Rettungswagen. Einige Flugzeugteile haben noch Straßenzüge von der Absturzstelle entfernt Hausdächer und Autos durchschlagen. Im Umkreis verstreut liegen verkohlte Körperteile der über zweihundertsechzig Toten der American-Airlines-Maschine. Die kleine Siedlung Rockaway Beach im Stadtteil Queens, ansonsten eine friedliche Oase aus Bungalows, Geschäften und zwei Grundschulen, gleicht einem Inferno.
New York, 12. November 2001: Eine Stadt im Ausnahmezustand. Genauso und fast auf den Tag genau wie zwei Monate zuvor, am 11. September, als Flugzeuge – gesteuert von mutmaßlichen Terroristen – die Twin Towers des World Trade Centers zerstörten. Eine Stadt, eine Nation, die ganze Welt unter Schock.
Ich stehe mit meinen Kollegen am Rande der Katastrophe, des »Hellfire«, wie die *New York Post* am nächsten Tag titeln wird. Mitten im Katastrophenviertel. Rund fünfundzwanzig Kilometer von Manhattan, vom Ground Zero ent-

fernt. Um uns herum das hektische Treiben der Rettungskräfte und die geschockten Bewohner des Viertels, die noch einmal mit ihrem Leben davongekommen sind. Wir interviewen bleiche jugendliche Schüler der »Young Israel of Belle Harbour«-School, unweit der Absturzstelle. Orthodoxe Juden fahren Coladosen und Mineralwasserflaschen in Schubkarren zu den Helfern. Ein rußbedeckter Feuerwehrmann erzählt uns von dem grauenvollen Blick, den er bei seinem Einsatz in diese Hölle geworfen hat.

Meine Kollegen und ich sind zufällig hier. Eigentlich haben wir an diesem sonnigen Montagmorgen einen Termin mit einem Captain des Queens Police Departement. Wir suchen nach einem achtzehnjährigen Mädchen, das mit ziemlicher Sicherheit mit falschen Versprechungen von einer Tanzkarriere am Broadway von Deutschland nach New York gelockt worden ist. Seitdem wird es vermisst. Es könnte auch sein, dass es sich unter den Toten des 11. Septembers befindet. Wir stehen noch ganz am Anfang unserer Recherchen in den USA. Was wir wissen, ist, dass das Mädchen nicht auf dem JFK-Airport, sondern auf dem Newark International Airport, New Jersey, gelandet ist. Später wird uns der deutsche Vizekonsul darüber informieren, dass alle Einreisekarten der Passagiere des Fluges LH 408, mit dem es geflogen ist, vorliegen, außer der des Mädchens. Wir werden auf Hinweise einer international tätigen Sekte stoßen, aber die Achtzehnjährige nicht finden. Trotz intensiver Zusammenarbeit mit verschiedenen Polizeirevieren, dem FBI und dem deutschen Konsulat ist es so, als hätte der Moloch New York das Mädchen regelrecht verschluckt.

Der Captain, den wir an diesem 12. November 2001 treffen wollten, ist nun der Einsatzleiter des Flugzeugabsturzes in Queens. Inzwischen ist der Sitz der Vereinten Nationen

in Manhattan, in dem momentan die UN-Vollversammlung tagt, hermetisch abgeriegelt worden. Die drei New Yorker Flughäfen werden vorübergehend geschlossen, der U-Bahn-Verkehr zwischen Queens und den anderen Stadtteilen eingestellt. Alle Brücken und Tunnel, die von und nach New York führen sind für den normalen Verkehr vorsorglich gesperrt, so dass wir nur mit etwas Glück in das betroffene Viertel kommen. Über unseren Köpfen kreisen Kampfjets. Alle sind nervös. Und in vielen Augen spiegelt sich nackte Angst vor erneutem Terror, vor der Verwundbarkeit im eigenen Land und vor dem Tod.
Rekonstruktion der Katastrophe: Flug 587 von New York nach Santo Domingo startet kurz nach neun Uhr Ortszeit auf dem John F. Kennedy Airport Richtung Dominikanische Republik. Der Airbus A-300 der American Airlines ist mit zweihunderteinundfünfzig Passagieren und neun Besatzungsmitgliedern besetzt. Niemand wird den Absturz überleben. Die meisten Fluggäste stammen aus der Dominikanischen Republik. Um 9.17 Uhr Ortszeit geschieht das Unfassbare: Der Airbus bricht kurz nach dem Start in vier Teile auseinander und stürzt auf das Wohngebiet herab, zerstört sechs Häuser völlig und beschädigt sechs weitere. Über die Unglücksursache wird spekuliert. Sabotage oder ein neuer Terroranschlag werden zunächst nicht ausgeschlossen. Das FBI berichtet von einer Explosion an Bord. Dem wird gleich darauf widersprochen. Die Leitung der Ermittlungen übernimmt nicht die Bundespolizei, sondern die Verkehrssicherheitsbehörde NTSB. Ein deutliches Zeichen für die Öffentlichkeit, dass kein krimineller Hintergrund vermutet wird. Dann sollen Turbulenzen eines vorausfliegenden japanischen Jets, sogenannte »Wirbelschleppen« (weak turbulences) dafür verantwortlich sein

oder ein Triebwerksschaden oder Materialfehler, und das, obwohl die Maschine noch einen Tag vor dem Absturz routinemäßig untersucht worden ist. Eine »intensivere« Inspektion hat es sogar rund fünf Wochen früher, am 3. Oktober 2001 gegeben.
Aber knapp zwei Monate nach »9/11« darf es einfach nicht sein, dass Amerika *erneut* Ziel eines terroristischen Angriffs geworden ist, der die Nation *erneut* mitten ins Herz getroffen hat, während *erneut* alle Sicherheitsmaßnahmen versagt haben! Dass das mächtigste Land der Erde gegen den heimtückischen Terror eigentlich machtlos ist. Alle, mit denen wir an jenem Tag und auch den darauf folgenden sprechen, sind sich sicher, dass erneut Osama Bin Laden und seine Schergen zugeschlagen haben. Vergessen ist auch nicht die »symbolische« Bedeutung: Am 12. November gedenken die Amerikaner ihren Kriegsveteranen. Ein Schlag ins Gesicht der amerikanischen Öffentlichkeit also. Alles nur Zufälle? George W. Bush und seine Regierung jedenfalls hätten in diesen Tagen einer völlig nervösen und verängstigten Nation unmöglich sagen können, dass Amerika wieder hilflos gegen terroristische Anschläge gewesen ist.

*

Doch was hat dieser tragische Flugzeugabsturz in den USA mit dem Thema dieses Buches, nämlich mit »Ritualmorden« in Deutschland, Österreich und der Schweiz zu tun, wird sich der Leser zu Recht fragen? Diese Katastrophe soll als Beispiel dienen für die Wahrheit hinter der »scheinbaren« Wahrheit, die allzu oft eine Lüge ist.
Seit über zwanzig Jahren beschäftige ich mich zumeist investigativ mit der Kehrseite dieser Gesellschaft, versuche

die Wahrheit hinter der »Scheinwahrheit«, hinter der Lüge zu finden. Ob Kinderpornokonsumenten und Kinderschänder, dubiose Partnervermittler und mafiöse Frauenhändler, Tierschmuggler und Fleischmafiosi, betrügerische Anwälte und Ärzte, Heilsversprecher, Wunderheiler und Scharlatane, destruktive Sekten und Kulte, okkulte Logen und Zirkel – sie alle hatten etwas zu verbergen. Und sie alle haben versucht, den Einzelnen oder die breite Öffentlichkeit, Behörden, Ämter und Ermittler über ihr wahres Tun und Treiben zu täuschen.
Ursache und Wirkung werden dabei vernebelt durch Aktionen der Hintermänner oder Auftraggeber, die die Öffentlichkeit und die Strafverfolgung täuschen sollen. Die Wahrheit wird in Lügen eingebettet. Ab und an auch von den höchsten Stellen, die somit ihre eigenen egoistischen Interessen durchsetzen und vertreten. Oder etwas nicht zugeben können oder nicht zugeben dürfen. Und sollten hartnäckige Journalisten oder andere tatsächlich die Spurensuche nach der Wahrheit aufnehmen, werden sie zumeist als Verschwörungsfanatiker abgestempelt und damit als unglaubwürdig gebrandmarkt. Das ist die einfachste Taktik, die Wahrheit hinter der Lüge zu schützen und zu verbergen.

Die Bushs und der Geheimbund »Skull & Bones«
George W. Bush muss es ja wissen, denn er ist mit Geheimnistuerei sozusagen aufgewachsen. Weniger bekannt ist, dass er, sein Vater George Herbert Walker Bush und sein Großvater Prescott Bush Mitglieder einer höchst obskuren Geheimbruderschaft, dem mächtigsten Geheimbund, den es in den Vereinigten Staaten je gab, waren und scheinbar

auch noch sind. Einer Geheimbruderschaft, der Sexismus, Antisemitismus und Okkultismus vorgeworfen wird. Dem »Skull & Bones« (»Schädel & Knochen«). Ein Auswuchs des berüchtigten Ordens der Illuminaten. Sein Logo ist der Totenkopf! Gegründet wurde die elitäre Geheimgruppierung 1832 von General William Huntington Russell und Richter Alphonso Taft (Vater des 27. Präsidenten der USA) an der Yale University. Ihre Mitglieder werden streng aussortiert und rekrutieren sich aus den ältesten und reichsten amerikanischen Familien. Auch viele CIA-Angehörige entstammen den Reihen von »›Skull & Bones‹, der ungefähr 800 lebende und sehr einflussreiche Mitglieder hat.« Frauen werden erst seit 1991 aufgenommen! Der Geheimbund hilft nur den eigenen Mitgliedern.
George W. Bush, der amtierende Präsident der Vereinigten Staaten von Amerika, ist 1968 Mitglied geworden, sein Vater 1948 und sein Großvater 1917. Erschreckenderweise ist auch George W. Bushs letzter Präsidentschaftswahlkampfgegner John Kerry seit 1966 Mitglied. Die Bush-Dynastie ist nur eine von einflussreichen Familien, die in diesem Geheimbund das Sagen haben. Andere sind die Familien Rockefeller, Harriman, Lord, Bundy, Phelps, Taft und Whitney. Ferner Senatoren, Kongressabgeordnete, Richter am obersten US-Bundesgericht und Mitglieder des Kabinetts.
Die amerikanische Journalistin Alexandra Robbins, ebenfalls Absolventin der Universität Yale, beschreibt in ihrem Buch *Bruderschaft des Todes – Skull & Bones, der Geheimorden hinter George W. Bush* die Räumlichkeiten des Ordens, darunter die sogenannte »Gruft«: »Die Gruft beherbergt eine große Sammlung von Kriegsmemorabilia aus dem Amerikanischen Bürgerkrieg sowie dem Ersten und Zweiten Weltkrieg ... Bilder des Todes sind allgegenwärtig ...

Dutzende von Skeletten und Schädeln, sowohl von Menschen als auch von Tieren ... hängen an den Wänden.«[4]
Der geheimste Raum, in dem seit jeher die erhabensten Zeremonien stattfinden, wird als »Innerer Tempel« oder »Zimmer 322« bezeichnet. »Ein Schädel und gekreuzte Knochen hängen in einer Halterung innen über der Eingangstür«, beschreibt Alexandra Robbins weiter. »Unter einer blau gestrichenen Kuppel ... steht ein Kartentisch, auf dem ein auf ein Kissen gebetteter Totenkopf sowie eine Sanduhr ruhen ... Im Zimmer ragt eine riesige Vitrine mit einem Skelett auf ... Früher einmal lag zu den Füßen des Skeletts ein Kindersarg und das Gerippe, das dereinst darin geruht hatte, baumelt nun über dem Kaminsims ...«
In einer Glasvitrine sind Schädel, Knochen, Steigbügel und Zaumzeug zu sehen, die von dem einst berühmtesten Indianer, Apachenhäuptling Geronimo, stammen sollen, die der Großvater des amtierenden amerikanischen Präsidenten, Prescott Bush, und einige andere 1918 aus Fort Sill stahlen und in der Gruft versteckten.
Der Journalist Ron Rosenbaum, der mehr als 25 Jahre mit der Jagd nach »Skull & Bones« zugebracht hat, veröffentlicht im April 2001 im *New York Observer* einen Bericht über eine Zeremonie des Geheimbundes. Mit einer Hightech-Videoausrüstung für Nachtaufnahmen ist es ihm und Kollegen wohl gelungen, eine Art geheime Initiationszeremonie zu filmen. »Ihnen bot sich ein entsetzliches Bild: Ein Kerl, der eine Art Tierfell ... trug und etwas in der Hand hielt, das wie ein Schlachtermesser aussah, beugte sich über eine Gestalt, offenbar eine Frau, die über und über mit Filmblut bedeckt war, sonst aber nicht viel anhatte. Dann trat der Neophyt vor einen Totenschädel, der ein paar Meter weiter ... entfernt war. Er kniete nieder und küsste den

Schädel, woraufhin sich der Kerl mit dem Messer ebenfalls hinkniete und der liegenden Gestalt die Kehle durchschnitt (... so tat, als schneide er ihr die Kehle durch).«[5] Wie mag es auch anders kommen; »Skull & Bones«-Mitglieder sprechen nach der Veröffentlichung, dass sie dem Reporter nur eines »auswischen« wollten, wohl gewusst haben, dass er sie filmt und deshalb eine Parodie aufführten.

Doch Lanny J. Davies und G. Barry Golson schreiben bereits 1968 in *Secret Societies*, dass »Skull & Bones« die angeblich beängstigendste Initiationszeremonie aller Geheimbünde hätte. Der Neophyt würde nach Betreten der Gruft geschlagen, dann ausgezogen, zu einer Art Nacktringen gezwungen, auf das ein »Sargritual« folgt. Eine rituelle psychologische Konditionierung. »Das ungeheuerlichste Gerücht über ›Skull & Bones‹ besagt«, so Alexandra Robbins weiter, »die Neumitglieder müssen nackt in einem Sarg liegen und masturbieren. Diese Vorstellung veranlasste eine Reporterin der Zeitschrift *Observer Life* zu der Spekulation: ›Wenn George Bush in einem Sarg lag und masturbierte, während er seinen Skull & Bones-Mitbrüdern von den sexuellen Erlebnissen seiner Jugendzeit erzählte, wie es die Initiationsriten des Geheimbundes verlangen, dann fällt es mit einem Mal schwer, den ehemaligen Präsidenten als würdevolle Persönlichkeit zu betrachten.‹«[6]

Fest scheint zu stehen: Bei den Einweihungsriten sind die Akteure maskiert, tragen teilweise Roben und Ähnliches. Eine Tasse in Form eines Schädels ist mit »Blut« gefüllt (nur »Saft oder Gatorade«, »verrät« ein Bonesman), das Neumitglied wird zum Stillschweigen verpflichtet, zu einem Bild von Judas Ischariot getrieben, dann wird es auf die Knie gestoßen und sein Kopf zu der »Blutlache« hinuntergedrückt. »Trink! Trink! Trink«, schreien die Bonesmitglie-

der. Nachdem der »Schwanz des Teufels« den Neuen ins Gesicht getroffen hat, zerren sie ihn vor ein als Papst verkleidetes Mitglied, dessen Fuß auf einem steinernen Schädel ruht. Der Neuling muss sich niederknien und den Zeh des falschen Papstes küssen. Und so geht es weiter. Die Neulinge werden dann in Roben gekleidet und erhalten einen neuen Namen. George W. Bushs Bonesname soll »Temporary« lauten. Der seines Vaters George angeblich »Magog« oder »Barebones«. In den dreißiger Jahren haben die Mitglieder einen »Hang zum Diabolischen«, nennen sich »Beelzebub«, »Baal«, »Thor«, »Odin«. »Außerdem lernen sie die ›Bones-Hure‹ kennen, die als Einzige ihren festen Wohnsitz in der Gruft hat und dafür sorgt, dass die neuen Bonesmen ... das Grab reifer verlassen, als sie es betreten haben.«[7] Eine Andeutung auf Sexualmagie?
In den Reihen von »Skull & Bones« werden »Heilige Hymnen« gesungen, und die Ordensmitglieder müssen über ihr Sexualleben reden. Geständnisse, auch die homosexueller Natur, die mehrere Stunden dauern können und »Eheglückssitzungen« genannt werden! Die Zuhörer versetzen sich währenddessen in einen Zustand von »CB« (»connubial bliss«), von »ehelicher Wonne«. Lucius H. Biglow, pensionierter Anwalt aus Seattle und ehemaliges Bones-Mitglied, meint hierzu, dass diese sexuellen Autobiographien dazu beitragen, die normalen Barrieren der Mitglieder zu zerstören und es klar sei, dass das »erpresserische Potential solcher Informationen ständig dazu verwendet werden konnte, die Loyalität der Mitglieder der Gesellschaft zu erzwingen.«[8]
Und auch über ihre Lebensgeschichte müssen sie erzählen und enthüllen dabei oftmals mehr als beabsichtigt. Wohl ebenfalls mit dem Hintergrund, dass sich der Einzelne »er-

pressbar« macht, warum sonst sollte jemand seine intimsten Geheimnisse ausplaudern müssen?
Alexandra Robbins ist auch dem Gerücht nachgegangen, der Geheimbund wäre antisemitisch: »Ich konnte keine eindeutigen Beweise dafür finden, dass ›Skull & Bones‹ als Organisation zu irgendeinem Zeitpunkt Antisemitismus predigte, aber es gibt hinreichend Belege dafür, dass einzelne Geheimbundmitglieder Juden verachteten.« Einige von ihnen haben eine »Quote« bei der Immatrikulation von Juden gefordert. Und ihren »Judenhass« unumwunden zugegeben.
Aber auch Frauen kommen bei diesem Geheimbund in der Regel nicht gut weg. Erst seit 1991 werden sie überhaupt aufgenommen. Für viele Bonesmen sind Frauen nur »Menschen, die man am Wochenende sieht und Cocktailkleider tragen«, und die Atmosphäre kann man durchaus als sexistisch bezeichnen, wie Alexandra Robbins weiter meint. Noch 1988 lässt Bones-Mitglied George Bush verlauten, dass er nicht unbedingt geneigt sei, Frauen in den Geheimbund aufzunehmen![9] Auch in diesem Zusammenhang gibt es Hinweise auf geheime Zeremonien, etwa eine Art Hochzeitsritual, das nach Aussteigerinformationen auch in einigen anderen Logen vollzogen werden soll, bei dem die Frau allen Mitgliedern »zu Willen« sein muss. In den sechziger Jahren ist es der Schwester einer »Skull & Bones«-Braut gelungen, heimlich eine Hochzeitszeremonie zu beobachten. Niemand durfte dabei sein außer den Mitgliedern. Abgehalten wurde sie in einer Scheune. Die Mitglieder trugen schwarze Kapuzenroben, intonierten Gesänge in eigenartigen Sprachen, schwenkten einen Gegenstand wie ein Stock (ein Phallussymbol?) über einem Sarg und sprachen von Geistern. »Es war wirklich unheim-

lich«, berichtet die Augenzeugin. »Wie ein Ritual – es hatte beinahe etwas Heidnisches. Sie beteuerten, sollte einer von ihnen in Schwierigkeiten geraten, kämen sie ihrem Bruder zu Hilfe – auch finanziell. Sie legten besonderes Gewicht auf diesen Schwur, immer für ihren Bruder da zu sein.«[10] Auch diese Beschreibung erinnert fast haargenau an okkult-satanistisch abgehaltene »mystische Hochzeiten«, bei denen die Mitglieder ebenfalls mit Roben vermummt sind und in fremden Sprachen ihre Zeremonie abhalten.
So ist der Geheimorden, ich wiederhole mich, in dem der »mächtigste Mann der Welt«, der amerikanische Präsident George W. Bush, Mitglied war und wohl auch noch ist (»Du kannst bei ›Skull & Bones‹ nicht aussteigen. Du bist Mitglied auf Lebenszeit«[11]), mehr als anrüchig mit seinem okkulten und frauenfeindlichen Gedankengut. Einem Orden, dessen Rituale auch aus dem Mithras-Kult entlehnt sind, wie ein Informant in den siebziger Jahren dem Journalisten Ron Rosenbaum erzählt.[12] Dies ist insoweit interessant, weil auch in okkult-satanistischen Kreisen Rituale zu Ehren Mithras abgehalten werden. Bei diesem aus dem Orient stammenden Kult sollen auch Menschen geopfert worden sein, die Kaiser Commodus (180–192 n. Chr.) veranlasste. Aus manchen Berichten geht hervor, dass innerhalb des Mithras-Kultes auch Kinder getötet wurden, um aus ihren Eingeweiden die Zukunft zu lesen.
»Skull & Bones« – ein Orden, in dem Rituale und Programm sorgfältig darauf abgestimmt werden, durch die Ausbildung der Mitglieder die Macht des Geheimbundes zu steigern, eine neue Generation von »Rittern«, von Auserwählten zu erschaffen. »Irgendwann ist die Selbstwahrnehmung eines Mitglieds so sehr mit seiner geheimen Identität verflochten, dass der Betreffende, sollte er »Skull & Bones« verraten

oder verlassen, etwas verlieren würde, das einen Großteil seiner Selbstachtung ausmacht.«[13] Das ist nichts anderes als Gehirnwäsche, als Umkonditionierung, wie wir das aus anderen Kulten und Logen genauso kennen. Ein Historiker warnt dementsprechend auch, dieser Geheimbund sei eine »internationale Mafia, jenseits aller Regeln und so gut wie unbekannt.«[14] Und der sich genauso verhält wie andere Geheimbünde, wenn man ihnen auf die Schliche kommen will.

In der »Skull & Bones-Gruft« liegt ein blutiges Messer in einem Glaskasten. Damit soll ein Ordensmitglied ermordet worden sein, das Dokumente gestohlen und gedroht hat, diese und andere Geheimnisse an die Öffentlichkeit zu bringen.[15] Etwas, worüber man nicht spricht. Ein Tabu also. Und damit wären wir beim Ritualmord. Und in den dunklen Gefilden von Geheimbünden in der okkulten und satanistischen Weltanschauung.

Satanismus, Magie und Fetischismus

Um die Hintergründe von okkult-satanistischen Ritualmorden besser verstehen zu können, möchte ich nachfolgend dem Leser eine kurze allgemeine Einführung in den Satanismus, die Magie und den Fetischismus geben.

Satanismus ist die rituelle Verehrung und Verherrlichung des Bösen (Satans oder des Menschen, des eigenen »Ichs«), die Bejahung der Unordnung, die Verneinung der Vernunft und der sozialen Pflichten, das bewusste Brechen von Tabus, die Übertretung der gesellschaftspolitischen und juristischen Gesetze, das Praktizieren verschiedener Rituale, Ausführung schwarzer Magie, um schadend und manipulierend auf die Umwelt oder die Mitmenschen zu wirken,

Verspottung und Ablehnung des Christentums (zum Beispiel in der schwarzen Messe), Verhöhnung ethischer und humaner Werte, Ausübung der Sexualmagie. Kurzum ist Satanismus eine Subreligion ohne Anspruch auf Legitimation; eine kultisch orientierte, gnostische, weltweit und vielfach verzweigte Religion des Bösen, ein totalitäres Wahnsystem, gesellschaftsfeindlich und persönlichkeitsgefährdend.

Im »historischen« oder auch »rationalistischen/okkulten« Satanismus wird der Teufel, Satan, Luzifer als Symbol, als wirkliche Gegenwart und Gegenspieler Gottes verehrt, das Weltbild der Bibel weitgehend akzeptiert. »Der wahre Name Satans ist der des umgekehrten Jahwe, er ist die Verneinung Gottes, der Schatten des Lichtes, also der dunkle Aspekt desselben.«[16]

Im »Neosatanismus«, auch »ritueller« Satanismus genannt, steht die Selbstvergötzung, die religiöse Selbstverherrlichung des Menschen im Mittelpunkt. Der Mentor des Neosatanismus und Stammvater des modernen Satanismus, Aleister Crowley (1875–1947), meint hierzu: »Es gibt keinen Gott außer dem Menschen«, also »Gott ist Mensch« oder »Mensch ist Gott«. Mit seiner »Teufelsbibel«, dem »Liber al vel Legis«, dem »Buch des Gesetzes« hat er eine »Force-and-Fire«-Religion geschaffen, in der weder Demokratie noch Nächstenliebe Platz hat; eine satanistische Religion der mitleidlosen Liebe, des unbeugsamen Willens und der Härte. Sie ist eine satanistische Erlösungslehre der Starken, in der Schwaches nichts zu suchen hat. Es gibt keinen »externen« Gott mehr, jeder Mensch ist »einzigartig und königlich, der Mittelpunkt des Universums«. Und daher kann sich auch der Mensch zu einem Richter und Richtenden über seine Mitmenschen aufschwingen, über die juristischen Gesetze und Sittenordnungen, und hat das Recht, all diejenigen zu töten, die dem Neosatanisten sein individuelles, von Crowley verkündetes Recht nehmen wollen! Die meisten weltweiten satanistischen und/oder okkulten Gruppierungen im religiösen Untergrund huldigen Crowleys Maxime.

Im »ambulanten und kulturellen« (auch: »latenter, spontaner«) Satanismus gilt Satan als Kultfigur jugendlichen Aufbegehrens. Unter diesen Typ des Satanismus fällt auch der sogenannte »Drogen- und Jugendsatanismus«.

Der »Kindersatanismus« (eine Definition, die von mir und meinem Bruder Michael erstmals in unserem »Schwarzbuch Satanismus« geprägt worden ist) beinhaltet die Verwicklung gleich welcher Art (sexuell, rituell, psychisch oder physisch) von Kindern in satanistische Rituale, bei deren Ausführung die Kinder als Zuschauer, Opfer oder Täter missbraucht werden. Hierbei finden wir satanisch-rituelle, kannibalische und sexualpermissive Elemente. Ritueller Missbrauch von Kindern ist stets Bestandteil dieser Art von Satanismus.

Magie, die »Zauber- und Geheimkunst«, schreibt Wesen und Gegenständen besondere Mächte, Kräfte und Energien zu. Sie ist die Kunst mit Hilfe von Beschwörungen, Zauberei und rituellen Handlungen Macht über die Natur und den Menschen auszuüben. Magie ist eine »Wissenschaft der Natur«, die den Menschen in die »Geheimnisse der Göttlichkeit« einweiht, wie Alphonse Louis Constant, besser bekannt als Eliphas Levi (1810–1875), der wohl beste Kenner der Magie und größter Okkultist des 19. Jahrhunderts, in seiner »Geschichte der Magie« erklärt.[17] Der Magier will aber seine Umwelt nicht nur beherrschen, sondern sie auch so manipulieren, dass sie in seine Dienste tritt. Hinzu kommt die (scheinbare) Fähigkeit, sich ein Bild, ein Ziel so lange einzubilden, bis es »erschaffen«, »wirklich« ist. Magie also als »Kunst des Wollens und Macht des Willens«.

Einer der neben Aleister Crowley und Dion Fortune bedeutendsten Magier des 20. Jahrhunderts, Austin Osman Spare, der sein eigenes magisches System, den »Zos-Kia-Kultus« erschuf, erklärt, dass die Natur der Zauberei (also der Magie) ist, wenn »Träume zu Fleisch« werden. Zu seinen Grundlagen gehört die Maxime: »Ich glaube, was ich will, und will, was ich glaube.« Sein »Zos-Kia-Kult« verbindet Techniken aus dem »Golden Dawn«-Orden mit Voodoo-Techniken und der Tradition des Drachenkultes aus den dunklen Dynastien des alten Ägypten.[18]

Der große Leitsatz der Magie lautet: »Was oben ist, ist wie das, was unten ist, fähig die Wunder des Einen auszuführen.« »Wie oben, so unten, also wie im Himmel so auf Erden« (oder: »Wie im Kleinen, so im Großen«). Gemeint ist damit, ausgehend von einem magisch-mystischen Hintergrundgedanken, dass der Mensch das winzige Ebenbild Gottes ist und damit den Mikrokosmos und Gott (»das ins Riesenhafte projizierte Bild des Menschen«), den Makrokosmos symbolisiert. Ereignisse und Taten auf der Erde entsprechen somit denen in höheren Sphären und umgekehrt. Die Kräfte des Universums werden sich oben so verhalten, wie sich der Magier unten, in seiner Welt, verhält. Und auch hier ist das »Große Geheimnis« die »Göttlichkeit des Menschen«. Das »große Werk« in der (weißen) Magie ist also, selbst Gott zu werden. Denn der »vollkommene« Mensch kennt nicht nur alle Dinge, sondern beherrscht sie auch. In der schwarzen Magie will der Mensch nicht nur »Satanas« (Levi) erschaffen, sondern selbst zum »Satanas« werden, sich damit zum Herrn über Leben und Tod aufschwingen, die absolute Macht über das

Universum erringen. Um jedoch die »Gott- oder Satansgleichheit« zu erreichen, müssen die verschiedensten Gegensätze miteinander verbunden, vereint, versöhnt werden. Diese Harmonie, dieses vollkommene Gleichgewicht zwischen den Gegensätzen, wird »Equilibrium« genannt. Richard Cavendish bemerkt in seinem Standardwerk *Die Schwarze Magie* dazu: »Viele magische Rituale haben daher den Zweck, die tierischen Triebe in den Tiefen der menschlichen Natur zu wecken und ihnen freien Lauf zu lassen. Der ganze Mensch soll sich zu unendlicher Machtvollkommenheit erheben, nicht nur der Mensch als kultivierter Denker oder der Mensch als brutale Bestie, sondern der Mensch im Zusammenspiel beider Seiten seines Wesens.«[19]

»Schwarze Magie«, die »magia daemonica« (oftmals auch mit der »Goetie«[20] gleichgesetzt) wird auch als schlechte, böswillige, schädliche, destruktive Magie bezeichnet, als der »Pfad zur linken Hand«, weil alle Bewegungen, die nach links gerichtet sind, das Böse aktivieren und die Macht des Bösen als Rebellion gegen das Gute (Gott) symbolisieren. Sie geht einher mit verletzenden bis zerstörerischen magischen Handlungen und umfasst Schadenszauber und die Erreichung der Ziele mit Hilfe von Dämonen und dunklen Mächten. Sie soll Lebewesen negativ beeinflussen, ihnen Schaden zufügen und steht auch für Dämonen- und Totenbeschwörung.

»Weiße Magie«, die angeblich »göttliche Magie« (Theurgie, griech. göttliche Handlung) hingegen gilt als »gute« Magie, als Magie der Liebe, als »Pfad zur rechten Hand«. Sie umfasst unter anderem die Abwehr von Dämonen und dunklen Mächten mit Hilfe von Gebeten und Amuletten, Engeln und guten Geistern, wird zum Helfen, Heilen, zur

Verbesserung von mitmenschlichen Beziehungen sowie zur Abwehr des Bösen benutzt.

»Sexualmagie« (auch »okkulte« Sexualmagie) ist »magische« oder »rituelle« Sexualität (Crowley), in der durch den Orgasmus freigewordene Energien und sexuelle Triebe gesteuert und zielgerichtet eingesetzt werden können. Sex als heiliger, magischer (und) natürlicher Vorgang zur Fortpflanzung, zur Schöpfung neuen Lebens, zur Erleuchtung, muss zwangsläufig, so die herkömmliche hermetische Meinung, kosmische Kräfte in sich bergen. Bei der Sexualmagie wird das Potenzial verborgener Kräfte im Unterbewusstsein, durch Barrieren vom Bewussten getrennt, mittels sexueller Erregung wieder hervorgeholt. Diese Kräfte werden vom Ausführenden wie auch vom Betrachter spirituell genutzt und im Orgasmus frei und verfügbar. Dadurch kann ein höherer Bewusstseinszustand erlebt, oder die Energien benutzt werden, um materielle Güter zu erlangen, jemandem zu schaden, ihn gar zu töten. In den satanistischen Gruppen, in denen Sexualmagie ernsthaft betrieben wird, ist das Ziel, Gott bzw. Satan gleich zu werden. Da Gott/Satan zweigeschlechtlich sein muss (Mann/Frau) wird durch den magisch kontrollierten Geschlechtsverkehr, der rituellen Vereinigung, die Aufhebung dieses Widerspruchs zwischen Mann und Frau angestrebt. Die entgegengesetzten weiblichen und männlichen Pole verschmelzen in der mystischen Verwandlung zu »Einem« und heben den Zustand des Widerspruchs in sich selbst auf. Damit ist der Magier, der dies schafft, der »enthüllte Gott«, wie Crowley sich ausdrückte. In der heidnischen Vorstellung wurde aber auch die vermutete übernatürliche Kraft der Sexualität benutzt, um böse Wünsche, also Flüche, auf diese Weise magisch zu verstärken.

»Fetischismus« bezeichnet in der Ethnologie die »Anbetung von Gegenständen« und bezieht sich auf eine religiöse Praxis, bei der unbelebten Gegenständen, sogenannten »Fetischen«, übernatürliche Fähigkeiten zugeschrieben werden. Diese Fetische spielen beispielsweise in der Magie eine große Rolle, sind selbst mit »Macht« geladen, stellen eine eigene »Kraft« dar, die wie Zaubermittel wirken soll, wenn man ihr seinen Willen »übermittelt«. Sie können durch religiöse Praktiken oder magische Zeremonien zum eigenen Nutzen oder zum fremden Schaden aktiviert werden. Fetische können Figuren aus Stein, Holz, Glas etc. sein oder aber Amulette, Talismane, Knochen, Schädel oder andere Körperteile von Tier und Mensch.

Satanismus, Rechtsradikalismus und
Death- und Black-Metal

Im Zusammenhang mit der Ritualmord-Thematik ist auch die »unheilige Allianz« zwischen Okkultismus/Satanismus und Rechtsradikalismus wichtig. Schon 1998 erkannte die vom Bundestag eingesetzte Enquete-Kommission: »Hinzu kommt, dass ein Teil der okkulten Anschauungen im Zusammenhang mit rechtsradikalen und neofaschistischen Vorstellungen in Verbindung stehen.«[21] Ingolf Christiansen, Beauftragter für Weltanschauungsfragen in der Evangelisch-lutherischen Landeskirche Hannover und Mitglied der damaligen Enquete-Kommission ergänzt: »Gerade im traditionell-okkultistischen Satanismus gibt es Überschneidungen zum rechtsideologischen Bereich. Der Blut-und-Boden-Komplex, die Herrenmenschenideologie gehen mit satanistischen Vorstellungen durchaus ein symbiotisches Verhältnis ein. Auch scheinen Anhänger beider Richtungen nicht abgeneigt, den eigenen politischen Wirkungsrahmen durch magische Arbeit aufzupeppen.«[22] Auch die Landesregierung Baden-Württemberg wies bereits 1995 darauf hin, dass »neogermanisches Rassedenken mit der satanistischen Ideologie vermischt« werde und verschiedene Rock-Gruppen Satan und Hitler gleichzeitig huldigen. Schon Aleister Crowley, der Mentor des Neosatanismus, soll sich gerühmt haben: »Ehedem Hitler ward, bin Ich!«[23] Michael Aquino, der Leiter des satanistischen »Temple of Seth«, einer Abspaltung der »Church of Satan«, hat sogar auf der Wewelsburg, dem »Herz« der SS bei Paderborn, eine »magische Arbeit« durchgeführt. Unterlagen darüber liegen mir vor. »Die germanische Tradition«, so Aquino, »ist ebenfalls Teil des Erbes des Fürsten der Finsternis und deshalb von einem Orden des ›Temple of Seth‹ übernommen, denn dieser nimmt alle Manifestationen der Macht der Finsternis in der Welt bei sich auf.«[24] Bei einer bundesweiten Großrazzia 1999 in der Neonazi- und Satanistenszene spricht der ermittelnde Staatsanwalt von einer »unheilvollen Verquickung verschiedener Ideologien« und davon, dass die Grenze zwischen Satanismus und Neofaschismus fließend sei. Jan Christoph Wiechmann schreibt im Magazin *Stern*: »Satans Jünger – Sie quälen Menschen zu Tode, graben Leichen aus und trinken Blut: Das Treiben der Teufelsanbeter hat eine neue Dimension erreicht. Verfassungsschützer sprechen von einer Allianz zwischen Satanisten und Neonazis.« So wie beispielsweise auch der »Heidnische Blutbund«, der mit Morddrohungen in Runenschrift eine Verbindung zwischen Satanismus und Rechtsextremismus erkennen lässt.[25] Während meiner jahrelangen Recherchen bin ich immer wieder auf Kulte, Gruppierungen und Orden gestoßen, die Nazis und Satanisten gleichermaßen in ihren Reihen haben.

Diese unheilvolle Allianz, die sich schon über Jahre hinweg im religiösen und rechtsextremen Untergrund in Deutschland (aber auch weltweit) etablieren konnte, ist eine der größten Gefahren für unsere Demokratie, unsere Gesellschaft und erst im Ansatz von Justiz und Politik erkannt worden. Auch in Österreich, in Tirol.
Die Staatspolizei (Stapo) ermittelt 1996 gegen Satanisten, die in einem Stollen im Berg Isel in der Nähe des Innsbrucker Westbahnhofs schwarze Messen feiern. Mit dabei: Neonazis, die mit markigen Sprüchen gegen Ausländer und Minderheiten für einen neuen »Führer« skandieren. Im Zuge der Ermittlungen erkennt der stellvertretende Innsbrucker Polizeidirektor und Leiter der Abteilung Staatsschutz, Hofrat Dr. Kiechl, dass es sogar »mehrere Gruppen« geben muss. Und resümiert sicher zu Recht: »Da das Problem immer aktueller wird, besteht dringender politischer Handlungsbedarf.« Doch das Problem sei, nicht einmal im Innenministerium gäbe es eine Sondertruppe für das Sektenwesen. In einer beschlagnahmten Insider-Schrift ist sogar die »Tötung von Aussteigern« befürwortet worden! Ferner wird auch der Zusammenhang zwischen Okkultismus/Satanismus und Rechtsextremismus in der Death- und Black-Metal-Szene erkannt. Rassenhass, Antisemitismus, nationalsozialistische Symbole und satanische Lehren sind eine unheilvolle Symbiose eingegangen.[26]
Ein Beispiel aus der Schweiz ist der »Schwartze Orden von Luzifer«. Er verschweigt seine wahren Absichten nicht. Sein Gedankengut beruht unter anderem auf Karl Maria Wiligut. Auf seiner Homepage wird das sogenannte »Grottenlied« von Dänenkönig Frodi, dem Verkünder des »ewigen Irminenglaubens« thematisiert. Darin geht es um »Vormenschenstämme«, um »Licht- und Steinkinder«

und um »Stammväter der späteren Herrenmenschen, die sich Jahrtausende hindurch als geborene Schwarzmagier betätigten.«[27]

Insbesondere aus Norwegen überflutet dieser gefährliche Sud das südlichere Europa, in der neogermanisches Rassendenken mit der satanischen Ideologie vermischt wird. Gruppen wie »Burzum« und »Mayem« huldigen Hitler und Satan gleichzeitig.

In einer Insider-Publikation, die verschiedene Interviews zusammenfasst, erklärt die Band »Lugburz«, ehemals »Kalibos«: »Was zählt ist, dass wir Satanisten sind, die die christliche Kirche auf den Tod hassen.«[28]

Das erschreckendste aber ist, dass Satanisten und Pseudo-Satanisten diverser Black- und Death-Metal-Bands, die in dieser Musik den Ausdruck ihres Glaubens sehen, auch Mord und Totschlag und Nekrophilie befürworten.

»Der Zweck heiligt die Mittel, Gesetze sind da, um gebrochen zu werden«, erklärt ein Mitglied von »Mjölnir«. »Mord ist auch in Ordnung, da ich den Menschen keine Sympathie entgegenbringen kann«, ergänzt einer der Gruppe »Gorbalrog«. Ein anderer: »Mord ist gut gegen die Überbevölkerung. Basta. Es ist schade, dass man heute für all so was eingesperrt wird.« (»Asaru«). »Wir empfinden keinerlei Unakzeptanz gegenüber solchen Gesetzwidrigkeiten. Soll jeder machen, was er will«, erklären Mitglieder von »Diesater«. Und eines von »Bilskirnir« meint: »Solange man schließlich für einen guten Grund tötet, sehe ich im Prinzip nichts Falsches daran.« Ein Aktiver der Band »Sonnentod« erklärt: »Am meisten interessieren mich die dunklen Seiten des Heidentums, wie z.B. Tier- und Menschenopfer ... Es macht mir nichts aus, wenn jemand stirbt oder ermordet wird, es ist mir egal und es berührt mich nicht.« »Ilmari«

dazu: »Abgesehen mal von Friedhofsverwüstungen ... kann ich Kirchen anzünden und Mord nur gutheißen. Somit kehrt man dieser verklärten, christianisierten Welt den Rücken und zeigt den verängstigten Christen, dass man keinen Wert auf ihre Sakramente legt.« Und ein Band-Mitglied von »Absurd« bringt es auf den Punkt: »Wer die Abläufe der Justiz kennt, der wird entsprechende Vorkehrungen treffen, um nach erfolgreicher Tat nicht durch die Fahndung ermittelt zu werden.«[29]

Dass »Absurd« vor Mord nicht zurückschreckt, haben drei der Mitglieder bewiesen, indem sie 1993 den fünfzehnjährigen Sandro Beyer getötet haben (siehe Kapitel: IV.1. »Sandro Beyer: Im tiefen Wald hört dich niemand schreien ...«).

Aber auch andere Mitglieder der Black-Metal-Szene scheuen sich nicht, zu töten:

1992, Norwegen: Bard G. Ethin alias »Faust«, der Schlagzeuger der Gruppe »Emperor«, ermordet in Lillehammer einen Homosexuellen.

1993, Norwegen: Der satanistische Rockmusiker Christian Vikernes alias »Count Grishnackh«, Ex-Sänger der Gruppe »Burzum«, tötet mit 23 Messerstichen den satanistischen Black-Metal-Musiker Oystein Aarseth alias »Euronymus«. Er wird wegen Mordes, Grabschändung, illegalem Sprengstoffbesitz und Brandstiftung zu einer lebenslangen Haftstrafe verurteilt.

1993, Deutschland: Der Gitarrist der Gruppe »Opferblut« ersticht einen sechzehnjährigen Lehrling. Der Satanist »Leichenschrei«, »Opferblut«-Mitglied, erklärt: »Wer sich uns in den Weg stellt, muss halt mit Konsequenzen rechnen.«[30]

Über »Tabus und Verschwiegenheit«

Das Thema »Ritualmorde« ist hierzulande mit einem Tabu belegt. Man glaubt einfach nicht an so etwas. Auch in unserer Rechtsprechung gibt es nur Mord, wie ich bereits im Vorwort erläutert habe. Ritualmord taucht als Delikt nicht auf. Und sogenannte »Fachleute« und »Experten« betreiben ein gefährliches Gemisch aus Vermutungen, Verharmlosungen und Unglauben. So bleiben die wahren Hintergründe und Motive zumeist verborgen. Werden die eigentlichen Hintermänner geschützt. Streuen manche sogar absichtlich falsche Gerüchte. Alexandra Robbins, die sich mit »Skull & Bones« lange beschäftigt und mit vielen Insidern gesprochen hat, bringt es auf einen Nenner: »Indem sie Gerüchte über ihren Geheimbund in die Welt setzen, weben sie den Mantel des Geheimnisses, der einerseits das schützt, was sie tatsächlich tun, und ihnen andererseits das Gefühl gibt, sie hätten Anteil an etwas Transzendentem, Allmächtigem … Ein Mitglied sagte: ›Eine gewisse Verwirrung und Unsicherheit hinsichtlich der Vorgänge ist unerlässlich, denn im Grunde wird dadurch das geschützt, was im Geheimbund tatsächlich vor sich geht.‹«[31]

Treffender kann man sich nicht outen: Verwirrung und Gerüchte streuen, um die wahren Umtriebe zu schützen, zu verschleiern.

Der verstorbene Großmeister einer Okkult-Loge meint dazu: »Man bedenke, dass alle tiefgründigen Rituale in einer Art ›Schatten‹- oder ›Zwielichtsprache‹ geschrieben sein müssen, wie es uns ja auch von den indischen, buddhistischen und chinesischen Tantras her bekannt ist, um ihre Profanation (Entweihung, d. Autor) durch die Uneingeweihten zu verhindern. Wer nur bis zu seiner Nasenspitze sehen kann, der sieht eben nur die.«[32]

Nur bis zur eigenen Nasenspitze sehen, das tun auch viele Ermittler. Nicht etwa weil sie dies bewusst machen, sondern zumeist aus Unwissen.

Das sind genau die Mittel, die alle Geheimbünde, Kulte, Orden und Logen benutzen. So konnte sich über Jahrzehnte hinweg eine Szene im religiösen Untergrund bilden, von der die meisten nicht einmal etwas ahnen, geschweige denn wissen. Geheimbünde und Logen, sektiererische Gruppierungen und Organisationen, die an pseudoreligiöse Terroristen erinnern, klüngeln so im Verborgenen. Und wenn einmal ein Verdacht aufkommt, dann wird dieser schnell ausgeräumt. Auch das hat Methode. Darauf werde ich in den folgenden Kapiteln noch einmal genauer eingehen.

»Tu was Du willst, sei das ganze Gesetz«

Weltweit gibt es Hunderte, wenn nicht gar Tausende von okkulten, satanistischen oder neuheidnischen Gruppierungen, Geheimbünde, Orden, Logen, Kulte und Zirkel im religiösen Untergrund. Kleinere und größere, deren wahre Ziele oftmals den Grundwerten der Demokratie, der Menschenrechte, der Gleichstellung von Mann und Frau und anderen errungenen Werten der zivilisierten Kulturen widersprechen. Die ihre eigene Maxime haben und diese notfalls auch mit Gewalt anwenden und beschützen. Aleister Crowley, der Begründer des modernen, des Neosatanismus, erklärt hierzu in seiner »Charta«: »Das Gesetz der Starken; das ist unser Gesetz und die Freude der Welt. Tu was Du willst, sei das ganze Gesetz. Du hast kein Recht, als Deinen Willen zu tun. Tu dies, und keiner soll nein sagen ... Der Mensch hat das Recht, nach seinem eigenen Gesetz zu leben ... Der Mensch hat das Recht zu lieben, wie er will ... Der Mensch hat das Recht, all diejenigen zu töten, die ihm diese Rechte zu nehmen suchen. Die Sklaven sollen dienen ...« Crowley geht in seinen Schriften sogar noch weiter: »Nichts haben wir gemein mit den Untauglichen und Verworfenen. Lasset sie sterben in ihrem Elend ... Mitleid ist das Laster der Könige, tretet nieder die schwächlichen Lumpen.«[33]

Weder Demokratie noch Nächstenliebe haben Platz in seinem Denken, seinem gnostischen Satanismus. Und dieses Denken wird heutzutage noch überall in der Welt in okkult-satanistischen Kreisen verbreitet. Auch in Deutschland. Und kaum einer nimmt Anstoß daran, obwohl dieses Denken gegen unser Grundgesetz verstößt.

Die Anhänger dieser kruden Crowleyschen Weltanschauung scheuen sich auch nicht davor, in Publikationen zu behaupten: »Recht kann nur von Höherem abgeleitet werden und es muss zum Höheren streben, deshalb ist jedes Gesetz, welches in und von Demokratien erlassen wird, genauso unrechtmäßig, wie das von einem Tyrannen erlassene Recht und deshalb muss es genauso bekämpft werden. Kein Gesetz in diesem Staat ist rechtmäßig.«[34]

Man stelle sich einfach vor, irgendeine politische oder andere weltanschauliche Bewegung würde öffentlich verkünden, sie würden »über« den Gesetzen dieses Staates stehen, die Gesetze wären nicht rechtmäßig, man müsse sie gar bekämpfen! Der Verfassungsschutz würde sofort reagieren. Doch wo ist er im Falle dieses gefährlichen neosatanistischen Gedankengutes, dem mehr Menschen in dieser Republik (und natürlich weltweit) huldigen, als jedem Demokraten lieb sein kann? Wie ist die Antwort der politisch Verantwortlichen darauf? Es scheint kein Interesse daran zu bestehen. Und warum nicht? Hans-Jürgen Ruppert von der »Evangelischen Zentralstelle für Weltanschauungsfragen« in Berlin resümiert völlig richtig, wenn er von einer gesellschaftlichen »Unterwanderung« durch Äußerungen der »Macher« in der Szene betreffs einer neosatanistischen »Staatsreligion«, einer »satanistischen Gesellschaft« und einem »Krieg gegen die Christen« spricht.[35] Und auch die Worte des ehemaligen Innenministers Otto Schily verhallen ungehört, der bereits 1996 bei einer Informations- und Diskussionsveranstaltung der SPD-Bundestagsfraktion zum Thema »Sekten und Psychogruppen« sagte: »Der Staat muss sich meiner Meinung nach aber dann für Sekten und Psychogruppen interessieren, wenn sie Menschen ihrer physischen oder psychischen Freiheit berauben ... Das kann der Staat nicht dulden. Am leichtesten fällt die Grenzziehung dort, wo es in die Extreme geht, wenn also sogenannte Religionsgemeinschaften oder Sekten wie z. B. satanistische Kultvereinigungen dazu übergehen, Rituale zu veranstalten, bei denen auch die körperliche Unversehrtheit des Menschen in Frage gestellt oder beeinträchtigt wird. Dort ist die Grenze weit überschritten. Es ist dann die Pflicht des Staates, sich für diese Vorfälle zu interessieren und für die Einhaltung der Verfassung und der Rechtsordnung zu sorgen.«[36]

Doch der Staat duldet es scheinbar. Duldet, dass krudes, menschenverachtendes neosatanistisches Gedankengut immer noch in Deutschland verbreitet wird. Und interessiert sich auch nicht für die Hintergründe. Wird irgendwann einmal aufwachen, wie vor kurzem bei den islamistischen Fundamentalisten, die heimlich in Moscheen ihr demokratiefeindliches Gedankengut verbreitet haben. Hoffentlich ist es dann nicht zu spät.

»Berauscht an der eigenen Schlechtigkeit«

Die Szene im religiösen Untergrund ist gefährlich, bewegt sich im kriminellen Okkultismus und Satanismus, den ich schon in früheren Publikationen als »Hardcore-Satanismus« definiert habe.

»Lerne leiden und sterben, das ist die große Übung für die Ewigkeit, ist das Noviziat der Unsterblichkeit«, denn um den »Sturm des Bösen aufzuwirbeln und zu beschleunigen, muss man der Schlechteste sein«, sagt schon der Okkultist Eliphas Levi, oder: »Um im Bösen Erfolg zu haben, muss man absolut schlecht sein«, denn das »Böse ... ist die Bejahung der Unordnung« und die »Übertretung der Gesetze gefällt nur, weil sie uns über die Gesetze zu erheben scheint ... Die Sünden gegen Gott schwächen im Menschen die Kraft Gottes.« Für ihn ist das große Geheimnis der Magie, »den Satanas zu erschaffen und zum Satanas zu werden«.[37]

Hier geht es um in sich abgeschottete Zirkel, Logen und Kulte, die vor Mord und Totschlag genauso wenig zurückschrecken wie vor dem Quälen und Peinigen ihrer Opfer. Die sich berauschen an der Schlechtigkeit des eigenen Handelns mit Glauben an die Allmacht des unmoralischen finsteren Triebes. Die mit manipulativen Techniken, Folter und Drogen arbeiten bis hin zum »Tod dem Verräter«. »Brutale und sadistische Varianten (der schwarzen Messe) werden nach Darstellung von Aussteigern durchaus praktiziert«, stellt sogar der Endbericht der Enquete-Kommission »Sogenannte Sekten und Psychogruppen«, herausgegeben 1998 vom Deutschen Bundestag, fest. »Aussteigerberichten zufolge wird ein Satanist gefoltert und foltert andere. Liebe soll in Hass umgewandelt werden, und je besser dies dem Adepten gelingt, desto weniger hat er selbst mit Foltermaßnahmen zu rechnen ... Die Mitgliedschaft in satanistischen

Gruppen führt nicht selten zu Abhängigkeits-, Angst- und Besessenheitssyndromen, wie auch zu medizinisch diagnostizierten psychotischen Episoden.«[38]

Im Satanismus geht es um Macht: Macht über Leben und Tod, über andere Menschen, die als »Sklaven« bezeichnet werden, die »dienen müssen«, Macht, um kosmische Zusammenhänge nicht nur zu begreifen, sondern auch beeinflussen zu können und um (auch sexuelle) Macht in brutalen und sadistischen Ritualen und schwarzen Messen über die Rangniederen oder Frauen und Kinder. Und es geht (natürlich) um Geld. Denn die Satanisten und Okkultisten, die dem »Hardcore-Satanismus« angehören, haben wenig gemein mit Möchtegern-Okkultisten, Freizeit-Gruftis oder Hobby-Magiern, sondern sind oftmals national und international miteinander vernetzt. Ähnlich der Kindersex-Mafia. Ein »Wahnsystem« wurde so geschaffen, in dem alle Grenzen von Gefühl, Anstand und Scham niedergewalzt und Tabus bewusst gebrochen werden. Kindersex und Kindersatanismus – sexuelle (Erwachsenen-)Perversionen und »Hardcore-Satanismus«: ein grauenvolles Kaleidoskop der menschlichen Seele mit Blick in eine selbst geschaffene Hölle, in der die Würde des Menschen mit Füßen getreten wird. Denn dieser Satanismus, der ein Dunkelfeld hat, dessen Größe niemand kennt und deshalb Raum für allerlei Spekulationen zulässt, existiert mitten unter uns und weist schon längst kriminell organisierte Strukturen auf. Nur kaum einer merkt es.

Über »okkulte Treue« und »Logengeheimnisse«

Ein Vordringen für Außenstehende in diese inneren Kreise des organisierten Satanismus und Okkultismus ist fast

unmöglich. Das Initiationsritual bindet die Eingeweihten zeit ihres Lebens an die Organisation. Mit Hilfe vom Ablegen verschiedenster Prüfungen, Blutsbrüderschaften und lebenslanger Zugehörigkeit sichern sich die Hohepriester oder Großmeister ihr elitäres Geheimnis. Die Mitgliedschaft ist im Grunde genommen ein lebenslanger Prozess. Und nichts darf nach außen dringen. Denn die meisten Mitglieder sind sich darüber bewusst, dass es, so die Enquete-Kommission, »bei den praktizierten Ritualen oder sonstigen Praktiken der Gruppe häufig zu Straftatbeständen kommt, die einmal bekannt geworden notwendigerweise eine Strafverfolgung durch Staatsanwaltschaft und Polizei nach sich ziehen.«[39] Denn in den meisten okkult-satanistisch und gnostisch-magischen Geheimorden müssen sich die »Brüder und Schwestern« einem »gefährlichen Ritus« unterziehen, um ihren Mut dem Orden zu beweisen. In einem internen Protokoll des »Illuminaten-Ordens« in Frankfurt am Main von einer Mitgliederversammlung am 21. Oktober 1970 steht zu lesen, dass er sich von der »Schweizer Vereinigung« losgelöst hat, wegen »unmoralischer Vorkommnisse.«[40] Auf die wird in dem Protokoll natürlich nicht eingegangen.
Der Journalist Horst Knaut, der sich in den siebziger Jahren wohl als einer der Ersten ernsthaft mit dieser Materie beschäftigt hat, meinte dazu treffend: »… wer die Arkangesetze viele dieser Verbindungen nur annähernd kennt, kommt bei seinen Erkundungen bald an ein Tor, das in ein großes Land des Schweigens führt. Die Hirne der Geheimbündler sind Tresore der Verschwiegenheit. Und genau das ist die unheimliche Stärke dieser Subkultur.«[41]
Das bestätigt beispielsweise auch die Großloge »Communitas Saturni«, eine »okkulte Freimaurerloge«, wie sie sich

selbst nennt: »Da sich die Communitas Saturni als Geheimloge versteht, ist über die Privatangelegenheiten der Mitglieder, erörterte Lehren und die Ordens-Rituale gegenüber Nichtmitgliedern striktes Schweigen zu bewahren.«[42]
Der gnostisch-magische Geheimorden »Ordo Baphometis« bekennt: »Jeder Bruder/Schwester ist verpflichtet, über alle Kulte, Rituale, Gebräuche und insbesondere Lehren des O. B. allen Profanen und Nichtmitgliedern gegenüber zu schweigen ... Ohne besondere Genehmigung des Hohepriesters darf alles auf den Orden bezüglich in Rede, Schrift oder Druck nicht veröffentlicht werden ... Jeder Bruder/Schwester muss die Logenutensilien, Logenschriften, Studienhefte, Drucksachen, Gradverleihungsurkunden, Logenmantel, Kultgegenstände, verschlossen aufbewahren.«[43]
In streng vertraulichen, internen Unterlagen des okkultmagischen Ordens »Fraternitas Saturni«, die mir vorliegen, steht geschrieben: »Wer Logengeheimnisse preisgibt, ist ein Verräter an dem, was den anderen Logenbrüdern das Heiligste ist. Wer die Schweigepflicht verletzt, muss nach dem Gesetz der ›mitleidlosen Liebe‹ die Konsequenzen in ihrer ganzen Härte tragen.«[44] In einem Brief eines Großmeisters der Loge wird extra nochmals darauf hingewiesen, dass die »internen Angelegenheiten des Ordens der Schweigepflicht« unterliegen.
Und auch der »Sonnentempler-Orden«, der sich als »Erbe der mittelalterlichen Tempelritter« ansieht und in den neunziger Jahren des letzten Jahrhunderts wegen Massentötungen in die Schlagzeilen geriet (siehe Teil III. »Ritualmorde« weltweit), fordert bei den Initiationsriten Verschwiegenheit, Loyalität und Treue. »Die Namen der Führer, die Organisation und die Aktivität des Ordens dürfen von den Mitgliedern weder gegenüber Außenstehenden noch ge-

genüber anderen Mitgliedern preisgegeben werden«, heißt es in Artikel 5 der geheimen Ordensregeln.[45]
Auch die Enquete-Kommission »Sogenannte Sekten und Psychogruppen«, kommt in Bezug auf die Arkandisziplin der Kulte, Logen und Orden zum Schluss: »Initiierte (eingeweihte) Mitglieder dürfen oft bei martialischer Strafandrohung (z. B. Folter, Vergewaltigung, Tod usw.) keine Informationen über die Infrastruktur und den Organisationsgrad der Gruppe, Loge, des Ordens nach außen weitergeben. Auch dürfen sie nicht über Initiationsgrade, über den genauen Ablauf von Ritualen oder sonstigen Praktiken berichten.«[46] So verlangt beispielsweise die »Communitas Saturni« von ihren Mitgliedern, dass diese beim Beitritt in den Orden eine eidesstattliche Erklärung unterschreiben und sich verpflichten, lebenslang die Einweihungen geheim zu halten.[47]
»Wisse – wage – schweige«, wie der Mentor des Neosatanismus Aleister Crowley es ausdrückte, der ebenfalls perverse Riten und Morde von seinen Anhängern forderte. Denn eines dürfen wir nie vergessen: Menschen, die andere Menschen aus religiösen Motiven ermorden, nehmen ihre Lehre ernst! Sie haben damit die Macht über Leben und Tod des Einzelnen. Seltsamerweise haben wir keine Probleme damit, dies islamistischen Fundamentalisten und Selbstmordattentätern durchaus zu attestieren. Okkultisten jedoch trauen wir so etwas nicht zu. Das ist ein fataler Fehler!

Experten: »ahnungslos und verharmlosend«
Die Abschottung funktioniert so gut, dass Einzelfälle zwar dann und wann bekannt werden, die Gesamtzusammenhänge, die existierende Szene und oftmals auch die wahren Hintermänner aber im Dunkeln, im Verborgenen bleiben,

um weiterhin ungestört zu agieren. Wenn einmal Satanismus überhaupt bei den Ermittlern oder in den Medien erwähnt wird, dann meist in Bezug auf Friedhofs- oder Grabschändungen. Und diese werden dann – wie soll es anders sein – auch ausschließlich Jugendlichen zugeschrieben. Schließlich gibt es ja Untersuchungen, die genau belegen, wie viele von ihnen dem Jugendsatanismus und Okkultismus frönen. Und die Zahl derer, die straff organisiert sind und harte Praktiken durchführen, soll sehr gering sein, so meinen Experten oder solche, die sich als Experten verstehen wollen, immer wieder. Also alles im »grünen Bereich«. Der Thüringer Sektenexperte Ingo Weidenkaff hat in einer aktuellen Studie aus dem Jahr 2000 scheinbar herausgefunden, dass »nur die allerwenigsten wirklich Satanisten sind«.[48] So die landläufige Meinung. So die falsche Meinung! Denn wer von diesen »Fachleuten« hat wirklich Einblick in die Mitgliederlisten der geheimen Zirkel, Kulte, Logen und Orden, die dem »Hardcore-Satanismus« zugerechnet werden können, sofern wirklich solche Listen existieren? Keiner. Denn derjenige, der andere verrät, muss mit einer martialischen Strafandrohung rechnen. »Nach dem Motto: Wenn du uns outest, stirbst du«, meint hierzu Ingolf Christiansen.[49] Es ist ja nicht einmal bekannt, welche und wie viele Gruppen, die im geheimen, im religiösen, im neuheidnischen, rechtsextremen und okkult-satanistischen Untergrund agieren, es überhaupt wirklich gibt. So sind die empirischen Studien über die Beschaffenheit und die Gefahr des Satanismus, zumeist auf Umfragen basierend, ihr Papier nicht wert! Und dennoch werden sie auch in politischen Belangen immer wieder als Beweis für eine geringe Gefahr herangezogen, obwohl eigentlich »keine gesicherten Erkenntnisse vorliegen«.[50] Mehr als ein Widerspruch: ein Skandal!

Bereits 1990 beklagt sich der hessische Parlamentsabgeordnete Roland Rösler (CDU) darüber, wie wenig ernst die Satanismusthematik von den meisten Politikern genommen wird. Nach einer Anfrage der CDU, wie die Landesregierung mit diesem Problem fertig werden will, kommt eine »heitere« Debatte in Gang. Eine SPD-Abgeordnete fragt spöttisch, ob denn das Ministerium für Wirtschaft und Technik als zuständiges Haus für Bergbau und unterirdische Dinge auch zuständig für Parlamentsinitiativen, die Satanskult ansprechen, zuständig sei? Worauf ein Minister gut gelaunt antwortet, er sei jedenfalls für die sieben Zwerge zuständig, weil die auch im Bergbau tätig gewesen seien, worauf allgemeines Gelächter ausbricht. Auch das ist skandalös.

Noch ein »Verharmlosungsbeispiel«, das für viele andere steht, kommt aus unserem Nachbarland Österreich. Dort erklärt 1999 Peter Potzinger, der Sektenbeauftragte von Niederösterreich, dass es keine organisierte Satanismusszene gebe. Einzelfälle werden – wie von mir bereits angesprochen – Jugendlichen in der Pubertät zugesprochen. Und weiter führt der niederösterreichische »Experte« aus: »Es ist also zumeist nur in der Pubertät eine Rebellion, weil die Gesellschaft heute mit orangen Haaren nicht mehr zu schockieren ist.« Und dann gibt er noch den unglaublichen Tipp: »Wenn der Jugendliche bereit ist, kann eine Familientherapie absolviert werden. Wenn nicht, kann man nur warten, ob diese Phase wieder vorbeigeht.«[51] Unfassbar!

Denn die wirklich organisierten erwachsenen Satansgläubigen, denen auch »akademisch gebildete Intellektuelle« angehören[52] und jene, die alleine oder in kleinerem Kreis Rituale praktizieren, bei denen es auch zu »wahnhaft motivierten Straftaten kommen kann«[53], werden sich niemals an derartigen Untersuchungen, Studien oder Umfragen beteiligen. Denn in diesen Kreisen heißt es, wie wir bereits gesehen haben, »Wisse, Wage, Schweige«, oder, wie ein Insider formulierte: »Denn auf Schweigen und Vertrauen ist das Wahre aufgebaut!«

*

Wichtig in diesem Zusammenhang ist der Aspekt, dass die Enquete-Kommission von »akademisch gebildeten Intellektuellen« spricht, die auch der organisierten erwachsenen Satanistenszene angehören. Und nicht nur irgendwelche »fehlgeleiteten« Jugendlichen, wie oft andere »Möchtegernexperten« behaupten. Regula Schwager von »Castagna«, der »Beratungsstelle für ausgebeutete Kinder, weibliche Jugendliche und in der Kindheit ausgebeutete Frauen« in Zürich sagt hierzu im schweizerischen *Tages-Anzeiger*, dass die meisten obskuren Zirkel sehr gut organisiert wären. »Außerdem sind oft gutsituierte, angesehene Personen in solchen Zirkeln aktiv.«
Eine Großmeisterin einer bekannten Loge verriet mir bei einem persönlichen Gespräch, dass nicht nur Studenten und Lehrer, sondern selbst Richter und hohe Polizeibeamte Mitglieder wären. Sie nennt mir vertraulich auch einen konkreten Namen, bei dem ich sehr überrascht bin, weil es ein Name aus den ehemals höchsten Polizeikreisen einer Millionenstadt ist. Auch Politiker sollen bei einer bestimmten schwarzmagisch arbeitenden Loge (deren Namen sie mir nennt und die tatsächlich einen großen Einfluss in der Szene besitzt) zu finden sein, die weltweit verzweigt ist.[54]
Der ehemalige Sektenbeauftragte der evangelischen Kirche Westfalens, Rüdiger Hauth, der sich nach eigenen Angaben

mehrfach in okkulte Zirkel in den USA und in England eingeschleust und selbst an schwarzen Messen teilgenommen hat, erklärt hinsichtlich eines weltweit agierenden Ordens: »(Hier) ... sind beispielsweise alle Schichten vertreten. Auch Rechtsanwälte, Studenten, Ärzte. Oder der Studienrat, der morgens Latein bei seinen Oberstufenschülern unterrichtet. Sie führen ein Doppelleben. Für diese Leute ist es natürlich noch schwieriger, auszusteigen, weil sie leicht erpressbar sind.«[55]
In mir vorliegenden, streng vertraulichen Unterlagen einer noch heute in Deutschland praktizierenden okkult-magischen Loge gibt ein ehemaliger Großmeister Auskunft über die Berufe der Mitglieder: Wissenschaftliche Mitarbeiter, kaufmännische Angestellte, Ärzte, Zahnarzt, Diplomkaufmann. Er listet sogar »prozentual« die Zusammensetzung der Mitgliederberufe auf: »45 Prozent akademische Berufe, 50 Prozent Angestellte, Kaufleute, Handwerker, Beamte, 5 Prozent Hausfrauen, Rentner, Arbeiter.« Die »soziale Herkunft« aller Mitglieder wird als »gutes Bürgertum« angegeben; der Großteil (70 Prozent) ist zwischen dreißig und fünfzig Jahre alt.
Im »Templum Baphomae«, einem Orden des Schweizer Magiers Akron alias Carl-Friedrich Frey, besteht der größte Teil des »Publikums« aus Akademikern, mit einem »deutlichen Schwergewicht bei therapeutisch tätigen Berufen«.[56]
Nachdem in den neunziger Jahren des vergangenen Jahrhunderts der »Sonnentempler-Orden«, der sich als »Erbe der mittelalterlichen Tempelritter« ausgab und dessen Führer Joseph Di Mambro sich als der wiedergeborene »Moses« sah, sich mit Massentötungen brutal in das Bewusstsein der Weltöffentlichkeit mordete, waren viele überrascht, dass seine Mitglieder alles geachtete Leute aus gutbürgerlichen

Kreisen waren und sind: der wohlhabende Bürgermeister des Montrealer Vororts Richelieu, ein Buchhalter im Quebecer Finanzministerium, ein vermögender Schweizer Grundbesitzer, ein millionenschwerer Verkaufsleiter der berühmten Schweizer Uhrenfirma Piaget, der prominente Dirigent Michel Tabachnik ...[57]

Das alles macht mehr als nachdenklich. Jan Christoph Wiechmann, der für den *Stern* das Thema Satanismus recherchiert hat, meint in Bezug auf Satanisten in Sachsen, die stellvertretend stehen können: »Man würde sie wahrscheinlich gern als dumm bezeichnen, aber sie sind nicht dumm ... Man kann sie nicht wegdrücken in die Ecke der Geisteskranken oder in die sozialpädagogische Schublade ›dysfunktionales Elternhaus‹. Sie haben einen Beruf, sie verdienen ihr eigenes Geld ...«[58]

Verabschieden wir uns also von der weitverbreiteten und falschen Meinung der meisten »Experten« aus Justiz, Politik und Kirche, dass Satanisten/Okkultisten oder andere, die sich in Logen, Orden oder Kulten zusammenfinden, »dumm« sind, den »unteren« sozialen Schichten angehören oder eigentlich nur Jugendliche wären, wie die oben genannten Beispiele belegen.

Blutopfer und Ritualmorde

Bei den Logen, Orden, Zirkeln und Kulten des »Hardcore-Satanismus« ist die Sprache von »unnatürlicher Vereinigung«, von »geheimen Instruktionen«, von »Liebe unter Willen«, Blutriten, Kindsopfern und Kannibalismus; vom Tod als »Tor zur vollständigsten und dauernden Freude« und von einer »magischen Handlung«, die »im Tod endet«.[59] Aleister Crowley, dem die meisten Satanisten weltweit huldigen, hat Anweisungen für rituelle Opferungen, auch von Kindern, verfasst: »Aber das Blutopfer ist, obschon gefährlicher, wirksamer; und für fast alle Zwecke ist das menschliche Opfer das Beste.«[60] Denn: »Opfere Vieh, klein und groß: nach einem Kind (...)«[61] Und: »Für die höchste spirituelle Arbeit muss man dementsprechend das Opfer wählen, das die größte und reinste Kraft in sich birgt. Ein männliches Kind von vollkommener Unschuld und hoher Intelligenz ist das befriedigendste und geeignetste Opfer.«[62]

Der berühmte Magier Eliphas Levi behauptet sogar, dass, wenn die Grimoire, mittelalterliche Zauber- und Beschwörungsbücher, von einer »jungen Ziege« sprechen, in Wirklichkeit ein »Kind« gemeint sei![63]

Eine Hexe, selbst Szenekennerin, erklärt mir in einem Interview, dass für Satanisten das »Junge« und »Unbefleckte« eine große Rolle spielt. Satanisten hätten keinen Respekt vor menschlichem Leben. Es würde um Macht gehen, und sie hätten keine Hemmungen, Menschen oder ein Kind umzubringen, um die totale Macht zu erlangen. Und ein anderer Satanist schreibt in einem persönlichen Brief, der mir vorliegt: »Der Wunsch nach ganz besonders jungen Opfern ist auch nicht leicht erfüllbar. Da hatte de Sade es leichter.« Oder wie ein Insider, der sich selbst in der okkult-satanistischen Szene tummelt, mir bei einer Undercover-Recherche fast süffisant auf meine Frage antwortete, ob er Kontakt zu Leuten hat in Bezug auf »Blutopfer«, die nicht nur mit Katzen herumhantieren? »... Ich sagte Ihnen schon, ich kann Ihnen da weder ja noch nein sagen, weil darüber, das können Sie sich ja vorstellen, geht keiner hausieren ...«[64]

Kinder als Opfer, Jungen als Opfer – mit diesem Aspekt

werde ich mich in diesem Buch noch ausführlich bei den verschiedenen Mordfällen beschäftigen.
Unbestreitbar sprechen, verlangen und realisieren Satanisten die Tötung von Opfern. In einem geheimen Ritual (dem »Ritual von Apep«) erklärt Aleister Crowley in seinem »Liber Stellae rubeae« in Vers 22 und 33 beispielsweise: »Auch soll er (der Meister/d. A.) ein junges Kind auf dem Altar töten, und das Blut soll den Altar mit Geruch wie von Rosen bedecken ... Du sollst niemand die innere Welt dieses Ritus enthüllen: deswegen habe ich in Symbolen geschrieben, die nicht verstanden werden können.«[65] Crowley behauptet, zwischen 1912 und 1928 selbst rund einhundertfünfzig Knaben geopfert zu haben.[66] Allerdings behaupten Crowley-»Kenner«, das dies lediglich »allegorisch« zu verstehen sei und Crowley mit »Kind« nichts anderes als »Sperma« gemeint habe. Und das wäre eben sein eigener Humor gewesen. Gleichzeitig wiederum resümieren sie: »Es soll keineswegs ausgeschlossen werden, dass Crowleys Texte in unterschiedlicher Weise interpretiert werden. Möglicherweise finden sie für Einzelne wörtlich als Vorlage oder Rechtfertigung eines strafbaren Tuns Verwendung. In einer gehörigen Überdehnung ihres religiösen Bekenntnisses glauben schließlich auch Angehörige anderer Religionen bisweilen, sich selbst ins Paradies sprengen zu müssen ... Und so gibt es sicherlich Fanatiker, die Crowleys Aussagen umgefärbt in ihr ohnehin schon auffälliges Persönlichkeitsprofil einbauen können, um sich nun religiös-philosophische Rechtfertigungen für ihre asozialen Verhaltensmuster zurechtzulegen.«[67]
Ingolf Christiansen, Beauftragter für Weltanschauungsfragen der Evangelisch-Lutherischen Kirche in Göttingen, meint in Bezug auf Fälle von Tötungsdelikten im Kontext

satanistischer Weltanschauungen: »Ja, es gibt sie. Das heißt aber nicht, dass jeder Satanist gleich Menschenopfer tätigt. Aber es ist leider nicht auszuschließen, dass Menschen auf dieser ideologischen Schiene für Satan auch mit Menschenopfern kalkulieren. Der theoretische Hintergrund ist schon in Crowleys Liber Al vel Legis zu finden, das zu den Bestsellern der Satanismusszene gehört.« Und weiter: »In Gesprächen und Beratungen von Opfern wird mir ab und zu über Ritualtötungen berichtet. Ich bin da sehr zurückhaltend. Trotzdem ist auch in Deutschland durchaus mit der Möglichkeit zu rechnen, dass Menschen in Ritualen ihr Leben lassen müssen. Mit Zahlenangaben sollte man aber sehr vorsichtig sein, sie können nur spekulativen Charakter haben.«[68] Er schätzt, dass 3000 bis 7000 Satanisten »gedanklich über Tierrituale hinausgehen«.[69] Und die ehemalige Leiterin des Sekteninfo Essen ergänzt: »Da gemäß satanistischem Glauben Satan Blut will und immer bessere Opfer will, ist die große Gefahr gegeben, dass es auch zu Opferungen von Menschen kommen kann«.[70] Hans-Jürgen Ruppert von der »Evangelischen Zentralstelle für Weltanschauungsfragen« in Berlin spricht im Zusammenhang mit »Kriminellen Vergehen und Straftaten Jugendlicher mit einem satanistischen Hintergrund« auch von »Mord mit oder ohne spezifisch satanistische Rituale (›Ritualmord‹)«.[71]

Der ehemalige Großmeister einer noch heute sehr aktiven okkult-magischen Loge gesteht im Zusammenhang mit Menschenopfern: »Auch Menschen können geopfert werden ... Ich bin für die Opferung von Menschen. Es sollten sowohl Tiere als auch Menschen geopfert werden!« Und: »Opfer- und Tötungsarten sollten auch in der magischen Praxis vollzogen werden. Siehe die FOGC-Loge[72] in den zwanziger Jahren oder die schwarzen Messen in Frankreich.« Und ein anderer Satanist meint, dass, wenn Menschen im Rahmen eines Rituals einen anderen töten, dies kein »Mord«, sondern ein »Opfer« wäre.

Und diese Blutopfer (beim Töten durch »Blutvergießen«, weil auch Menschenblut eine »heilende Lebenskraft« darstellt, so die Vorstellung der Okkultisten), werden auch an bestimmten Kalendertagen oder zur Verfolgung eines bestimmten Zwecks durchgeführt, wie ich noch näher erläutern werde.

Der Journalist und Filmemacher Rainer Fromm berichtet in seinem Buch *Satanismus in Deutschland* davon, dass der »Order of Nine Angels« aus Großbritannien, Menschenopfer als förderlich für die »Arbeit von Satan« beschreibt und als »kraftvolle Magie« sieht. Denn diejenigen, so ist in einem Internet-Aufsatz des Ordens zu lesen, »die an einem Opferritual teilnehmen, müssen sich am Tod weiden[73]«.

III. »Ritualmorde« weltweit

Tatsächlich sind Menschen weltweit Opfer von Morden in diesem Kontext geworden, wie nachfolgende (unvollständige), von mir erstmals zusammengefasste Aufstellung belegt:
Sechziger Jahre, USA: Der in Aleister Crowleys thelemitischer Tradition stehende »Four Movement«-Kult führt rituelle Menschenopfer durch. »Die Opfer wurden auf einen Altar gebunden und ... mit einem sechsfachen Pendelmesser aufgeschlitzt, wobei das sechste und kleinste Messer das Opfer tötete.«[74]
1969, USA: Sharon Tate, die schwangere Schauspielerin und Gattin des Filmregisseurs Roman Polanski und Freunde von ihr werden von Charles Mansons »Family« bestialisch ermordet, regelrecht »geschlachtet«, wie Polizisten später sagen werden. Manson, der sich für eine Wiedergeburt Aleister Crowleys und die Verkörperung von Satan und Jesus zugleich hält, besitzt viele Kontakte zu satanistischen Gruppierungen.
1970, USA: Satanisten der sogenannten »Hurd-Gruppe«, die sich ähnlich wie Mansons Gruppe als »Familie« verstand, ermorden in Orange County, südlich von Los Angeles, einen Tankwart, »schlachten« einen Tag später eine Lehrerin und verzehren Teile ihres Körpers nach rituellen Satansanrufungen. Die Mörder werden lebenslang in eine geschlossene psychiatrische Anstalt geschickt, aus der Steve Hurd verkündet, er würde regelmäßig von »Vater Satan« besucht.

1971, USA: In Vinceland, New Jersey, stoßen der 18-jährige Richard Williams und der 17-jährige Wayne Sweikert ihren 20-jährigen Freund Patrick Michael Newell, wie von ihm befohlen, in einen Tümpel. Hände und Füße mit Klebestreifen verbunden. Newell glaubt, bald wieder als »Leit-Teufel« von vierzig Legionen der »Horden Satans« aufzuerstehen. Seine Leiche wird drei Tage später aus dem Teich gefischt, seine beiden Freunde wegen Mordes verhaftet. Newell selbst hielt schwarze Messen ab, zerquetschte Hamster mit bloßer Faust, schmierte sich das Blut auf die Arme und murmelte Beschwörungsformeln.

1976, Deutschland: Im Juli stirbt die Studentin Anneliese Michel aus Klingenberg am Main an den Folgen einer Teufelsaustreibung, an Unterernährung und einer dadurch begünstigten Lungenentzündung. Sie hielt sich selbst für besessen. Ein Bischof stimmt einer Teufelsaustreibung zu. Zwei katholische Priester führen den Exorzismus aus. Später müssen sie sich vor Gericht verantworten, keinen Arzt hinzugezogen zu haben, der den Hungertod hätte verhindern können.

1978, USA: Im Juli werden Kathy Kadunce und ihre vier Jahre alte Tochter Dawn auf »rituale Weise« erstochen. Dies veranschaulicht die Position der Körper sowie die Muster der Wunden, die man ihnen durch je siebzehn Stiche beigebracht hat. Zudem finden Ermittler zeremonielle Gegenstände des Täters Frank G. Costal sowie eine selbst erstellte »Hochzeitslizenz«, die er als Hohepriester des Satans unterschrieben hat. Costal sagt aus, er wäre kein Satanist, »schauspielere« dies nur, und Satanismus wäre nur ein »Witz«. Aber das Gericht folgt seiner Argumentation nicht. Frank G. Costal wird wegen Mordes in zwei Fällen verurteilt.

1979, USA: Bei einem satanistischen Ritual töten die Satanisten Carl H. Drew und Robin Murphy aus Massachusetts die Prostituierte Doreen Levesque. Einige Monate später eine weitere: Karen Marsden aus Fall River. Ihr wird die Kehle aufgeschlitzt und anschließend wird sie geköpft.
1984, USA: Am 4. Juli sterben während eines Brandes in einem Wohnhaus fünfzehn Menschen. Es stellt sich heraus, dass es Brandstiftung war. Später sagt eine Zeugin aus, die wie der Hauptangeklagte in einen Teufelskult involviert war, dass das Feuer der Teil eines satanischen Rituals gewesen sei.
1985, USA: Im August wird Dennis M. auf einem Friedhof in Houston in einen äußerst brutalen Hinterhalt gelockt. Die Mitglieder einer Gruppe treten und schlagen ihn, stechen mit einem Messer auf ihn ein, brennen seine Haare an und würgen ihn mit einem Tuch, versuchen später seine Augen aus den Höhlen herauszureißen. Diese »Blutorgie«, wie eine Zeugin später beim Prozess bekundet, wäre das Ergebnis von »Teufelsanbetung und Hexerei«.
1986, Deutschland: Der 16-jährige Anführer der »Luzifikaner« und zwei jugendliche Mädchen wollen sich Satan opfern. Eine der Schülerinnen, der Schnitte an Hals und Pulsadern beigebracht werden, verblutet im Wald.
1987, USA: Clifford St. Joseph wird des Mordes an einem Mann angeklagt, den man verbluten ließ. Die Leiche weist Zeichen eines satanischen Rituals auf: In sein Fleisch ist ein Pentagramm eingeschnitten, im Nacken befindet sich eine Stichwunde, am Gesäß Peitschenstriemen und im rechten Auge und in den Haaren Wachs. Ferner gibt es Hinweise auf Kannibalismus. Bei Aussagen von Zeugen, die zum Teil an Ritualen teilgenommen haben, ergeben sich Informationen zu einem homosexuellen Satanskult. Clifford St. Joseph

wird zu 25 Jahren wegen Mordes und zu weiteren 12 Jahren für andere Anklagepunkte verurteilt.

1987, USA: Im Februar werden in Franklin County, Indiana, die abgetrennten Beine der 21-jährigen Monica Lemen gefunden. Kurz darauf auch die übrigen Leichenteile. Die Polizei vermutet einen Ritualmord. Der praktizierende Okkultist John Fryman wird schließlich als Täter überführt. Sein Vater ist Satanist. Der Ritualmörder wird zu einer lebenslangen Haft verurteilt.

1987, USA: Anthony A. Hall aus Florida stoppt mit drei Komplizen einen Wagen, der sie mitnehmen soll. Sie überwältigen den Fahrer, fesseln und knebeln ihn und fahren Richtung Orlando. In einem Wald schneidet Bunny Dixon, der Anführer der Satanisten, ihm ein umgekehrtes Kreuz in die Brust und in den Bauch. Hall erschießt das wehrlose Opfer. Das Gericht befindet Anthony A. Hall später des Mordes für schuldig und verurteilt ihn zum Tode.

1987, USA: Der Satanist Theron Reed Roland plant zusammen mit zwei Freunden, Steven Newberry dem Teufel zu opfern. Im Dezember fahren sie mit ihrem Opfer auf ein Gelände nahe Southwest Carl Junction und fangen eine Katze, die sie mit einem Baseballschläger töten. Dann schlagen sie wie wild auf Newberry ein, dem kurzfristig die Flucht gelingt. Aber Roland und seine Freunde fangen ihn wieder ein und prügeln ihn zu Tode, fesseln seine Leiche und werfen sie in einen nahen Fluss. Theron Reed Roland wird zu lebenslänglicher Haft verurteilt.

1988, USA: Im Januar wird die 15-jährige Teresa Simmons von ihrer zwei Jahre älteren Freundin Malisa Earnest und den Satanisten Terry Belcher, Hohepriester eines Satanskultes, und seinem Freund Robert MacIntyre stranguliert. Dann begraben sie das tote Mädchen im Hinterhof. Belcher gesteht später, zusammen mit Robert zuvor noch über der Leiche ein »satanisches Ritual« praktiziert zu haben. Alle drei werden verurteilt, die Berufung vom Supreme Court of Georgia abgelehnt.

1989, USA/Mexiko: Im Grenzgebiet werden zwölf Leichen entdeckt. Anhänger schwarzer Magie, Voodoo- und Satanskult haben ihre Opfer zunächst unter Drogen gesetzt und dann getötet, verstümmelt und zerstückelt. Ihr Gehirn wird gekocht. Die Opfer schließlich verbrannt. Als Mittelpunkt ihrer Rituale gilt ein Topf, den sie mit Körperteilen, Blut, Geldstücken und anderen für »heilig« gehaltenen Gegenständen füllen. Der ermittelnde Staatsanwalt spricht von einem der »schlimmsten Augenblicke, die es überhaupt geben kann«.

1990, USA: Im März erstickt Yolanda Yvette Eusinazuri unter der scheinbaren Anleitung von Dämonen ihren dreijährigen Sohn Paris mit einem Kopfkissen und legt ihn in die Toilette. Am Tag zuvor will sie von »Lord Luzifer« eine Nachricht erhalten haben, dass sie ihren Sohn vor dem 6. Mai töten müsse, weil er ein »Kreuz« in seinem Nacken hätte. Ihr Lebenspartner Hans hat sie in Voodoopraktiken und Teufelsanbetung eingeführt. Das Gericht befindet Yolanda Yvette Eusinazuri für schuldig und schickt sie für über zwanzig Jahre ins Gefängnis.

1991, USA: Daniel Edward Naylor, der sich für Satanismus und Hexerei interessiert, schlitzt einem WG-Mitbewohner im Beisein anderer »Mithelfer« mit einem Messer den Nacken auf. Als seine nackte Leiche später gefunden wird, stellen Gerichtsmediziner fest, dass ein »X« in seinem Nacken eingeritzt wurde. Dieser rituelle Aspekt des Mordes wird vor Gericht eingehend diskutiert. Eine Zeugin sagt aus, Naylor hätte ihr gegenüber zugegeben, ein Teufelsanbeter zu sein. Andere bestätigen diese Aussage, und so erhärtet sich der Verdacht des Ritualmordes. Auch weil der Täter damit prahlte, er wäre ein »Hohepriester«. Schließlich werden Daniel Edward Naylor und fünf Komplizen wegen Mordes verurteilt.

1992, USA: Der Anwalt und ehemalige Senator von Nebraska und hochdekorierter Vietnamveteran John DeCamp deckt einen in den gesamten USA tätigen Zulieferring für Kindesmissbrauch auf, der auch satanistische Elemente enthält. Hochgestellte Persönlichkeiten aus Politik und Hochfinanz haben sich von ihm beliefern lassen. Es geht um politische Korruption, Kindesmissbrauch, Pornographie und rituellen Mord! DeCamp zeigt bei seinen Untersuchungen auf, wie dieser Skandal vertuscht worden ist und welche hervorragenden Beziehungen die Täter in die höchsten politischen Kreise haben. Einer seiner besten Freunde, der ihm bei den Ermittlungen geholfen hat, stirbt unter mysteriösen Umständen.

1993, Polen: Ein Satanist richtet ein Mädchen auf dem Friedhof von Zabrze hin.

1993, USA: Randolph Moore und Dale Edward Flanagan, beide Mitglied eines Satanskultes, glauben daran, weiße und schwarze Magie zu beherrschen, Feinde verfluchen und ihnen körperliche Schmerzen zufügen zu können. Eines Nachts geht Flanagan in das Schlafzimmer seiner Großeltern, weckt seine Großmutter auf und schießt ihr in den Kopf. Sein Freund Moore erschießt den Großvater. Danach nimmt Flanagan ihnen das gesamte Geld ab und feiert einen »satanischen Sieg«. Die beiden Satanisten werden später zum Tode verurteilt; das Urteil während eines Berufungsprozesses vom Supreme Court of Nevada bestätigt.

1994, Deutschland: Ein Mann köpft mit einem Schwert

seinen Schwiegervater, in dem er die »Verkörperung des Bösen und des Teufels« sieht, trennt ihm den rechten Unterschenkel und den Kopf ab. Diesen versenkt er im Tegeler Fließ.

1994, Kanada/Schweiz: Der Schweizer Joel Egger, Mitglied des »Sonnentempler-Ordens«, der vorgibt »Erbe der mittelalterlichen Tempelritter« zu sein, schlägt im September dem Aussteiger Tony Dutoit mit einem Baseballschläger den Schädel ein, schneidet ihm mit einem Küchenmesser die Kehle durch und sticht fünfzigmal auf ihn ein. Dann metzeln er und ein Kumpan die Frau des Opfers, Nicky Dutoit, nieder und töten mit zwanzig Messerstichen in die Brust auch das drei Monate alte Baby. Es soll der Antichrist sein. Dann verstümmeln sie die Leiche des Säuglings mit einem symbolischen Holzpflock. Am selben Tag in der Schweiz: Auf dem Bett eines Bauernhofes im Dorf Cheiry findet die Polizei einen Toten mit einer Plastiktüte über dem Kopf; in einem Kellerraum weitere zweiundzwanzig Leichen, bekleidet mit weißen, goldenen oder schwarzen Talaren, sternförmig angeordnet. Die meisten ebenfalls mit Plastiktüten über dem Kopf. Zuvor sind ihnen Beruhigungs- und Betäubungsmittel verabreicht worden. Zwanzig von ihnen ist mehrmals aus kürzester Entfernung in den Kopf und in das Gesicht geschossen worden. Stunden später findet die Feuerwehr in zwei Chalets in dem Dorf Granges-sur-Salvan weitere fünfundzwanzig Leichen. Sie alle sind Mitglieder des »Sonnentempler-Ordens«. Und die meisten von ihnen sind systematisch, rituell ermordet worden. Eine aufgefundene Liste zählt 567 Mitglieder in neun Ländern auf.

1995, Frankreich: Am Tag vor Heiligabend werden auf einem Plateau des Vercors-Massivs die sternenförmig ausgerichteten verkohlten Leichen von acht Schweizern und

acht Franzosen gefunden. Darunter auch drei Kinder. Jede weist eine oder mehrere Schussverletzungen auf. Die Staatsanwaltschaft geht nicht von einem kollektiven Selbstmord, sondern von einem Massenmord aus. Denn auf den Gesichtern einiger Leichen sind Spuren dunkler Plastiksäcke entdeckt worden sowie Verpackungen giftiger Substanzen. Allesamt waren sie Mitglieder des »Ordens des Sonnentempels«. Ein Untersuchungsbeamter erklärt: »Wir haben es hier mit einer kriminellen Organisation zu tun.«
1995, USA: Laut Ermittlungsbericht der Staatsanwaltschaft wird in der kalifornischen Stadt San Luis Obispo ein Fall von rituellem Menschenopfer entdeckt. Eine Jugendliche wird von drei Satanisten vergewaltigt, gefoltert und getötet. Ein Jahr später wird sie auf einem altarähnlichen Gebilde im Wald gefunden. Die Satanisten wollten dem Teufel ein Menschenopfer in Gestalt einer Jungfrau darbringen.
1996, Niederlande: Bei einem Voodoo-Anhänger, der sich selbst als »Hexer« bezeichnet, werden vier einbalsamierte Babyleichen entdeckt. Die Leichenteile der Kleinkinder sind zum Teil in rituelle Puppen eingenäht.
1996, Frankreich: Ein 18-jähriger Satanist tötet mit 33 Messerstichen im Pfarrhaus in Kingersheim bei Mühlhausen einen Geistlichen. Mit den Worten »Ich mag keine Geistlichen« sticht er zu. Später gibt der Täter an, von einem »satanischen Blitz« getroffen worden zu sein. Die Polizei geht davon aus, dass er von einem Freund beeinflusst worden ist, der im Juni 1996 im südfranzösischen Toulon an einer Grabschändung beteiligt war, bei der ein Leichnam mit einem Kruzifix durchbohrt wurde. Bei einer Hausdurchsuchung werden Dokumente und Videobänder über den Satanskult sichergestellt.
1996, USA: Im November raubt Rod Ferrell mit drei Kom-

plizen die Eltern einer Freundin in Eustis, Florida, aus. Dann tötet er sie mit einem Brecheisen. In den Körper des Vaters brennen sie ein großes »V« ein. Später stellt sich heraus, dass dieses »V« für »Vampir« steht und Ferrell der Anführer einer »Vampirsekte« ist. Klassenkameraden berichten, dass er und seine Freunde sich in die Arme schnitten, Blut tranken sowie Rituale des Vampirkults betrieben. Ferrell wird wegen Beteiligung an einem Doppelmord zum Tode auf dem elektrischen Stuhl verurteilt.

1996, Nigeria: In der südnigerianischen Stadt Owerri verhaftet die Polizei Innocent Ekeanyanwu, der sich im Besitz des Kopfes und des vergrabenen Leichnams eines Jungen befindet. Die Beamten decken ein regelrechtes Syndikat auf, das sich auf Ritualmorde, die Beschaffung und den Verkauf von Körperteilen spezialisiert hat. Im Februar 2003 werden Ekeanyanwu und seine Komplizen zum Tod durch Erhängen verurteilt.

1997, Deutschland: Eine 89-jährige Rentnerin wird von Unbekannten in ihrem Haus zu Tode gequält. Die Täter haben zuvor Gräber geschändet. Ein Zusammenhang mit Satanismus wird nicht ausgeschlossen.

1997, Deutschland: Im März wird der Neonazi Thomas Lemke aus Gladbeck wegen dreifachen Mordes zu lebenslanger Haft, anschließender Unterbringung in der Psychiatrie sowie Sicherungsverwahrung verurteilt. Weil ein früherer Gesinnungsfreund sich von der Szene losgesagt und damit »Verrat« begangen hat, zerfetzt er ihm mit mehreren Schüssen aus einer Pumpgun den Oberkörper. Denn Verrat, so Lemke, sei das »Niederträchtigste, was es gibt«. Zwei Frauen werden ebenfalls seine Opfer. Seine 26-jährige Geliebte peinigt er stundenlang, erschlägt sie und verscharrt sie in einem Wald. Eine 22-Jährige vergewaltigt er in ihrer Wohnung und tötet sie mit 91 Messerstichen. Die Bluttaten, so erklärt er beim Polizeiverhör, habe er auf Befehl Odins begangen. Odin, der Gott der Schlachten, und Loki, der Dämon des Untergangs, hätten ihm die Rache aufgetragen.

1997, Niederlande: Der Amsterdamer Zoll entdeckt in einem Frachtcontainer sieben Menschenschädel, an denen noch Hautfetzen und Haare kleben, sowie einen mumifizierten Säugling.

1997, Kanada: Fünf Sonnentempler-Mitglieder nehmen im März Drogen und stecken ihr Haus in St. Casimir bei Quebec in Brand. Die drei minderjährigen Kinder flehen ihre Eltern an, es nicht zu tun.

1998, Polen: Ein Teufelsjünger ermordet in Legnica für »seinen Herrn« einen Obdachlosen.

1998, Kolumbien: Fünfundzwanzig Leichen von ermordeten Kindern werden entdeckt. Zwei von ihnen sind offensichtlich an Bäume gefesselt und gefoltert worden. Die Staatsanwaltschaft erklärt, dass die Täter auch aus Sekten kommen könnten, die dem Satanskult anhängen. Einer der Ermittlungsbeamten meint weiter, es würde Gerüchte geben, nach denen die Kinder bei Ritualen benutzt worden seien.

1998, Italien: Mitglieder der »Bestien Satanas« ermorden bei einer schwarzen Messe in einem abgelegenen Wald bei Varese ein junges Paar. Die jugendlichen Opfer (16 und 19 Jahre alt) haben bei dem Ritual ein offenes Grab gesehen und erkannt, dass sie selbst sterben sollten. Mit achtzig Hammerschlägen und sechzig Messerstichen werden sie regelrecht »geschlachtet«, dem »Herrn der Finsternis« geopfert. »Wir haben das Mädchen getötet, weil sie für uns die Muttergottes verkörpert«, erklärt später einer der Satanisten. Der Junge wäre eine Art Engel oder Christus gewesen. Die Staatsanwaltschaft bringt weitere rätselhafte Todesfälle mit der Satansgruppe in Verbindung. Tatsächlich, so stellt sich später heraus, sind sie für vier Ritualmorde zwischen 1998 und 2004 verantwortlich! Ganz Italien ist über die Satanisten entsetzt. Erst sieben Jahre später, Anfang 2005, wird der Anführer der »Bestien Satanas« zu dreißig Jahren, seine Komplizin zu vierundzwanzig Jahren und ein anderer Mittäter zu sechzehn Jahren Haft verurteilt.

1999, Tansania: Im Westen des Landes sind in diesem Jahr vierunddreißig, zumeist ältere Frauen als »Hexen« getötet worden. Habgier, aber auch Aberglaube sind das Motiv.

1999, Indien: Im August wird ein dreijähriges Mädchen in einem Steinbruch in einem religiösen Ritual geköpft. Die Hindu-Göttin Kali soll dadurch besänftigt werden.

1999, Finnland: Anhänger eines Satanskultes stehen wegen Mord, Folter, Leichenschändung und Kannibalismus vor Gericht. Es sei das grausamste Verbrechen der finnischen Rechtsgeschichte, berichten die Medien. Die Satanisten haben ihr Opfer systematisch und brutal gefoltert, getötet, die Leiche zerstückelt und Teile davon gegessen. Ein 24-Jähriger wird zu einer lebenslangen Haftstrafe, eine 17-Jährige zu über acht Jahren und ein weiterer Tatbeteiligter zu drei Jahren Haft (wegen schwerer Körperverletzung) verurteilt. Das Gericht verfügt, dass wegen der extremen Grausamkeit der Tat alle Gerichtsakten für vierzig Jahre unter Verschluss bleiben.

1999, Spanien: In der Nähe von Alicante wird im März eine 35-jährige Belgierin bei einem satanischen Ritual ermordet. Ihre Leiche weist Stich- und Brandverletzungen auf. Als Tatverdächtige werden zwei spanische Männer und Frauen festgenommen, darunter auch der Ehemann der Getöteten.

Die Frau gehörte einer Gruppierung an, die blutige Rituale pflegt und Anhänger in ganz Spanien besitzt.

1999, Polen: Bei einer Satansmesse in einem Bunker im schlesischen Ruda Slaska ermorden zwei Teufelsanbeter jugendliche Opfer. Ihre Körper weisen Brand- und Stichverletzungen auf. Wegen rituellen Doppelmordes wird einer der Satanisten, der keine Reue zeigt, zu einer lebenslangen Freiheitsstrafe, ein anderer zu fünfundzwanzig Jahren Haft verurteilt.

2000, Italien: Drei Schülerinnen töten mit neunzehn Messerstichen eine Nonne. Die Behörden schließen einen Satanskult als Hintergrund nicht aus.

2000, Spanien: Ein 17-Jähriger zerstückelt mit einem Samurai-Schwert seine Eltern, köpft den Vater und schlitzt seine zwölf Jahre alte Schwester in der Badewanne auf. Der Jugendliche hat sich mit einem Helden eines Videospiels identifiziert. Zudem werden bei ihm auch Zeitschriften über Satanismus gefunden.

2000/01, Deutschland/Niederlande: Zwei deutsche Satanisten reisen unter anderem durch die Niederlande, Belgien und Spanien und hinterlassen eine blutige Spur. Im spanischen Almendros versuchen sie, jemanden zu töten, in Amsterdam begehen sie an einem 27-Jährigen einen Raubmord, in Belgien bringen sie einen 33-jährigen Unternehmer um, nachdem sie ihm in die Halsschlagader schneiden und ihn dann mit Betonplatten beschwert in einen Fluss werfen.

2001, England: Mitten im Londoner Theaterviertel »opfert« der 52-jährige Satanist Edward Crowley mit dreißig Messerstichen einen Zwölfjährigen! Touristen, Straßenkünstler und Passanten sehen zunächst tatenlos zu. Als einige eingreifen ist es bereits zu spät. Crowley heißt mit Geburtsnamen Henry Bibby und hat den Namen seines berüchtigten Vorbilds Aleister (Edward) Crowley angenommen, den Begründer des Neosatanismus. Er ist überzeugt davon, bei der grausigen Tat im Auftrag dunkler Mächte zu handeln, und hat den Ritualmord sogar schriftlich angekündigt. Der Satanist wird zu einer lebenslangen Haft verurteilt.

2001, Brasilien: Ein Arzt aus Altamira soll mindestens dreizehn Kinder vergewaltigt, anschließend getötet und ihre Organe für viel Geld an eine Voodoo-Sekte verkauft haben, die mit den Leichenteilen schwarze Messen feierte. Durch Aussagen von Aussteigern kommen Ermittler der Sekte und dem Arzt auf die Spur. Bei seiner Festnahme vor seiner Klinik versuchen aufgebrachte Eltern, den Mediziner zu lynchen.

2001, Nigeria: Ein 13-jähriges Mädchen gesteht, an achtundvierzig Ritualmorden beteiligt gewesen und Mitglied eines Geheimbundes zu sein. Den Opfern würden die Körperteile geraubt. Die Polizei hat das Mädchen nach einem Mord an einem zweijährigen Jungen festgenommen, dem das Herz entfernt wurde.

2001, Uganda: In Lagos gibt es so viele Fälle von Ritualmorden, dass eine der größten Zeitungen *(The Punch)* titelt: »Ritualisten belagern Lagos«. In Teilen Ugandas soll beim Bau jedes größeren Gebäudes ein Kind geopfert werden.

2001, USA: Das deutsche Professoren-Ehepaar Susanne und Half Zantop wird vom 16-jährigen James Parker und dem ein Jahr älteren Robert Tulloch in Dartmouth bestialisch erstochen. Hinweise auf ein Verbrechen aus Eifersucht bestätigen sich nicht. Vielmehr ermitteln die Fahnder in Satanistenkreisen und schließen einen Ritualmord nicht aus.

2001, Russland: In Podolsk, einer Stadt nahe Moskau, wird die Leiche eines vermissten 15-jährigen Jungen entdeckt. Die Polizei geht von einem Mord mit rituellem Hintergrund aus.

2001, Türkei: Im März werden drei Satanisten wegen eines brutalen »Opfermordes« an einer 21-jährigen Frau zu jeweils über fünfundzwanzig Jahren Haft verurteilt.

2002, Deutschland: Der 16-jährige Björn A. aus Wenden-Gerlingen schneidet seinen beiden Eltern mit einem Küchenmesser die Kehlen durch und verständigt die Polizei. Er habe seine Eltern umgebracht, um sich von Satan zu befreien, gesteht er später.

2002, Deutschland: Die 32-jährige Alexandra P. und die 45-jährige Sabine W. stürzen sich aus dem 23. Stock eines Hochhauses in Berlin-Mitte. Sabine W. hat im Internet in der Sadomasoszene Alexandra P. kennengelernt, die sich »offenbar dem Glauben an Satan verschrieben« hat und sie später in ihren Tod begleiten wird.

2002, Indien: Im Bundesstaat Uttar Pradesh entführt ein Paar einen Jungen aus dem Dorf Biwa im Jalaun-Bezirk und köpft ihn, um die Hindu-Göttin Laxmi gnädig zu stimmen. Später wird der Rumpf des Kindes in einem Teich gefunden. Die Täter geben an, dass ihnen ein »heiliger Mann« empfohlen habe, das Blutopfer zu bringen.

2002, Nigeria: Im Dezember verhaftet die Polizei in Ibadan einen Taxifahrer, der sein 14-jähriges Kind für ein Ritual tötete, um einen menschlichen Kopf als Zutat zu haben, den ein Magier für einen Geldbeschaffungszauber verlangt hat. In Onitsha schneiden zwei Männer einem Jungen die Geschlechtsorgane ab, um sie einem anderen für rund 11 000 Euro weiterzuverkaufen.

2003, England: In Zusammenhang mit einem grausamen Ritualmord nimmt die Londoner Polizei einundzwanzig

mutmaßliche Menschenhändler fest. Sie sollen Hunderte oder sogar Tausende Kinder von Afrika über den europäischen Kontinent nach Großbritannien geschleust haben, die als »Sklavenarbeiter« oder in der Sexindustrie missbraucht werden. Vor rund zwei Jahren ist aus der Themse unter der Tower-Bridge der grausam zugerichtete Torso eines vermutlich aus Nigeria stammenden fünf- bis siebenjährigen Jungen, ohne Kopf, Arme und Beine, geborgen worden. »Fachmännisch zerschnitten«, wie festgestellt wird. Selbst der frühere Präsident von Südafrika, Nelson Mandela, richtet sich mit einem engagierten Appell an die Öffentlichkeit und bittet um Hinweise auf die Täter.
Ähnlich auch in den Niederlanden, wo ein weißes Mädchen, ein weißes Laken und sieben halb abgebrannte Kerzen gefunden werden. Die Polizei geht davon aus, dass das Kind Opfer eines Ritualmordes nach dem »Vorbild afrikanischer Medizinmänner«, den »Mutis«, getötet wurde. Bei diesem Ritual werden die Körperteile für Hexenzauberzeremonien zur Herstellung von »Geheimmedizin« benutzt. Die Medizinmänner seien überzeugt, durch Beimischung von Blut und Fleisch, insbesondere dem von »unschuldig« geltenden Kindern, noch »mächtigere« Substanzen herzustellen. Die Opfer werden dabei meist in fließendes Gewässer geworfen. Die Ermittler sprechen betreffs der in Europa entdeckten Ritualmorde an Kindern von »zweistelligen Zahlen«! Auch in Deutschland und Belgien soll es ähnliche Fälle geben. Scotland Yard ermittelt anhand von Namenslisten in Londoner Schulen im Zusammenhang mit dem Torsofund des afrikanischen Jungen, dass alleine von Juli bis September 2001 rund dreihundert (!) Kinder spurlos verschwunden sind! Mehrere tausend sollen es pro Jahr sein, deren Schicksal völlig ungewiss ist. Überwiegend afrikanische Kinder

zwischen vier und sieben Jahren. »Sie kommen eines Tages einfach nicht mehr zur Schule, und wir wissen nichts über ihren Verbleib«, bekennt ein Sprecher des Lehrerverbandes. Obwohl offiziell nicht davon ausgegangen wird, die Kinder seien alle Kapitalverbrechen zum Opfer gefallen, gelingt es der britischen Polizei nicht, auch nur ein einziges Schicksal aufzuklären, auch weil die afrikanischen Behörden sich wenig kooperativ zeigen, um festzustellen, ob die Familien mit den verschwundenen Kindern wieder in ihre Heimat zurückgekehrt sind. Dabei verdichten sich immer mehr Hinweise auf Kinderhandel im großen Stil. Um dem heimatlichen Elend zu entkommen, schicken afrikanische Familien ihre Kinder alleine in die Ferne. Dort werden sie von Landsleuten zum Erschleichen von Sozialhilfe benutzt, zwischen den einzelnen Familien hin und her geschoben, oftmals als Haussklaven ausgebeutet oder landen in der Kinderprostitution, befürchten die Behörden. Im Zusammenhang mit den »Muti-Zauber«-Morden spricht der Chef einer Spezialeinheit für Okkultismusverbrechen in Südafrika, der »Occult Unit«, von einer monatlichen rituellen Tötung, andere schätzen bis zu zehn Personen, die diesen Ritualmorden zum Opfer fallen.

2003, Nigeria: Eine Frau enthauptet einen 4-jährigen Knaben für rituelle Zwecke.

2004, USA: Vierundzwanzig Jahre nach der Tat wird ein brutaler Mord in Toledo, Bundesstaat Ohio, aufgeklärt: Im April 1980 wird die 71-jährige Nonne Schwester Margaret Ann mit siebenundzwanzig Messerstichen in die Brust und nackt bei einer schwarzen Messe auf einem Altar geopfert. Um sie herum brennen Kerzen. 2003 gibt eine Frau bei den Ermittlungsbehörden an, dass Pfarrer sie bei schwarzen Messen in einen Sarg voller Kakerlaken gesperrt, sie gezwungen hätten, ein menschliches Auge zu schlucken und sie mit einer Schlange vergewaltigten, »um die Öffnung Satan zu weihen«. Auch Kinder sollen geopfert worden sein. Der Name des 66-jährigen Pfarrers Gerald Robinson fiel dabei. Nachdem die Polizei den Fall der ermordeten Nonne neu aufgerollt hat, kann nach vierundzwanzig Jahren mit Hilfe neuer Kriminaltechniken der Mörder überführt werden: Es ist Pfarrer Gerald Robinson, der noch am Grab der auf dem Altar geopferten Nonne gepredigt hat.

2005, Kenia: In einem Dorf bei Nairobi werden fünf Mädchen zwischen drei und dreizehn Jahren tot aufgefunden. Einigen sind Nasen und Ohren abgetrennt. Ein Ritualmord wird angenommen.

2005, Deutschland: Im bayrischen Schöllkrippen schneidet ein 35-Jähriger seinen Großeltern die Kehlen durch, legt danach Feuer, um die Tat zu vertuschen. Den Ermittlern gesteht er wenig später, den Mordauftrag von Satan erhalten zu haben. Er wird als »psychisch gestört« angesehen.

*

Wohl niemand kann nach diesen Beispielen mehr behaupten, dass es den Aspekt des »Ritualmordes« bzw. des Mordes im satanistischen, okkulten und anderem religiösen Kontext nicht gibt.

Zu eindeutig sind die Fakten. Unverständlich, wenn man bedenkt, dass beispielsweise in den USA Satanisten wegen Ritualmordes zum Tode verurteilt werden, während wir hierzulande offiziell bei den Ermittlungsbehörden auf taube Ohren stoßen und Sektenexperten Satanismus verharmlosen. So wie auch Giuseppe Casale, der Präsident des »Zentrums für Untersuchung Neuer Religiöser Bewegungen (CESNUR)« und Erzbischof von Foggia, der noch 1995 in seinen »Pastoralen Überlegungen zum heutigen Satanismus« in dem Buch *Satanismus – Zwischen Sensation und Wirklichkeit* von Massimo Introvigne (Direktor des »Zentrums für Studien neuer Religionen« in Turin) und Eckhard Türk (Beauftragter für Sekten und Weltanschauungsfragen der Diözese Mainz) behauptet: »Es gibt auch Morde, die von Satanisten als Satanisten und im Namen des Satanismus begangen wurden: In der Literatur sind von den 50er Jahren bis heute etwa fünfzehn dokumentiert. Das scheint wenig zu sein, betrachtet man die Übertreibungen der antisatanistischen Folklore.«[75] Und der Satanismus-»Experte« der Diözese Mainz, Eckhard Türk, sieht in den deutschsprachigen Ländern keinen Beweis für einen Fall von »Menschenopfer« im Kontext des Satanismus![76]

Ich empfehle allen Fachleuten und Experten, sich nicht an irgendwelche Studien oder Literaturen zu halten, sondern ganz einfach an die Realität. Die oben genannten von mir aufgezählten Fälle sind nur Beispiele, nur Schlaglichter. Hinzu kommt noch eine große Dunkelziffer, von der unter anderem auch dieses Buch handelt.

IV. »Ritualmorde« in Deutschland – Die Opfer

1. Sandro Beyer:
»Im tiefen Wald hört dich niemand schreien ...«[77]

Kein anderes Verbrechen im satanistischen Kontext hat in den neunziger Jahren des letzten Jahrhunderts für mehr Medienwirbel, Expertenstreit und Entsetzen gesorgt als die brutale Ermordung des 15-jährigen Schülers Sandro Beyer aus Thüringen durch die sogenannten »Kinder des Satans«: Hendrik M., Sebastian S. und Andreas K.[78]
In der einsam gelegenen Waldhütte bei Sondershausen, in der die grausame Tat zur »Walpurgisnacht« am 29. April 1993 geschieht, brennen keine schwarzen Kerzen, tragen die Täter keine schwarzen Roben, gibt es keinen Altar. Und dennoch ist es ein »Ritualmord«, auch wenn dies die jugendlichen Täter später genauso leugnen, wie scheinbare Experten und unwissende Journalistenkollegen es nicht wahrhaben wollen. Ein »Ritualmord«, der hätte verhindert werden können, denn Lehrer, Mitschüler, die Stadtverwaltung und auch die Eltern der Täter wissen zu jener Zeit schon längst, dass ihre Kinder dem Teufel huldigen. Es ist kein Geheimnis. Die »Satanskinder«, wie die Boulevardpresse sie später bezeichnen wird, kommen allesamt aus guten Familien: Hendriks Vater ist CDU-Landtagsabgeordneter, Andreas' Mutter ist Erzieherin, und Sebastians Eltern sind Lehrer.
Im dunklen Nebel der Vorahnung dringt so, zunächst scheinbar unbemerkt, satanistisches Gedankengut langsam

in das Tal südlich des Harzes, in die Kleinstadt Sondershausen – in der einst Franz Liszt zu Hause war und auf dessen barockes Schloss die Bürger der Stadt so stolz sind. Düstere Erinnerungen an den Begründer des Neosatanismus Aleister Crowley werden wach, der vor Jahrzehnten ebenfalls nach Thüringen, genauer nach Weida, gekommen war, um sich hier zum »Weltheiland« ausrufen zu lassen und unheilvolle Rituale zu zelebrieren. Fast scheint nun das »Böse« zurückgekehrt zu sein ...
Bei meinen damaligen Vor-Ort-Recherchen (zusammen mit meinem Bruder Michael) in Sondershausen und Umgebung wurden uns Informationen und Dokumente zugespielt, die wir teilweise erstmals in unserem *Schwarzbuch Satanismus* der Öffentlichkeit zugänglich machten und die uns einen Blick in die dunklen Seelen der Täter und eine Rekonstruktion des »Ritualmordes« erlaubten.

Dunkle Vorzeichen

Bereits am 1. Dezember 1992 schreibt der spätere Zeuge Thorsten K.[79] vom »Christlichen Verein Junger Männer« (CVJM) an die Stadtverwaltung Sondershausen: »Seit Frühjahr/Sommer 1991 ist mir bekannt, dass es in Sondershausen eine Gruppe von Satanisten geben soll. Durch Nachfrage erfuhren wir, dass es eine Gruppe von 6 bis 8 Jugendlichen ist, im Alter zwischen 15 und 20 Jahren ... Es fällt auf, dass es sich bei den meisten der Gruppe um Kinder aus sogenannten ›gutbürgerlichen‹ Elternhäusern handelt. Ich wusste, dass sie sich regelmäßig in Stockhausen, vermutlich auf dem alten Friedhof, trafen und dort schwarze Messen feierten ...«
Thorsten K. und einige andere aus seiner Jugendclique tref-

fen sich mit Sebastian S., der sich als der »oberste Priester« dieser Gruppe ausgibt, die auch Menschenblut trinkt. Nämlich ihr eigenes. Sebastian S. sagt ihm, dass es bei ihnen nicht heißt »Du sollst nicht töten«, sondern »Töte!«. Als Torsten K. dies in seinem Brief an die Stadt schildert, fügt er hinzu: »In der Praxis bedeutet dies, dass sie zu Menschenopfern bereit wären ... Ich bin mir bewusst, dass diese Gruppe eine große Gefahr darstellt.«

Sebastian S. sagt seit 1990 jedem, der es hören will, dass »Luzifer sein Meister« und er selbst »ein Sohn der Hölle« wäre. Er interessiert sich offensichtlich auch für Aleister Crowleys neosatanistisches Gedankengut.

Der evangelische Pfarrer Jürgen Hauskeller berichtet davon, dass in der Gruppe »Satanstaufen« stattfinden, in dem sich die Satanisten an den Innenseiten der Unterarme Schnittwunden zufügen, das Blut trinken und sich einen neuen Namen zulegen. So wird beispielsweise aus Sebastian S. »Dark Mark Doom« (»Zeichen des dunklen Schicksals«), aus Andreas K. »Damien Thorn« (das Kind des Teufels aus dem mehrteiligen Film »Das Omen«) und aus Hendrik M. »Randall The Vandal Flagg, called Messiah« (»Randall, der Vandale, genannt der Heiland« aus Stephen Kings Bestseller »The Stand« (»Das letzte Gefecht«), in dem Flagg der »dunkle Mann« ist, ein perverser, faschistischer Tyrann, der seine Feinde ans Kreuz schlägt).

Auch grausame Horrorvideos sind im Umlauf. Die Sondershäuser Satanisten produzieren sogar eigene Videos, auf denen verschiedene Tötungsszenen nachgespielt sind. Eines davon wird später der Staatsanwaltschaft in die Hände gelangen.

Aber nicht nur Horrorfilme, sondern auch Musik, Black-, Death- und Speed-Metal, spielen eine große Rolle in der

Gruppe. 1992 gründen drei von ihnen die Black-Metal-Band »Absurd«, die sich anfangs »Luciferian Pagans« nennt und die vier Monate vor der Ermordung Sandro Beyers den Titel »Death from the forest« verkauft. Der »Tod im Wald« wird schon kurze Zeit später zur grausamen Realität! Im Lied »Werwolf« heißt es beispielsweise:

> »Im Wald hört niemand der Opfer Schrei!
> Wieder ist die graus'ge Tat vollbracht!
> Der Toten letzte Worte waren: ›Gott steh mir bei!‹
> Und der Vollmond scheint in finstrer Nacht.«

Sie verbreiten auch anderes, krudes Gedankengut:

> »Ich stille meine Gier mit Menschenfleisch,
> mit Zyklon B, mit Gift, mit Blut.
> Willst du mich, so komm in mein Reich.
> Deine Eingeweide schmecken sicher gut.«

Beim Kirchentag in Erfurt im gleichen Jahr erklärt Sebastian S. in einer Arbeitsgruppe, stellvertretend für die anderen seiner Satanistengruppe: »Wir sind überzeugte Satanisten und beten Luzifer an. Eine Katze oder einen Hund zu opfern, macht uns gar nichts aus.« Und auf Nachfrage sagt er, dass auch Menschenopfer möglich seien.
Hendrik M. bekennt offen in einer Schülerzeitung im November 1992: »... unser Glaube ist eine Verbindung von uralten indianischen Ritualen mit skandinavischer Mystik, angereichert mit dunklem Voodoo-Kult und das alles durchsetzt mit der brutalen Genialität von Luzifers Anti-Religion. Wir glauben an das Böse, an den Tod ... an die Dämonen, an Luzifer, unseren Vater und Meister, an das

Blut, an die Zerstörung, an das Chaos ...« In einem anderen Interview mit Hendrik M. sagt der über den Tod: »Wir wünschen den Tod!! Und zwar aller Lebewesen. Denn für die einen wird es zur ewigen Freude, für andere zur ewigen Qual.«
Aber alle Anzeichen und Vorankündigungen verhallen, werden nicht ernst genommen, ignoriert, als pubertäres Geschwätz abgetan oder als Traumata, die die Entwicklung der Jugendlichen beeinflusst haben oder mit Nachwende-Problemen erklärt.

Das »Opfer«

Einer will auch dazugehören, zur elitären Gruppe dieser von Mitschülern gefürchteten und geachteten Satanisten: der 15-jährige Sandro Beyer. Er ist ein Einzelgänger und fasziniert von dieser entrückten, mystischen Welt, liest Bücher über Satanismus und trifft sich mit Bekannten auf dem Friedhof, um über den Tod zu sprechen. Aber die »Kinder des Satans« wollen ihn nicht, weisen ihn ab, versuchen ihn zu erniedrigen, so dass Sandro sie in der Öffentlichkeit beschimpft und lächerlich macht. Und er weiß von der Liebe von Sebastian S., des Anführers der Satanisten in Sondershausen, zu einer jungen Katechetin. Wenn es öffentlich wird, ein Skandal. In einem Schülerzeitungsinterview erklärt Hendrik M.: »Zu uns gehört nur, wen wir anerkennen und tolerieren und wer sich zu uns bekennt. Sandro B. gehört definitiv nicht zu uns, auch wenn er so etwas in der Art behaupten mag. No Chance! Falls irgendwer auf den Gedanken kommen sollte, uns besuchen zu wollen, so sei er gewarnt: Unser Verhalten hängt sehr stark vom Verhalten unseres Gastes ab. Im tiefen Wald hört dich niemand

schreien ...« Und noch eine Warnung: »Wir tuen niemandem etwas an, solange derjenige uns keinen Grund dazu liefert ... Wir verspeisen mit Freude all jene, welche uns bezwingen wollen!«
So rächen sich die »Kinder des Satans« an jenem, der sie in der Öffentlichkeit kritisiert: an Sandro Beyer. Auch wenn es später andere nicht richtig wahrhaben oder es gar als Unfall darstellen wollen (wie auch die Täter Hendrik M. und Andreas K.) – mir liegt eine »Eidesstattliche Erklärung« von Christina T.[80] vor, in der es heißt: »Eine Woche vor der Tat habe ich ... erfahren, dass Sebastian S., Hendrik M. und Andreas K. vorhatten, Sandro Beyer zu töten. Sebastian machte die Bemerkung (zu Christina/d. A.): ›Du kannst es ja filmen.‹ Zu diesem Zeitpunkt nahm ich dieses Vorhaben nicht ernst. Während der Walpurgisnacht am 30.04.94 bin ich ebenfalls auf dem Grundstück der Familie M. (einer der Täter/d. A.) gewesen. Während der Feier erzählten sie mir, dass sie ihn umgebracht haben. Hendrik und Sebastian machten mir das Angebot, dass ich mir die Leiche anschauen könne. Ich habe jedoch abgelehnt.« Christina T. schließt mit dem Satz: »Ich könnte nicht mit dem Wissen leben, dass die drei (später/d. A.) Angeklagten für einen Unfall zur Rechenschaft gezogen werden, obwohl es vorsätzlicher Mord war.«
Sebastian S. erklärt bei seiner späteren Vernehmung, dass diese Tat seit einiger Zeit von allen dreien geplant gewesen war und dass sie Sandro »vorsätzlich ermordet« hätten. Denn der »Typ« musste »einfach weg«. »Es war einfach in uns drin, es war wie ein Zwang.«
Und auch die Staatsanwaltschaft wird in der Anklageschrift resümieren, dass für den Tod von Sandro kein Unfall die Ursache ist, sondern er vorsätzlich getötet worden wäre.

Der »Ritualmord«

Hendrik M., Sebastian S. und Andreas K. locken am Abend des 29. April 1993 gegen 20 Uhr, dem Abend vor dem heidnischen und satanischen Feiertag »Walpurgisnacht« (keltisch »Beltain« oder »Beltane«), der Nacht des Hexensabbats, Sandro unter einem Vorwand in die Datsche von M.s Eltern. Die liegt auf dem Totenberg im nordthüringischen Wald, fast vierhundert Meter oberhalb von Sondershausen. Die späteren Täter setzen sich auf Stühle in der Blockhütte, unterhalten sich mit ihm. Nur so zum Schein. Dann meint Sandro, dieses Gespräch wäre ihm zu lächerlich, ohne zu ahnen, dass es um seine eigene Hinrichtung geht. Wie auf ein Stichwort springt Hendrik M. auf und gibt bekannt, dass es jetzt vorbei sei mit der Lächerlichkeit. Andreas K. legt dem verblüfften Sandro gleichzeitig ein Elektrokabel um den Hals und versucht ihm durch Zurückbiegen des Kopfes über die Stuhllehne das Genick zu brechen. Der Versuch misslingt, weil sich Sandro wehrt und aus der Hütte fliehen will. Die ist jedoch inzwischen verschlossen. Die »Kinder Satans« drücken ihm ein Tuch vor das Gesicht, das seine Hilfeschreie unterdrückt. Hendrik sticht ihm mit einem Messer in den Arm. Sandro bettelt in Todesangst auf Knien um sein Leben, bietet sogar fünfhundert Mark dafür an, die er scheinbar zu Hause hat, winselt weiter um Gnade. Die Satanisten erklären ihm, dass, wenn er sich freiwillig fesseln ließe, sie ihm nichts mehr antun und nur auf einem Waldweg ablegen würden. Sandro geht auf diesen Vorschlag ein, begibt sich damit wehrlos in die Hände seiner Mörder. Aus Angst, ihr Opfer könnte sie anzeigen, legen sie ihm ein weiteres Netzkabel um den Hals und erdrosseln ihn gemeinsam. Es dauert nach Angaben von Sebastian S. fast zwei Minuten, bis Sandros Herzschlag aussetzt. Seine

Leiche wickeln sie in ein Bettlaken, tragen und schleifen sie durch den nächtlichen Wald und »lagern sie zwischen« in einem Schuppen im Berggarten. Am nächsten Tag werfen sie den toten Sandro in der Nähe in eine Grube und vergraben ihn.

*

»Satanistischer Kult endet in einem Mord«, wird das MDR-Magazin »Fakt« später berichten, und der Staatsanwalt wird sagen, dass es »geplanter Mord« war und die »ständige Auseinandersetzung mit dem Satanismus« hätte die »Hemmschwelle möglicherweise herabgesetzt«.
Nicht nur die Kleinstadt Sondershausen, sondern ganz Deutschland scheint in Aufruhr zu sein. Cornelia Beyer, Sandros Mutter, erwähnt eine »schwarze Zeremonie«, an der auch Erwachsene mitgewirkt haben sollen: »Wenn es das Blutritual gegeben hat – das Pentagramm soll ja mit Blut verspritzt worden sein – und Sandro hat das beobachtet, dann könnte es ein Grund für den Mord sein.«

»Die Tötung eines Menschen ist durchaus kein verwerfliches Delikt«

Eine Woche nach dem Mord werden die drei bekennenden Satanisten ermittelt und überführt. Sie gestehen die Tat. Mit einem Unterschied: Hendrik M. und Andreas K. stellen sie als ein Unfall dar, Sebastian S. als kaltblütig geplanten Mord. Vor Gericht wird er dies jedoch später widerrufen.
Sebastian S. sagt am 5. Mai 1993 bei seiner Vernehmung aus, »Einflüsse« für den Mord wären »eventuell die Musik« (Heavy-Metal-Musik) gewesen, »es wird ja sehr viel

von Gewalt und Mord gesungen«. Die Videos betrachtet er nicht als »Hauptfaktoren« (der *Spiegel* berichtet von einem Vorbild ihres Lieblings-Horrorfilms »The Evil Dead«), und dann soll da noch eine Stimme gewesen sein, die gesagt haben könnte: »Töte Beyer« ...

Über die Tötungsart sagt der Angeklagte: »Auf die Idee durch Genickbruch war Hendrik M. verfallen, weil er diesen Film ›1492‹ eben gesehen hatte und wie das dort mit den Hexen geschah ... Als das aber nicht geklappt hat, haben wir uns dann weiter zusammen spontan überlegt, ihn mit einem Kabel zu erdrosseln.« Und er gibt zu, dass der Gedanke, »jemanden umbringen zu wollen oder mehr oder weniger zu wissen einfach das zu tun, dieser Gedanke steckt schon seit längerer Zeit in meinem Kopf ...« Er und seine Mordkomplizen haben sogar »mit dem Gedanken gespielt, ihn (Sandro/d. A.) in Einzelteile zu zerlegen, aber da hatte keiner den Mut oder die Vorstellung, das zu tun, jemanden zu zerhacken oder zu zersägen ...«

Bei der Vernehmung gibt Sebastian S. auch zu, dass er und seine Kumpane »Satanisten« sind. Die Tat selbst hätte jedoch keinen direkten Zusammenhang zum Satanismus. »Wir haben das jetzt nicht aus religiösen Gründen getan, also nicht, um ihn zu opfern oder ähnlich ... Es bestand also keinerlei Zusammenhang.« Aber gleich darauf schränkt er ein: »Zumindest ist mir kein Zusammenhang bewusst.« Und auf die Frage, ob der satanistische Glaube denn einen Mord zulässt, antwortet er: »Rein theoretisch schon ... Aber es war ja keine Opfertat, und da der Teufel der Widersacher Gottes und daraus ja auch der Widersacher der Menschen ist, ist die Tötung eines Menschen also durchaus kein verwerfliches Delikt in unserem Glauben.« In der Praxis bedeutet dies auch, dass sie zu »Menschenopfern bereit« wären. Sandro Beyer wollte den Satanisten angehören, wurde abgewiesen und hat sie dann lächerlich gemacht, sie bloßgestellt. Das war sein Todesurteil.

Zudem wusste er von Sachbeschädigungen auf einem Friedhof und kündigte an, diese zur Anzeige zu bringen. In diesem Sinne war Sandro Beyer ein »Verräter«. Und Verräter müssen nach der Maxime in vielen satanistischen Kulten sterben! Denn es gilt das Gebot »Tod dem Verräter« und: »Der Mensch (in diesem Falle der Satanist/d. A.) hat das Recht, all diejenigen zu töten, die ihm diese Rechte zu nehmen suchen« (Crowley).

So sieht es auch der Satanismusexperte Ingolf Christiansen, Beauftragter für Weltanschauungsfragen des evangelischlutherischen Kirchenkreises Göttingen: »Ein weiterer neuralgischer Punkt stellt das Verletzen der Arkan-Disziplin, also das Outen von geheim zu haltenden Interna dar. Dieses unterliegt einer martialischen Strafandrohung. Nach dem Motto: Wenn du uns outest, stirbst du. In diesem Zusammenhang kann man sicher auch die Vorfälle von Sondershausen einordnen, wo es zu diesem scheußlichen Tötungsdelikt gekommen war.«

Doch andere scheinen es besser zu wissen, wieder einmal, wie Staatsanwalt Gert Störmer, der drei Wochen nach der Tat verkündet: »Es gibt nicht den geringsten Anlass, an Kultmord zu glauben – es handelt sich um Mord durch Erdrosseln ohne jegliche rituellen Umstände.« Noch weiß er nicht, dass einer der Mörder selbst, nämlich Hendrik M., später seine Worte Lügen strafen wird, indem er davon spricht, dass sie einst ein »archaisches Opferritual durchführten«.

Noch einmal zur Erinnerung: Ein »Ritualmord« hat nicht zwangsläufig etwas mit Altar, schwarzen Kerzen und Ka-

puzenträgern zu tun. Aber das scheint den Staatsanwalt und auch andere »Experten« nicht zu interessieren.
Weiter gibt der Satanist Sebastian S. unumwunden zu, dass die Tötung kein »verwerfliches Delikt« in diesem Glauben ist. Eine interessante Aussage. Dezidiert schildert er, wie er, Hendrik M. und Andreas K. für einen kurzen Moment Mitleid mit ihrem gefesselten, wehrlosen Opfer hatten, aber »… dann haben wir die ganzen Gefühle halt umgewandelt. Es ist zwar schwierig, aber es geht halt, d. h. wenn einem jemand leidtut und versucht, das Ganze noch zu steigern, dann wandelt sich dieses Mitleid in totalen Hass um. Das geht ganz schnell.«
So sieht es auch der Neosatanist Aleister Crowley in seiner menschenverachtenden Lehre: »Gnade lasst beiseite; verdammt die Mitleidigen! Tötet und quält, schont nicht.«

Die »Satanskinder« vor Gericht

Im Frühjahr 1994 beginnt der Prozess gegen die »Satanskinder«, der in ganz Deutschland für Aufsehen sorgt. Fast zwei Stunden lang begründet Sebastian S. dem Gericht seinen »satanischen Glauben«, doziert über Aleister Crowley und die Bibel. Auch Hendrik M. bekennt sich vor Gericht offen zum Satanismus. Ein Gutachter kommt zu dem Schluss, dass alle drei Angeklagten zur Zeit der Tat zurechnungsfähig gewesen sind. Die Verteidiger plädieren auf Freiheitsberaubung mit Todesfolge, denn keiner der Angeklagten habe geplant, Sandro zu töten, dies sei aus der Situation heraus eskaliert.
Die Staatsanwaltschaft erklärt, dass der Mord an Sandro Beyer nicht unmittelbar, jedoch mittelbar mit dem Satanismus im Zusammenhang stehe: »Der Satanismus hat in

der Persönlichkeitsentwicklung der drei Täter die Hemmschwelle zum Verbrechen so weit herabgesetzt, dass sie selbst im Prozess durch mangelnde Schulderkenntnis auffielen und das Gericht durch arrogantes Auftreten provozierten.« Und der Vorsitzende Richter sagt in der Urteilsbegründung, die Angeklagten töteten das Opfer, weil sie wegen der »ständigen Beschäftigung mit Satanismus, Horrorvideos und Black Metal«, die »Achtung vor der Würde des Menschen verloren hatten« und schließt mit den Worten: »Wenn Sie immer noch glauben, dass der Mord nichts mit Satanskult zu tun hatte, dann ist dies ein verhängnisvoller Irrtum. Wir sind davon überzeugt, dass diese Tat ohne diesen Hintergrund nicht möglich gewesen wäre.«
Während der Verhandlung werden siebzehn Zeugen und zwei Sachverständige gehört. Nach zehn Verhandlungstagen wird am 9. Februar 1994 das Urteil verkündet: Acht Jahre Haft für Sebastian S. und Hendrik M., sechs Jahre für Andreas K.
Zwei Wochen nach der Urteilsverkündung, also eineinhalb Jahre nach dem brutalen Mord an Sandro Beyer, geht in Sondershausen erneut die Angst um. An das Kriegerdenkmal hoch über der Stadt werden umgedrehte Kreuze und die satanische Zahl »666« geschmiert. Am Gedenkstein hängt eine tote Katze. Am 31. Dezember wird Sandro Beyers Grab geschändet: Holzkreuze werden ausgerissen und umgekehrt in die Friedhofserde gerammt. Es scheint, als laste ein Fluch auf der Seele des Jungen, der ihm keine Ruhe lässt. Die Satanisten sind noch da, auch wenn drei von ihnen im Knast sitzen. Pfarrer Hauskeller wird nicht müde, vor der thüringischen Satanistenszene zu warnen, auch vor »logenartig organisierten Gruppen«. Er selbst erhält Morddrohungen.

Hendrik M.: auf »braunen« Abwegen (1)

Aus dem Gefängnis schreibt Hendrik M. an Freunde: »... ›Böse sein‹ bedeutet doch viel mehr, als nur ein anderes Image zu haben. Es ist eine Lebenseinstellung ... Was wäre dazu angebrachter als eine Religion? So viele Menschen bekennen sich zu irgendwelchen lächerlichen Religionen, warum nicht auch ihr? Warum sich nicht zur stärksten Religion bekennen, eine Religion mit sich selbst als Gott, eine Religion, die wirklich Macht und Kraft verleiht ... Doch bedenkt: Man muss mit Leib und Seele zu uns gehören, um anerkannt und ernst genommen zu werden ... See you in Hell! (Lucifer be my Guard).«

Mit diesem Brief bringt Hendrik M. den Neosatanismus auf den Punkt. Doch in dieser Zeit wandelt er sich zusätzlich zum »eingefleischten Neonazi«, wie Pfarrer Jürgen Hauskeller später erklärt. Hendrik M. wird von der rechten Musikszene hofiert, lässt sich unter seinem Pseudonym »Jarl Flagg Nidhögg« als Held feiern, gibt Parolen aus wie: Die »weiße Rasse« zeichne sich seit jeher von anderen »Großrassen« aus. Er wird zur wohl bekanntesten Gestalt einer internationalen Szene, die sich früher »National Socialist Black Metal« genannt hat. Noch während er im Gefängnis sitzt, kann »Absurd« heimlich im sogenannten »Musik-Zirkel« der Justizvollzugsanstalt eine CD und Musikkassette aufnehmen und veröffentlichen. Auf dem Cover ist das Grab des ermordeten Sandro zu sehen, daneben steht: »Er wurde von Absurd am 29. April 93 ermordet.«

Ein Schlag ins Gesicht für die Eltern und für die Öffentlichkeit. In einem Insider-Magazin äußert Hendrik M. sich aus der Justizvollzugsanstalt Erfurt: »... gemeinsam sind wir stark genug, um die jüdisch-christlichen Invasoren aus unserer Heimat zu vertreiben!« Und er grüßt noch »War-

lord Greifi Grishnackh«, eigentlich Christian Vikernes, Ex-Sänger der Gruppe »Burzum«, der mit dreiundzwanzig Messerstichen den satanistischen Black-Metal-Musiker Oystein Aarseth alias »Euronymus« tötete und zu einer lebenslangen Haftstrafe verurteilt wurde.
Später wird sich herausstellen, dass Hendrik M. in der Haft seine umfangreichen Kontakte zur Black-Metal- und Neonaziszene unbehelligt pflegen konnte. Trotz angeblicher Briefzensur!

Skandal um die »Satanskinder«

Ein weiterer Skandal ganz anderer Art erschüttert im Juni/Juli 1995 die Erfurter JVA, in der die »Satanskinder« einsitzen. *Bild* berichtet von einer »fröhlichen Wohngemeinschaft«, von offenen Zellen, Fernseher und Radio. Und davon, wie der Anstaltsleiter Werner D.[81] sich mit den drei Mördern beim Kegelabend im Kultur- und Freizeitzentrum Moskauer Platz vergnügt hatte, über seinen »Schmusekurs« mit ihnen und seinen »Vorzugsgefangenen« Andreas K. Werner D. wehrt sich gegen diese Vorwürfe mit der Aussage, dies wären Maßnahmen, die zur »Resozialisierung« beitragen sollen. Andere Häftlinge führen jedoch Buch darüber, wie oft der Anstaltsleiter Andreas K. aufsucht; der Rekord liegt bei einundzwanzig Besuchen am Tag! Sie vermuten, dass die Satanisten Werner D. in der Hand haben könnten. Denn seltsamerweise wird Andreas K. sogar der Ausgang ohne Aufsicht genehmigt. Und kurz nach seinem letzten Ausgang wird Sandros Grab geschändet. Der Anstaltschef unternimmt mit seinem »Schützling« Andreas K. sogar eine »Vatertagstour« zur Wartburg. Zum Trost dafür, dass der jugendliche Straftäter eigentlich mit seinen Eltern in den Urlaub fahren wollte. Werner D. hatte dies offensichtlich zunächst genehmigt, zog dieses Einverständnis jedoch zurück, nachdem bekannt wurde, dass Pfarrer Jürgen Hauskeller und eine Bundestagsabgeordnete aus den Reihen von Bündnis 90/Die Grünen den Erfurter Knast besuchen wollten. Sie hatten von den Beschwerden gehört. Unglaubliche Zustände in der Erfurter Justizvollzugsanstalt also. Und ein Skandal, der unter dem Druck der Presse von den Politikern nicht ungehört bleiben kann.

Der thüringische Justizminister Otto Kretschmer feuert den Gefängnisdirektor und »Kegelbruder« *(Bild)* Werner D. Die »Satansmörder« werden in drei verschiedene Haftanstalten verlegt. Dennoch ist es ihnen noch erlaubt, im Juni 1996 für einen Tag nach Darmstadt zu fahren, um ihre Vorprüfungen zum Abitur abzulegen.

Nach nur fünf Jahren Haft wird Hendrik M. im September 1998 vorzeitig auf Bewährung entlassen. Auch bei Sebastian S. und Andreas K. wird die Haftstrafe nach zwei Dritteln der Zeit zur Bewährung ausgesetzt. Sie wollen mit Hendrik M. offenbar nichts mehr zu tun haben und er nicht mit ihnen.

Hendrik M.: auf »braunen« Abwegen (2)

Von 1997 bis 1999 gibt es zwischen Hendrik M. und dem rechtsextremen Kalifornier Michael Moynihan einen Briefwechsel, der im Buch *Lords of Chaos – Satanischer Metal: Der blutige Aufstieg aus dem Untergrund* als Interview abgedruckt wird (mit Co-Autor Didrik Soderland). Dem Journalisten Rainer Fromm zufolge soll Moynihan von der rechtslastigen Dark-Wave-Band »Blood Axis« kommen. *Lords of Chaos* erscheint zuerst 1998 in den USA, später dann in Deutschland.

In diesem Interview erzählt Hendrik M., dass sie tief in einer »Blut-und-Boden-Ideologie« verankert sind und er stolz sei, »reinen deutschen Ursprungs zu sein, weil wir die Deutschen als die Creme de la Creme der weißen Rasse ansehen«. Neben diesem rechtsextremen Gefasel berichtet er jedoch auch freimütig über den »Problemfall Sandro« und wie sie ihn damals gelöst haben. Er will nichts von einem »satanischen Opfer« wissen, erzählt aber, dass die Art und Weise von Sandros Verletzungen mit einem »altgermanischen Opferritus« in Verbindung gebracht werden könnte, bei dem das Opfer per Stichwunde und Strangulation getötet und später im Sumpf versenkt wird. »Tod und Töten sind gesellschaftlich so alltäglich, aber individuell sind es extrem archaische und bewusstseinsverändernde Erfahrungen«, gibt er weiter preis. Und noch mehr: »Durch eine solche Tat durchbricht man Grenzen und gelangt in Regionen, welche in der Alltagswirklichkeit keine Rolle spielen ... Es handelt sich dabei tatsächlich um die menschliche ›Twilight Zone‹ und man wird zu einem Fremden in dieser ›normalen‹ Welt. Das kann kein Mensch verstehen, der nicht ein vergleichbares Erlebnis hatte ... ›Den Tod geben und den Tod empfangen‹ – dieser Leitsatz, einst das Motto der Waffen-SS, sagt viel über das ursprüngliche und germanische Verhältnis zu solchen Dingen aus. Jemand hat den Tod aus meiner Hand empfangen, irgendwann kann ich an seiner Stelle sein.« Diese Worte erinnern stark an die von Satanisten, die durch das Opfern, das Töten eines Menschen eine höhere Bewusstseinsstufe erfahren und erreichen wollen.

Während eines Black-Metal-Konzerts in Behringen im Oktober 1998, also kurz nach seiner Entlassung, springt Hendrik M. auf die Bühne und zeigt den Hitlergruß. Dafür verurteilt ihn das Amtsgericht Eisenach zu acht Monaten Haft. Sein Einspruch wird vom Landgericht abgeschmettert. Damit hat er seine Bewährung verspielt und müsste nun seine Reststrafe von zwei Jahren auch noch absitzen. Bis dahin bleibt er jedoch von Amts wegen auf freiem Fuß.

Im Oktober 1999 wird bei einer Razzia bei ihm und seinem Bruder Ronald M. alias »Hellsturm« (früher auch: »Hannibal the Canibal«) eine »Anleitung zum langsamen Töten von Menschen« gefunden. »Hellsturm« schrieb im Juli 1993, also wenige Wochen nachdem sein Bruder Hendrik Sandro Beyer (mit)getötet hat, in »Rock Hard« einen Leserbrief, in dem es unter anderem heißt: »Aber solange ihr Gewalt nicht als probates Mittel zur Problemlösung akzeptiert, wird euch nichts weiter übrig bleiben, als weinend die Ermordung von Metal-Fans zu beklagen, anstatt zurückzuschlagen.«

Im Internet, in dem Hendrik M. sich als Mitglied einer arischen Elite präsentiert, und in der amerikanischen Ausgabe von *Lords of Chaos* bezeichnet er den Mord an Sandro als ein »archaisches Opferritual« und erklärt, dass er nur einem »lebensunwerten Geschöpf« ein Ende gesetzt hätte. Und: »Wenn aber das NS-Recht wirklich auf uns angewendet worden wäre, hätte man uns für die Vernichtung eines Volksschädlings nicht gestraft, sondern gelobt.«

In einem »Black-Metal-Almanach« sagt Hendrik M. alias »Jarl Flagg Nidhögg« 1998 in einem Interview: »Nun, am 29.4.93 entschlossen wir uns, dem Leben eines lebensunwerten Geschöpfes ein Ende zu setzen. So ist es geschehen, und durch Verrat kam es schließlich zu unserer Verhaftung fünf Tage später.« Wegen Verunglimpfung eines Toten wird er im November 1999 zusätzlich zu anderthalb Jahren Haft verurteilt. In dem Interview erklärt M. außerdem: »Schließ-

lich haben wir hier und jetzt eine ›Mission‹ zu erfüllen: eine Welt gilt es zu verlieren, um eine neue Welt zu gewinnen: große Visionen müssen in die Tat umgesetzt werden!« Auf die Frage, wie sie zu Kirchenbrandstiftungen, Friedhofsverwüstungen und Mord stehen, die seinerzeit von Szeneaktivisten begangen wurden, antwortet er: »Wir begrüßen jede Aktion, die sich gegen die jüdisch-christliche Fremdherrschaft auf germanischem Boden im speziellen und gegen das erbärmliche Dasein der Herdenmenschen im allgemeinen richtet. Es gibt im Black Metal keine klare Trennlinie zwischen Fiktion und Realität, beides geht ineinander über und somit ist es aus unserer Sicht völlig legitim, nicht nur über extreme Handlungen zu singen, sondern diese auch zu begehen. Natürlich geht jeder B.-M.-Aktivist das Risiko der ›Strafverfolgung‹ ein; aber wer die Abläufe der Justiz kennt, der wird entsprechende Vorkehrungen treffen, um nach erfolgreicher Tat nicht durch die Fahndung etc. ermittelt zu werden ...«
Und wirklich hat Hendrik M. nicht vor, seine Strafe bis zum Ende abzusitzen. Er scheint tatsächlich die »Abläufe der Justiz« gut zu kennen und sich einer weiteren Strafverfolgung entziehen zu wollen: Während er noch in einem Brief an seine Eltern ankündigt, »demnächst ins Exil« zu gehen, erreicht ihn der erneute Haftbefehl in seiner Erfurter Wohnung gar nicht mehr. Er hat das lange juristische Prozedere zur Aufhebung der Bewährung genutzt, ist untergetaucht und hat dabei seine Spuren gründlich verwischt – während die Justiz keine Fluchtgefahr gesehen hat! Denn bis zu diesem Zeitpunkt, so Rudolf Laas, der Präsident des Amtsgerichts in Erfurt, sei Hendrik M. ja auch nicht weggelaufen und die Hafturteile seien noch nicht rechtskräftig gewesen.

»Ich habe Zweifel, ob er resozialisiert werden kann«, sagt hingegen der Mühlhäuser Oberstaatsanwalt Petri. »Er sollte überhaupt erst einmal sozialisiert werden.«
Hendriks Aufenthaltsort wird bei seinen Glaubens- und Gesinnungsbrüdern in Norwegen vermutet. Aber das soll sich als falsch erweisen. Er hat sich in die USA abgesetzt, hält sich in verschiedenen Bundesstaaten auf, wird von rechten Gruppen unterstützt, so auch vom »White Order of Thule«, und taucht schließlich bei dem Rassisten und Gründer der »National Alliance« William Pierce in West-Virgina unter (der am 23. Juli 2002 verstirbt). Pierce steht im Verdacht, mit seinem einschlägigen Kultbuch *Turner Diaries* Anleitungen beim Bombenanschlag auf ein Bundesgebäude 1995 in Oklahoma City für den rechtsextremistischen Attentäter Timothy McVeigh geliefert zu haben, bei dem einhundertsechzig Menschen ums Leben gekommen sind.
Währenddessen wird weltweit mit zwei Haftbefehlen nach Hendrik M. gefahndet. Der gründet von den USA aus die deutsche Sektion der »Allgermanischen Heidnischen Front«, die »alle germanischen Völker und Stämme in einem ›Großgermanischen Reich‹ vereinen« und »alle fremdländischen Glaubensbekenntnisse aus unseren Völkern verdrängen« will, wie es im Internet heißt.
Schließlich kommen ihm US-Marshals auf die Spur: Zeitweise observieren ihn mehr als dreißig Beamte. Im August 2000 wird Hendrik M. schließlich nach neun Monaten auf der Flucht in der Nähe von Marlington und mit Hilfe von deutschen Zielfahndern verhaftet. Er beantragt Asyl, weil er meint, in Deutschland wegen seiner politischen Auffassungen verfolgt zu werden. Die deutsche Justiz hingegen tut alles, um seine Auslieferung zu erreichen, damit er zunächst seine Reststrafe von zwei Jahren und acht Monaten

absitzen kann, sowie die anderen noch nicht verbüßten Haftstrafen antreten muss. Mit Erfolg: Am 29. Juli 2001 wird Hendrik M. aus den USA ausgewiesen und muss nun seine Reststrafen absitzen. Er erklärt im Internet, dass er den Satanismus inzwischen durch den heidnischen Glauben an Wotan ersetzt habe. Dennoch hält er weiter zu den einstigen »schwarzen Genossen«. »Ich toleriere ›Satanisten‹, welche den Lehren Crowleys und anderer ›satanischer‹ Philosophen folgen, und ich respektiere sogar die ›Satanisten‹, welche ihre destruktive Attitüde ausleben zu müssen glauben.«
Im Mord an Sandro sieht er einen »großzügigen Akt für die Menschheit« und das »Resultat eines pubertären Zanks«. Dass dieser Mord jedoch ein »Ritualmord« war, sehe nicht nur ich so, sondern beispielsweise auch die Landesregierung Baden-Württemberg in Zusammenhang mit okkultsatanistischen Straftaten:

> »Dennoch sind in den letzten Jahren in der Öffentlichkeit bekannt gewordene Ritualmorde, so zuletzt im April 1993 in Sondershausen/Thüringen ... Hinweise dafür, dass hier ständig die Gefahr der Eskalation besteht.«

2. Markus Wachtel:
»Schädelkult und Leichenschändung«[82]

Angst und lähmendes Entsetzen herrschen am 10. März 1998 in der kleinen niedersächsischen Stadt Peine. An einem Kiesteich zwischen Stederdorf und Sundern wird die nackte, zerstückelte Leiche eines 13-jährigen Jungen gefunden, der zuerst erwürgt und dann zersägt worden ist.

Schreckliche Erinnerungen werden nicht nur bei den Ermittlern in Hannover und Braunschweig wach, sondern auch bei den Einwohnern. Erinnerungen an den 5. Oktober 1996: Eine Woche vor der sogenannten »Crowleymas«, einer Messe zu Ehren des Mentors des Neosatanismus Aleister Crowley, kehrt die 18-jährige Schülerin Yasmin Stieler aus Uelzen von einem Discobesuch nicht mehr zurück. Zwei Tage später wird in der Nähe des Bahnhofs Vechelde ihr Torso entdeckt. Nur siebzehn Kilometer von Peine entfernt. Ihre Beine werden bei den Ricklinger Kiesteichen in Hannover und ihr Kopf in einem Waldstück bei der Ortschaft Hämelerwald gefunden. Die Hände fehlen. Bis heute gibt es keine Spur von ihnen. Und auch der oder die Mörder sind bisher noch nicht gefunden worden.

Rund eineinhalb Jahre nach dem grausamen Mord an Yasmin Stieler haben es die Ermittler erneut mit einer zerstückelten Leiche zu tun. Dieses Mal mit der von Markus Wachtel. Abgelegt an einem Kiesteich nur rund neunhundert Meter von seinem Elternhaus im Ortsteil Stederdorf entfernt. Sein Kopf ist abgetrennt. Der Rumpf liegt halb am Ufer, ein Unterarm im Gras, die anderen Körperteile im Wasser. Seine rechte Hand fehlt ebenso wie die Kleidung. Nicht nur die Boulevardpresse fragt sich »Warum köpfte der Täter sein Opfer?«.

Schnell wird klar, dass auch hier der Fundort der Leiche nicht der Tatort ist. Markus wurde zuerst erwürgt, dann an einem unbekannten Ort zerstückelt. Vielleicht im Bad des Mörders, der dann die Kleidung des Jungen entsorgt hat? Polizisten suchen deshalb in Mülltonnen und durchleuchten akribisch die Abfalldeponie von Peine-Stederdorf. Vergeblich.

Doch wer ist zu einer solch grausigen Tat fähig? Die Kriminalisten schreiben sie schnell einem »Psychopathen« zu, einem, der hochgradig gestört sein muss – wahrscheinlich auf sexuellem Gebiet. Eine Belohnung von 60 000 Mark wird ausgesetzt.

Indizien für einen »Ritualmord«?
Doch was geschah am Tatabend oder der Tatnacht wirklich?
Am Samstag, den 7. März 1998 gegen 19.50 sind Markus' Eltern bereits auf dem Sprung zu einer Party bei Freunden. Der Junge, der im Nachbardorf Edemissen die Sonderschule besucht, muss zu Hause bleiben. Chips und Cola sollen für einen gemütlichen Fernsehabend sorgen. Als Vater und Mutter das Haus verlassen, zieht Markus seinen Pyjama wieder aus, streift sich seine Adidas-Klamotten über und geht die rund zweihundertfünfzig Meter zu einem Bekannten hinüber. Bei ihm borgt er sich ein Videospiel, schaut noch kurz bei einer Schulfreundin vorbei, dann macht er sich wieder die wenigen Meter zurück auf den Heimweg. Doch irgendwo zwischen den Vorgärten muss sein Mörder lauern. Wie er ihn abgefangen hat, bleibt zunächst unklar. Auf jeden Fall kehrt der 13-jährige Computerfan und Tischtennisspieler nie mehr nach Hause zurück. Nur 900 Meter von seinem Wohngebiet entfernt findet er in einem kleinen Baggersee sein nasses Grab. Genau da, wo er im letzten Sommer noch mit Freunden gebadet hat.
Gegen zwei Uhr kommen die Wachtels nach Hause und finden Seltsames vor: Die von ihnen vorher nur zugezogene Eingangstür ist jetzt verschlossen. Markus' geliebte Baseballkappe liegt auf dem Küchentisch. Die Aquariumbeleuchtung in seinem Zimmer brennt, obwohl er das Licht

immer löscht. Der Kescher liegt im Bad, in der Toilette schwimmen die toten Zierfische. Unerklärlich für die Eltern. Denn ihr Sohn hat die Fische geliebt. Er selbst hat sie bestimmt nicht getötet. Aber wer dann? War schon jemand vorher im Haus, nachdem die Eltern gegangen sind? Aus gut informierten Kreisen erfahre ich, dass Markus' Hausschlüssel fehlen soll.[83] In dieser Nacht ist Markus spurlos verschwunden … Am Sonntag geben die Wachtels bei der Polizei eine Vermisstenanzeige auf. Die Beamten suchen und ermitteln im Freundeskreis. Schnell reift der Verdacht, dass der Junge einem Verbrechen zum Opfer gefallen ist. Am Montag rattern die Rotoren eines Polizeihubschraubers über Peine und Umgebung. Ergebnislos. Aber einen Tag später entdeckt eine Diensthundestaffel am Kiesteich eine blutige Schleifspur im Gras. In ihr ein abgetrennter Unterarm mit Hand. Und blaue Kunststoffpartikel, die darauf schließen lassen, dass die Leichenteile mit einem Müllsack transportiert und hier abgelegt worden sind. In Ufernähe werden dann der Torso und die anderen Leichenteile gefunden.

Doch wenn Markus am 7. März ermordet, seine Leiche aber erst am 10. März aufgefunden worden ist, wo war sie dann in der Zeit dazwischen? Denn noch am 9. März hat ein Polizeihubschrauber den Teich in so geringer Höhe überflogen, dass die Beamten das gesamte Gewässer absuchen können, aber nichts finden. Demnach muss Markus in der Nacht zum 10. März zerstückelt und seine Leiche dann am Teich abgelegt worden sein. Wie ist die Leiche überhaupt transportiert worden? Und warum dann gerade nur wenige Meter vom Elternhaus entfernt an diesen Baggersee und nicht woanders? Sollte dies eine Art Warnung sein? Ähnlich wie bei dem Mord an Roberto Calvi, dem »Bankier Gottes«? Der Mailänder Bankier, Chef der seinerzeit größten katholischen Bank Italiens, der Banco Ambrosiano, hatte zusammen mit der Bank des Vatikans, dem IOR (Instituto delle Opere per la Religione), über viele Jahre hinweg betrügerische Geschäfte getätigt. Unter anderem beschaffte er Papst Johannes Paul II. die Gelder für seinen antikommunistischen Feldzug im Osten. Als Calvi kurzzeitig in Zahlungsschwierigkeiten geriet, versuchte er den Papst zu erpressen. Zwölf Tage später, am 18. Juni 1982, war er tot. Erhängt an der Londoner Blackfriars Bridge wird er gefunden. Selbstmord durch Erhängen im Wasser, erklärten die Kriminalisten nach ihrer schlampigen Ermittlungsarbeit. Erst achtzehn Jahre später kommt die ganze Wahrheit ans Licht. Roberto Calvi starb durch einen »inszenierten« Selbstmord! »Der Tod Calvis war eine Warnung an alle Geheimnisträger, den Mund zu halten«, schreiben die Filmemacher Heribert Blondiau und Udo Gümpel in ihrem spannenden Buch *Der Vatikan heiligt die Mittel – Mord am Bankier Gottes*. »Der Tod Calvis war ein Ritualmord. Wer verstehen sollte, verstand, sagt man dazu in Italien ... Heute wird der Tod von Roberto Calvi beinahe schon als Musterbeispiel für einen Ritualmord im Kriminalistikstudium behandelt, schon wegen des Ortes, sogar des Namens der Brücke ›Blakfriars Bridge‹, ›Brücke der Schwarzen Brüder‹.«

Dass es sogar politische Ritualmorde gibt, in denen die Opfer getötet und dann »öffentlich« präsentiert werden, haben wir im Fall Calvi gesehen. Sinn und Zweck war natürlich, ihn zu beseitigen, aber auch als eine Warnung an die anderen Geheimnisträger, Stillschweigen zu bewahren. War es im Fall Wachtel auch so? Wurde er an einem Ort ermordet und zerstückelt – der bis heute nicht bekannt ist – und dann öffentlich als »Warnung« abgelegt? Doch wer sollte gewarnt werden, vor was und vor allem, von wem? Fragen, die auch Jahre nach dem mysteriösen Mord noch unbeantwortet bleiben werden.

Über Täter und Zweifel

Die Ermittler gehen den vielen Hinweisen aus der Bevölkerung nach, darunter sogar denen von Hellsehern. Viele Befragte sind noch Kinder, einfach strukturiert, die zum Teil auch Angst haben. Die Beamten erstellen Bewegungsbilder, wer, wann, wohin geht. Doch alles ohne Ergebnis. Im Mai 1998 entdecken Polizeitaucher in dem Kiesteich eine Säge. Markus' Kleider fehlen noch immer. Im November 1998 müssen sich alle männlichen Einwohner aus Stederdorf zwischen dreizehn und siebzig Jahren zu einer Speichelprobe in der Grundschule einfinden. Der Grund: Vor einer Woche ist es den Gerichtsmedizinern gelungen, aus einem fremden Hautfetzen an Markus' Leiche den genetischen Code zu bestimmen. Das ist eine heiße Spur, denn der Täter gehört demnach weder zu der Familie des Jungen noch zu Bekannten. Eineinhalb Jahre nach der grausigen Bluttat stürmen während der Pause und vor laufenden ZDF-Kameras Polizeibeamte das Berufsbildungszentrum in Vöhrum im Kreis Peine und verhaften den deutsch-russischen Berufsschüler Alexander B. Erst 1997 ist der inzwischen Sechzehnjährige aus Kasachstan nach Deutschland gekommen. Er wohnt zur Tatzeit in der Nachbarschaft. Augenzeugen berichten, dass er sich mit Markus in der Tatnacht auf einem Garagenhof gestritten haben soll. Andere aus seiner Clique sollen auch dabei gewesen sein. Der Deutsch-Kasache, vorbestraft wegen Raubes und schwerer Körperverletzung, will anscheinend Zigaretten von Markus, der ihm jedoch keine gegeben hat. Es kommt zu einer Schlägerei. Als Markus dann weggegangen ist, soll ihm Alexander B. gefolgt sein und ihn erwürgt haben. Andere jugendliche Aussiedler bestätigen eine Rauferei, andere wissen nur von einem friedlichen Treffen, manche sagen, es hätte gar kein Treffen gegeben. Den Mord will ebenfalls niemand beobachtet haben. Ein Zeuge erzählt jedoch davon, dass Alexander mit der Tat geprahlt hätte. »Ich habe Markus umgebracht«, soll er gesagt haben. »Aber das war ein Unfall!« Bei einer erneuten Vernehmung, zwei Tage später, schwächt der Zeuge seine Aussage allerdings wieder ab. Ein anderer erklärt, Alexander hätte gesagt: »Ich wollte nicht, dass er tot ist. Den braucht keiner zu suchen, der ist tot.« Auch eine Videokassette, auf der die Tötung eines Menschen und die Zerstückelung von Leichen zu sehen ist, soll eine Rolle spielen. Doch immer wieder beteuert Alexander B. in der Untersuchungshaft in Hildesheim seine Unschuld, widerspricht Zeugenaussagen und verweigert die Aussage. Eigentlich gibt es nur »Zeugenbeweise«, aber keine Tatzeugen und auch keine Sachbeweise! Die Emotionen schlagen hoch. Nicht nur in Peine, bei den Ermittlern, sondern auch in der Politik.

Hans-Ulrich Felmberg, Landesgeschäftsführer der FDP-Niedersachsen, spricht sich gegen eine »Vorverurteilung« und gegen eine »TV-reife« Festnahme des Verdächtigen aus, ist für eine Unschuldsvermutung, wie sie rechtsstaatlich verankert ist und kritisiert damit den niedersächsischen Innenminister Heiner Bartling. »Wenn der Innenminister das nicht sicherstellt, hat er sein Amt nicht verstanden«, so Felmberg.

Denn auch die gefundene DNA-Spur kann Alexander B.

nicht zugeordnet werden. Und es scheint klar, wenn er trotzdem der Mörder sein sollte, dann kann er die grausige Tat nicht alleine begangen, nicht alleine die Leiche aufbewahrt, zerstückelt und transportiert haben. Deshalb sind die Russlanddeutschen als Mittäter als Erste im Visier der Fahnder. Ihre Wohnungen und Garagen werden durchsucht, die Telefone abgehört, sogar Leichenspürhunde eingesetzt, Kleidungsfasern analysiert. Aber kein greifbares Ergebnis will sich einstellen. Viele Zweifel bleiben also. Und die werden noch verstärkt.

Mysteriöse Grab- und Leichenschändung
Zwei Wochen vor Halloween, in der Nacht zum 16. Oktober 1999, schänden Unbekannte Markus Wachtels Grab auf dem Stederdorfer Friedhof in Peine. Sie werfen zahlreiche Stofftiere hinter das weiße Steinkreuz, die auf dem blumengeschmückten Grab liegen, und heben eine Grube mit senkrechten Wänden über dem Sarg aus. Dabei lassen sie sich offenbar Zeit, gehen akribisch vor, schachten es richtiggehend aus. »Es sah aus wie eine Umbettung, die ein professioneller Totengräber vorgenommen hat«, wird später die Polizei erklären. Vergeblich versuchen die Grabschänder dann den Sarg zu öffnen. Schließlich treten oder schlagen sie mit brutaler Gewalt den Sargdeckel ein und stehlen »zielgerecht«[84] den halb verwesten Schädel des Jungen! Verschwinden ungesehen in der Nacht. Zurück bleiben ein Schuhabdruck und ein verwüstetes Grab, das am anderen Morgen von Friedhofsbesuchern entdeckt wird. Die Polizei veranlasst daraufhin eine gerichtsmedizinische Untersuchung, eine Exhumierung des Leichnams, und stellt fest, dass der Kopf fehlt! Bevor die schreckliche Nachricht

offiziell verkündet wird, schickt die Polizei Psychologen zu den geschockten Eltern. Das Grabloch wird zunächst provisorisch mit Holzplatten und Erde abgedeckt. Dennoch kommen viele Neugierige auf den Friedhof, um es sich anzusehen. Die meisten von ihnen sind überzeugt, dass die Grabschändung mit dem Mord etwas zu tun hat, dass es sich vielleicht um einen Racheakt möglicher Komplizen des Täters handelt oder dass die »Russen-Mafia« den Kopf geklaut hat, um die Eltern einzuschüchtern. Einer will sogar einen Galgen aufstellen, den »Rest erledigen wir!«. Die Dörfler sind zutiefst betroffen. Manche Friedhofsbesucher kämpfen bei dem Anblick des verwüsteten Grabes mit den Tränen.
Die Ermittler stehen erneut vor einem Rätsel. Wer kann eine solch schreckliche Tat begehen? Komplizen des Hauptverdächtigen? »Es kann auch eine Botschaft von möglichen Mittätern des 18-jährigen Mordverdächtigen sein, der in U-Haft sitzt und leugnet«, sagt Christian Pfeiffer, Direktor des Kriminologischen Forschungsinstituts Niedersachsen. Vielleicht wollten die Komplizen ihm signalisieren, dass sie zusammenhalten und schweigen. »Die haben ja schon mal an diesem Körper herumgesägt und diese grässlichen Dinge gemacht.« Was Christian Pfeiffer jedoch vergessen hat, ist noch ein anderer Aspekt: Die Kopfentnahme könnte auch eine Warnung an den Inhaftierten sein, nichts zu sagen, weiter zu schweigen, die wahren Hintermänner weiterhin im Dunkeln zu lassen!

Satanismus und Nekrophilie

Werner Johann Kleemann, Rechtsmediziner von der Medizinischen Hochschule Hannover, vermutet, dass das öffentliche Interesse an dem Fall ein Anreiz für einen »triebgestörten Grabschänder« gewesen sein kann. Oder waren es einfach Geistesgestörte oder gar der oder die »wahren« Täter? Auch Nekrophile (Nekrophilie = die »Liebe zum Toten«), deren Geschlechtstrieb auf Leichen ausgerichtet ist und die sexuelle Handlungen an Toten oder Teilen von Toten vornehmen, könnten für diese Tat in Frage kommen, meint Werner Johann Kleemann weiter: »Diebstahl von Leichenteilen begehen meist Nekrophile. Diese Menschen haben eine triebhafte Vorliebe für Tod und Verwesung.« Nekrophilie ist auch der Drang, sich in der Nähe von Toten aufzuhalten, sie zu betrachten, zu berühren und/oder zu zerstückeln. Die Freude am Verwesenden, der Ekel des organischen Zerfallprozesses. Erich Fromm charakterisierte die Nekrophilie so: »(Nekrophilie ist ...) ... das leidenschaftliche Angezogenwerden von allem, was tot ist, vermodert, verwest und krank ... ist die Leidenschaft, das, was lebendig ist, in etwas Unlebendiges zu verwandeln; zu zerstören um der Zerstörung willen; das ausschließliche Interesse an allem, was rein mechanisch ist. Es ist eine Leidenschaft, lebendige Zusammenhänge zu zerstückeln.« Der griechische Gerichtsschreiber Herodot (485–425 v. Chr.) berichtet, dass in Ägypten weibliche Leichen vor ihrer Einbalsamierung von den Bestattern »sexuell benutzt« worden seien. Bei dieser »sexuellen Nekrophilie« überwiegt die Begierde (zumeist), mit einer weiblichen Leiche zu kopulieren, diese im Moment des Orgasmus kurzfristig ins Leben zurückkehren zu lassen, wie Victor Ardisson, der »Vampir von Muy«, erzählte. Er grub Frauenleichen auf dem Friedhof aus und verkehrte mit ihnen sexuell. Noch kann der Rechtsmediziner Johann Kleemann nicht wissen, dass seine Worte in den darauffolgenden Tagen noch mehr Gewicht haben werden.

Denn ein diesbezüglicher dramatischer Fall von Nekrophilie ereignet sich im November 1999 im oberfränkischen Buttenheim bei Bamberg, der zeigt, wie einfach es ist, sich in Deutschland sogar einen ganzen Leichnam anzueignen.

Weil sie zu nah an der Bahnsteinkante steht, wird die 14-jährige Nicole B. von einem in den Bahnhof einfahrenden Zug erfasst, auf die Schienen geschleudert und stirbt noch am Unfallort.

Kurz vor der Beerdigung wird die tote Schülerin aus dem Sarg in der Leichenhalle geraubt. Es gibt keine Anzeichen für ein gewaltsames Eindringen. Sogar der Sarg wird wieder nach der Entnahme des Leichnams verschlossen. Kurz vor der Trauerfeier wird der Leichendiebstahl festgestellt, als Angehörige den Sarg öffnen lassen. Die Mutter bricht ohnmächtig zusammen, die Feier wird abgesagt.

Die zuständige Kripo hat keinen konkreten Hinweis auf Satanismus, auch wenn die Boulevardpresse den Verdacht hegt, Satanisten würden mit der Leiche einen »grausigen Kult treiben«. An die Hintertür von Nicoles Schule schreiben Unbekannte: »Satan Forever« – »Satan für immer«. Und da ist noch der geköpfte Hund, der neben dem hölzernen Kruzifix am Ortseingang von Buttenheim liegt. Dennoch weiß die Polizei davon, dass Leute behaupten, in Buttenheim und Umgebung würden schwarze Messen abgehalten. Auch der Ortspfarrer will aus »sicherer Quelle« wissen, dass sich im nahen Forchheim tatsächlich Satanisten treffen. Bereits 1981 stiehlt ein krankhaft veranlagter Astrophysiker aus Leichenhallen in Augsburg Frauenkörper und sägt ihnen die Beine ab. 1985 gibt es im Landkreis bereits einen Fall, bei dem ein Täter in der Leichenhalle einer Toten die Brüste abschneidet.[85] Und Anfang der neunziger Jahre wird bei Selbstmorden von zwei Jugendlichen ein okkulter Hintergrund vermutet.[86] In diesem Zusammenhang taucht auch der Name eines berüchtigten neosatanistischen Ordens auf.[87]

In Oberaudorf schändet ein 25-Jähriger eine Kirche und Gräber, bricht in eine Leichenhalle ein, weil er eine 94-jährige Tote »sehen will«, kann den Sarg jedoch nicht öffnen und besudelt ihn dafür mit seinem Blut, nachdem er sich den linken Arm aufgeschnitten hat.

In der Nähe von Bamberg gibt es einen bekannten Kultort: die Jungfernhöhle von Tiefenellern, in der seit der frühen Jungsteinzeit Menschen geopfert wurden. Im dunklen Höhlenschlund sind angesengte Knochen von zumeist Mädchen unter vierzehn Jahren entdeckt und Hirnkapseln und Markknochen gewaltsam geöffnet worden. Es sind Hinweise auf rituelle kannibalische Mahlzeiten. Knochenreste dieses Kultschmauses wurden als Weihegaben an eine Fruchtbarkeitsgöttin in die Höhle geworfen. Nach Hinweisen aus der Bevölkerung, es würden schwarze Messen gefeiert, durchsucht die Polizei die Kulthöhle. Doch auch hier findet sich Nicoles Leichnam nicht. Erst nach über drei Monaten wird der Leichenräuber gefasst: ein Spaziergänger beobachtet auf einem abgelegenen Bau-Lagerplatz, wie ein Mann an einem vermeintlichen Tierkadaver herumhantiert, Fotos von Gedärmen macht. Er ahnt nicht, dass es die von der toten Nicole sind. Dennoch misstrauisch geworden, informiert er die Polizei, die so auf die Spur des 40-jährigen Georg W. kommt. Der gesteht die Tat sowie einen ähnlichen Fall vor einigen Jahren. Der Bauingenieur mit nekrophilen Neigungen hat das tote Mädchen aus der Leichenhalle geraubt, sie in einem alten Bauwagen auf einem verwahrlosten Lagerplatz einer Baufirma versteckt und aufgebahrt. Er vergeht sich sieben Tage lang mit perversen Sexspielen an der Kinderleiche, macht Hunderte von Fotos von dem verwesenden Körper. Vermutlich will er sie ins Internet stellen, denn er speichert sie auf seinem Heimcomputer. Später trennt er mit einem Messer Arme und Beine ab, wirft die Leichenteile in den Main-Donau-Kanal und in ein Wasserbecken auf seinem Grundstück. Nach einigen Wochen schlitzt er die Kinderleiche auf, stochert mit einem Stock in dem verwesenden Körper herum, ergötzt sich an dieser Perversion, nimmt sogar einzelne Leichenteile mit heim und versucht sie zu konservieren. Und er besitzt zahlreiche kinder- und tierpornographische Bilder, die von den Ermittlern sichergestellt werden. Gegen den Bauingenieur, von dem sich seine Frau zwischenzeitlich scheiden lässt, wird im Februar 2001 Anklage erhoben. Im Mai 2001 beginnt vor dem Landgericht Bamberg der Prozess. Georg W. gesteht schriftlich die Taten. Das Gericht verurteilt ihn schließlich wegen Störung der Totenruhe und Verbreitung pornographischer Schriften zu einer Gesamtfreiheitsstrafe von zwei Jahren und drei Monaten. Er wird in einem psychiatrischen Krankenhaus untergebracht.

Bereits im Oktober 1996 ist ein 59-jähriger belgischer Leichenschänder in Antwerpen verhaftet worden, bei dem 30 000 Fotos von Kindern gefunden werden, die er auf vierzig Friedhöfen ausgegraben hat. Der Mann wird von der Polizei als »bizarrer Charakter« geschildert, der in einem Sarg schläft. In Deutschland sind rund einhundert Fälle von Nekrophilie wissenschaftlich dokumentiert. Ein weiteres krasses Beispiel ist ein Berliner, der nachts mehrere junge Frauenleichen ausgräbt, ihnen die Haut abzieht, die Brüste und Schamlippen abschneidet und sich diese als »Halsschmuck« umhängt. Er wird 1998 von einem Gericht in eine geschlossene Psychiatrie eingewiesen.

Nach einem medizinischen Lexikon gibt es auch bestimmte »Jugendkulturen«, die in »ritualisierter Weise nekrophilen Praktiken frönen«. Ob damit Satanisten gemeint sind, bleibt offen. Eckhard Türk, Satanismusexperte der Diözese Mainz, weist jedenfalls darauf hin, dass selbst Sodomie und Nekrophilie zur satanistischen Sexualmagie gehören könnten. Dies bestätigt der in Insiderkreisen bekannte Frater V. D. alias Ralph Tegtmeier, »Chaos-Magier« und Crowley-Biograph, der in Bezug auf die sexualmagische Praxis sogar über eine »rituelle Nekrophilie« spricht, die er aber aus Gründen der Strafbarkeit nicht empfiehlt. Französische Satanisten, die sich »Söhne des Feuers nennen«, zelebrieren in Grabkammern auf Friedhöfen ein sogenanntes »Ritual der Verkörperung der Verstorbenen«. Neben sexualmagischen Praktiken, Tieropfern und Grabschändungen wird auch der Nekrophilie nachgegangen.

Waren es bei Markus Wachtel auch Satanisten? Obwohl es, so die Fahnder, keine Erkenntnisse bei Straftaten über Okkultismus gibt, lediglich bei Grabschändungen schließen sie das jetzt nicht mehr ganz aus. »Mögliche Motive sehen wir im Bereich des Okkultismus, vielleicht haben wir es aber auch mit einem extremen Sadisten oder einem Täter mit schweren psychischen Störungen zu tun«, erklärt ein Polizeisprecher dazu.

Satanismus und der Handel mit Leichenteilen
Existiert gar ein Markt für Schädel und Gebeine? Aus Beamtenkreisen erfahre ich inoffiziell, dass es diesbezüglich auch Anfragen bei einer Polizeidienststelle in Ostdeutschland gibt. Und zwar in der Umgebung, in der sich Neosatanisten niedergelassen haben. Der zuständige Beamte hält nichts für ausgeschlossen.
Tatsächlich ist der Handel mit menschlichen Gebeinen alt. Sogar das Christentum hat sich rege daran beteiligt, denken wir nur an den Reliquienkult und die sterblichen Überreste der Heiligen, wie Knochen, Haare, Zähne, Blut, Herzen und »unverwesliches« Fleisch, die überall verehrt werden. Noch lange nach dem Tod der Heiligen sollen sie Wunder tun oder die »Geschöpfe der Hölle« fernhalten. Ein Symbol für die Bedeutung von Gebeinen ist die »Knochenkirche« im böhmischen Krasná Hora, westlich von Prag, die mit den Knochen von 40 000 Toten dekoriert ist! Schädel an Schädel, Gebeine an Gebeine. Auf der Turmspitze prangt statt eines Kreuzes ein Schädel mit gekreuzten Oberschenkelknochen! Und auch die durch Dan Browns *Sakrileg* und verschiedene andere Bücher in den Mittelpunkt des Interesses geratene Kirche von Rennes le Chateau in Südfrankreich weist die Schädelsymbolik auf: Zu Füßen der Statue von Maria Magdalena mit dem Heiligen Gral liegt ein Totenschädel. Im August 2000 klauen wahrscheinlich Satanisten den Kopf der heiligen Katharina von Alexandria aus der Katharinenkirche in Havel. Im mittelalterlichen Europa glaubte man sogar, dass Knochen von hingerichteten Verbrechern als magische Amulette wirken würden.
»Es gibt immer wieder Gerüchte, dass zum Beispiel über bestimmte Anbieter Totenschädel aus Asien zu beziehen sind«, sagt Ingolf Christiansen. Ich recherchiere im World

Wide Web nach diesen »Knochenhändlern«. Die Spuren führen in die USA. Tatsächlich existiert auch heute noch ein Handel mit Leichenteilen und Totenknochen! Ein in Kalifornien ansässiger Knochenhändler bietet neben Tierknochen auch echte Menschenknochen zum Verkauf an! Die Leichenteile stammen nach eigenen Angaben aus Indien und China. Die Preise für »unvollständige« Schädel (zum Beispiel ohne Unterkiefer) liegen bei rund einhundert US-Dollar. Für einen »best quality«-Totenschädel müssen schon siebenhundert US-Dollar, für ein ganzes Menschenskelett rund zweieinhalbtausend Dollar hingeblättert werden. Bezahlung bequem per Kreditkarte möglich. Wer sich alles an diesem Knochenhandel beteiligt, bleibt fraglich. Und dass sie nicht nur zu medizinischen oder künstlerischen Zwecken ein- und verkauft werden, wohl auch. Eine Insiderin der deutschen und amerikanischen satanistischen Szene, selbst Hexe, erklärt mir bei einem persönlichen Gespräch, dass sich auch Satanisten auf diesem »legalen« Weg menschliche Knochen besorgen.

Wenn Kritikern dies wieder einmal zu unglaublich vorkommt, dann möchte ich an dieser Stelle daran erinnern, dass sich auch ganz »weltliche«, sprich politische Instanzen mit dem Thema auseinandersetzen mussten. Und zwar der Berliner Senat im Jahr 1997. Damals ging es um »das miese Geschäft mit den Toten«, um den sogenannten »Bestattungsskandal«: Die Berliner Staatsanwaltschaft ermittelte gegenüber dreißig Mitarbeitern von Bestattungs-Instituten, Krankenhäusern und Pflegeheimen. Die ließen sich mit Geld und Geschenken schmieren, um bei Sterbefällen Tote zu bekommen. Dadurch verdienten die Totengräber Millionen. Die damalige Gesundheitssenatorin Beate Hübner sprach davon, dass dieser »Leichenhandel« nicht gestoppt

werden müsse, der Senat sehe »keinen Anlass für konkrete Maßnahmen«. Rund achthundert Tote sollen in der deutschen Hauptstadt jährlich per Schmiergeld unter die Erde gebracht werden. Dies hat für ziemlich viel Wirbel gesorgt. Noch einmal fünf Jahre später ein anderer Skandal in Polen. Der Stoff könnte aus einem Horrorfilm sein: Anfang 2002 wurde aus einer Unfallstation einer Klinik in Lodz bekannt, dass Mitarbeiter schwer kranke Patienten getötet haben sollen oder absichtlich sterben ließen, um die Leichen dann an bestimmte Bestattungsunternehmer zu »vermitteln«, also zu verkaufen. Bis zu 500 Euro hätten sie dafür als Provision pro Leiche kassiert. Ärzte, Sanitäter und Bestattungsunternehmer arbeiteten dabei »Hand in Hand«. Anscheinend ist dieser »Leichenhandel« nicht auf Lodz begrenzt, sondern weit im Land verbreitet.
Im Mai 2006 wird bekannt, dass russische Grabräuber Soldatenfriedhöfe plündern, neben Erkennungsmarken, Auszeichnungen, Ringe, Fotos und Geldbörsen auch Soldatenschädel (mit Helmen) stehlen und diese dann in Internet-Auktionsbörsen verkaufen.
Und im September 2006 erschüttert Serbien ein unrühmlicher Skandal: Nicht nur in der Hauptstadt Belgrad, sondern auch in der Provinz sollen Notärzte Patienten für Provisionen von Bestattern haben sterben lassen. Die Behörden ermitteln.

Satanismus und »Schädelkult«

Besonders Schädeln wird eine immense okkult-magische Bedeutung zugeschrieben. In der uralten Sterndeuterkunst, der Astrologie, die bereits die Babylonier betrieben haben, wird das »Haupt« dem »Körperteilmerkmal« des Tier-

kreiszeichens »Widder« zugeordnet. Bereits seit etwa 7000 Jahren vor Christus wurden im biblischen Kanaan menschliche Schädel angebetet.
Dieser Glaube soll bis nach Ägypten vorgedrungen sein und sich auch in den Einbalsamierungstechniken wiederfinden. Ebenso in der Bibel und nicht nur in der Kreuzigungslegende, in der der Name »Golgotha«, die »Schädelstätte«, auftaucht, die höchstwahrscheinlich auf die Tradition von Orakelschädeln zurückzuführen ist. Mitglied des geheimen Schädelkults, der »Sekte des Heiligen Hauptes« soll, dem britischen Anthropologen und Dokumentarfilmer Keith Laidler zufolge, auch der alttestamentarische Samson gewesen sein, dem durch das Abschneiden seiner langen Haare seine übermenschlichen Kräfte geraubt wurden. Die Haare selbst galten als »Auswuchs« und das Symbol des heiligen Schädels. Aus diesem Grund weigerten sich Eingeweihte, ihre Haare zu schneiden, weil dies einer »Entweihung« gleichgekommen wäre. Auch der Führer einer deutschen neosatanistischen Vereinigung hat sich mit langen Haaren gezeigt. In einer seiner Schriften lässt er über die »Natur des Geheimnisses« sogar verlauten, dass gerade dieses »in der Fabel von Samson verborgen« liegt. Ein Hinweis auf einen praktizierten Schädelkult? »Nun lerne«, heißt es weiter, »dass dieses Geheimnis in dem Wissen von einem besonderen Ritus besteht, einer Hohen Messe ... Dies ist das wahre Sakrament ... Gesegnet sind sie, die dieses Gebot befolgen.« Eine Aussteigerin erzählt, sie habe in seiner Wohnung und im »Vortempel« Menschenschädel gesehen. Er hätte sogar betont, es wären »echte« Schädel, die nicht berührt werden dürfen![88] In seinem Umfeld gibt es Schriften, in denen auch über »menschliche Körperteile« und »Herz- und Kopfamulette« gesprochen wird, als Ersatz für

die »fleischlichen Originale«. Wobei der »Symbolismus des Kopfamuletts noch ein anderer ist«, wie es geheimnisvoll verlautet.

Auch hierfür gibt es für Kritiker wieder ein »weltliches« Beispiel: Drei Tage nach der Beerdigung des berühmten österreichischen Komponisten Joseph Haydn (1732–1809, Freimaurer, der 1785 in die Loge »Zur wahren Eintracht« in Wien im Beisein seines Freundes Wolfgang Amadeus Mozart[89] (1756–1791, seit 1784 Mitglied in der Wiener Loge »Zur Wohltätigkeit«[90], die sich später mit der Loge »Zur neugekrönten Hoffnung« vereinigt[91]) wurde sein Kopf von einem hochrangigen Staatsbeamten und des ehemaligen Sekretärs des Fürsten Esterházy aus dem Grab auf dem Hundsthurner Friedhof gestohlen. Sogar zwei Beamte des Wiener Magistrats und ein Totengräber begleiteten sie dabei. Sie galten als Verfechter einer »Schädellehre«, die direkte Zusammenhänge zwischen Begabung, Charakter und Schädelform zu erkennen glaubten. Bei der Überführung von Haydns Leiche nach Eisenstadt lagen nur noch der Rumpf und die Perücke im Sarg. Erst 1954 kam Haydns Schädel dann über viele Stationen in seinem neuen Grab in Eisenstadt zur Ruhe.

In den Mythen der Norweger werden Trinkbecher aus den Schädeln erschlagener Feinde gefertigt. Darauf zurückzuführen ist der skandinavische Trinkspruch »skål«, der eigentlich »Schädel« heißt.

Der Anthropologe Keith Laidler meint weiter, dass die Köpfe von Männern, die von Gott beseelt oder gesalbt worden sind, als die Verkörperung der Gottheit selbst angesehen wurden. Deshalb konnten die Priester oder Gläubigen nach deren Tod über ihren Kopf als Medium immer noch die Gottheit selbst erreichen. Dieses Gedankengut drang bis nach Europa und beeinflusste auch die Druiden, die Priesterkaste der Kelten auf den Britischen Inseln. Für sie symbolisierte der Menschenschädel den »Sitz der Seele«, das »Zentrum des Lebens«, die »Quelle der Weisheit und des Seins«, Ausdruck der »göttlichen Macht« und besaß als Talisman zum Wahrsagen und Heilen einen unschätzbaren Wert. Bei den Kelten wurde die wirkliche oder symbolische Enthauptung zu einem Ritual der Vergöttlichung oder der sakralen Einweihung! Die Schädel wurden auch als Weihe- und Opfergaben benutzt. Offensichtlich war bei ihnen der Schädelkult ein Teil der Opferzeremonie, der mit Menschenopfern zusammenhängt! Vergessen wir nicht, dass die keltische Heidenreligion auch den Okkultismus und das Hexentum beeinflusste. So bekannte das Oberhaupt eines weltweit verzweigten neosatanistischen Ordens, dass er selbst Kelte wäre, denn »eine Menge Leute sind es«.

Von den Kelten zu den Templern, die ebenfalls mit diesem Gedankengut in Verbindung kamen: Legenden berichten von Geschlechtsverkehr mit Leichen, vom rituellen Enthaupten Toter, das eine übersinnliche Erfahrung erzeugen soll, von der Verstümmelung, der »Entleibung« verstorbener Tempelritter, bei der die Beine abgetrennt und über Kreuz auf den Torso gelegt werden. Schließlich sollen sie auch einen konservierten abgeschlagenen Kopf, »Baphomet«, angebetet haben, was unter anderem zu ihrer Verfolgung durch die Kirche führte. Kurzum: Das Gedankengut über Leichenteile, Totenknochen und Schädel und ihrer angeblichen Zauberkräfte gehören zum (Aber)glauben unseres Kulturkreises. Und zum Glauben der Okkultisten und Satanisten der Neuzeit. Die »First Church of Satan«, die wohl größte Satanistenorganisation weltweit, praktiziert ein Ritual, indem ein entfleischter Totenschädel eine

Rolle spielen soll. Er stellt das materielle »Haupt Gottes«, die »Gruft der Weisheit«, den »Tempel der materiellen und geistigen Erfindung« dar.[92] Vergessen wir auch nicht den Geheimbund »Skull & Bones«, der bereits in seinem Namen die Wichtigkeit von Schädeln und Knochen aufzeigt.
Der ehemalige Großmeister einer okkult-magischen Loge spricht in Bezug auf die Belebung eines »Logendaimonium« bei der »magisch-gnostischen Taufe« davon, dass der Kopf mit dem »magisch geladenen Sperma der Meister und dem gnostisch geladenen Menstruationsblut der Meisterin und Tieropferblut« gesalbt werden sollte. »Dadurch erhält der Kopf eine tripolare Macht und Kraft.« Die »Erstbelebung« könne dann mit einer »sexual-magischen Operation« erfolgen, die einen »Blutkult marsisch-plutonischer Kräfte in Verbindung mit dem venusischen Prinzip« bildet.[93] Der gnostisch-magische »Ordo Baphometis« bekennt: »Alle Macht und Kraft geht vom Kopf aus!« Auch hier gibt es eine Zeremonie der »Belebung des Kopfes«, bei der es unter anderem heißt: »(Der KOPF befindet sich in der Mitte des Tempelraumes. Die Kongregation bildet um den KOPF eine magische Kette.) Wir, die geheime Bruderschaft vom BAPH, rufen Dich an, SHEM, DU belebende Universalkraft! Sende Dein Qliphotisches Licht in diesen KOPF und belebe ihn! Wir holen die Kraft aus den 4 Elementen herab und senden sie Dir zu. LEBE! LEBE! LEBE! YALLAH! YALLAH! YALLAH!«
Überall ist also der Kopf, der Schädel, ein wichtiger magischer Fetisch, von dem »Macht« ausgeht.
«Durchaus gehören zu den Ausstattungsmerkmalen einer magischen Arbeit Schädel- und Knochenteile verstorbener Menschen«, meint Ingolf Christiansen, Beauftragter für Weltanschauungsfragen der Evangelisch-Lutherischen Kir-

che in Göttingen. »Es gibt leider die zu beobachtende, aber häufiger berichtete Praxis unter Satanisten, sich mit Totengebeinen, aber auch mit frischen Leichenteilen zu versorgen. Es ist nicht auszuschließen, dass unter anderem Friedhofsvandalismus dazu benutzt wird, um an diese menschlichen Gebeine zu gelangen. Aber auch Rituale der Nekromantie, des Wahrsagens durch Tote, dürfen heute noch vereinzelt ihre Anwendung finden. Alte Berichte über nekromantische Rituale dienen einigen satanistischen Zirkeln und Logen durchaus als Vorlage für die eigene Ritualpraxis.« Mit dem Glauben der Nekromantie, der »Totenbeschwörung«, hängt auch die Idee der Wiederbelebung von Toten durch das Vergraben ihrer Knochen an bestimmten Plätzen zusammen.
Hartmut Zinser, Berliner Religionsprofessor, weist auf die besondere Bedeutung »prominenter« Totenschädel für Satanisten hin. Und Pfarrer Alfred Labusch, Leiter des Sektenberatungszentrums in Bochum, ergänzt: »Schädelknochen werden ausgegraben und ausgekocht. Urin, Fäkalien, Erbrochenes werden verspeist.« Eine Satanistin bestätigt mir diesen Sachverhalt. »Menschenknochen sind noch immer wichtig für Rituale. Besonders der Schädel, er symbolisiert Kraft und Macht.«[94] Eine Voodoo-Expertin stimmt dem zu: »Totenschädel werden in unseren Kreisen zu horrenden Preisen gehandelt. Und der Kopf eines Mordopfers ist für Beschwörungsrituale geradezu ideal.« Auf einer Homepage über »Utensilien« zur schwarzen Magie für Rituale wird der Totenschädel mit dem »Element Erde« gleichgesetzt und der Tipp gegeben: »Kann man sich keinen Totenschädel beschaffen, behilft man sich mit Friedhofserde. Diese entnimmt man von einem möglichst alten Grab, und zwar von der Kopfseite des Grabes.« In einem anderen Chat:

»Suche alle Körperteile, am besten noch blutige. Kopf mit Gehirn wäre natürlich optimal.«[95]
Tatsächlich gibt es »aktenkundige« Fälle vom Missbrauch von Leichenteilen in Verbindung mit Satanskulten in Deutschland. Nachfolgend einige Beispiele:
1992, Berlin: In einer Aprilnacht rauben Jugendliche einen hundert Jahre alten Kindersarg aus einer Gruft des Sophien-Friedhofs und feiern mit den Leichenteilen vermutlich ein Ritual.
1993, München: Auf dem Nordfriedhof wird im August die abgetrennte rechte Hand eines Kindes gefunden. Der kleine Finger fehlt. Die Polizei glaubt, dass auf dem Grab eine schwarze Messe gefeiert wurde.
1994, Stuttgart: Rund einhundert Gräber werden in fünf Wochen auf vier Friedhöfen geschändet. In den Zimmern der ermittelten jugendlichen Satanisten werden neben Pentagrammen und durchbohrten Puppen auch bemalte Totenschädel gefunden.
1995, Berlin: Die Leiche eines bei einem Unfall getöteten Kindes wird im Dezember aus dem Sarg geholt und für eine schwarze Messe missbraucht.
1996, Finsterwalde: Nach einer Friedhofsschändung im Juni werden Leichenteile auf einem Grab gefunden. Zwei Wochen später wird ein aus menschlichen Knochen mit Lenkerband zusammengebundenes Kreuz entdeckt. Auf den Gräbern sollen hier schwarze Messen zelebriert worden sein. »Niemand will aussagen«, erklärt die Staatsanwaltschaft Cottbus. Die Menschenknochen selbst stammen von »unbekannten Stellen«. Dennoch werden die Satanisten von der Polizei auf frischer Tat ertappt! In ihren Rucksäcken werden ein Totenschädel, Gebeine und Kerzen für Rituale gefunden.

1996, Dortmund: In der Ruhrpott-Metropole schänden Satanisten ein Doppelgrab von Zwillingsmädchen, die kurz nach ihrer Geburt gestorben sind. Sie sprühen Pentagramme und die Zahl 666 auf den Grabstein. Einige Jahre zuvor ist eine Kellergruft geöffnet und sind Schädel gestohlen worden.

1996, Köln: In der Domstadt kommt es immer wieder zu Grabschändungen und Leichenfledderei. Während einer schwarzen Messe holen Satansjünger die Gebeine einer Verstorbenen aus ihrer Kammer und verteilen diese auf dem Fußweg. Den Totenschädel stecken sie auf die Friedhofspforte.

1997, Fulda: Auf dem Friedhof am Frauenberg legen im Mai Unbekannte die Leichen alter Frauen frei. Die Täter werden auch in satanistischen Kreisen vermutet.

1997, Nordhausen: In Thüringen deckt die Polizei im November einen Satanistenzirkel auf. Neben Gegenständen, die auf schwarze Messen mit Opfertieren und anderen Kulthandlungen hinweisen, werden auch abgehackte Putenfüße und ein Totenschädel beschlagnahmt.

1999, Essen-Dellwig: Auf dem Friedhof wird im März ein ausgehobenes Kindergrab entdeckt. Die Gebeine des seit Jahren verstorbenen Babys sind gestohlen worden. Im Zuge der Ermittlungen stoßen Polizeibeamte auf einen 24-jährigen Mann, der in einer Heavy-Metal-Band spielt. Der Übungsraum der Band befindet sich in einem Bunker in Oberhausen. Doch statt den Überresten des Kindes werden Gebeine eines Erwachsenen gefunden, die an der Wand hängen und zu einem Kreuz zusammengebunden sind. Der Mann gesteht schließlich die Öffnung des Kindergrabes, die Leichenfledderei und eine »starke Neigung zum Okkultismus«. Ein zweiter Verdächtiger sagt aus, der Heavy-Metal-

Musiker wäre ganz »versessen auf einen echten Menschenschädel« gewesen. Es gibt auch noch andere Fälle in dieser Richtung, erklärt die Polizei Essen.[96]

Im Januar 1999 schockt eine grausame Tat in Frankreich die ganze Nation: Satanisten öffnen gewaltsam das Grab mit der Nummer 999, die, auf den Kopf gestellt, die »Teufelszahl« 666 ergibt. Dann feiern sie eine schwarze Messe, tanzen auf dem Holzsarg und schlagen ihn ein. Der Frauenleichnam, der schon seit zwanzig Jahren unter der Erde liegt, ist bereits mumifiziert. Die Teufelsanbeter holen ihn heraus, schlagen in die Augenhöhlen der Toten, und eine Satanistin steckt ihr sogar ein umgekehrtes Kruzifix in die Brust. Später werden die Täter ermittelt.

Weitere Ermittlungen

Auch rituelle Handlungen werden von den Beamten der Mordkomission »Wachtel« als Hintergrund für die Tat mit in die laufenden Ermittlungen einbezogen.[97] Zu dieser Zeit machen viele Gerüchte bei den Einwohnern in Peine-Stederdorf die Runde: So heißt es unter anderem, es soll etwas in Richtung Satanismus und schwarze Messen oder »Blutritualen wie in der Ukraine« »gelaufen« sein.[98]

Von einem Kollegen bekomme ich den Tipp, dass laut Obduktionsbericht Markus Wachtels Anus weit geöffnet gewesen sein soll. Ein Aspekt, der nie bis an die Öffentlichkeit gedrungen ist. Warum nicht? Ist dies etwa ein Hinweis auf einen möglichen Missbrauch? Oder wurde Markus ein Gegenstand eingeführt? Die zuständigen Beamten erklären auf Nachfragen, dass die Öffnung des Anus mit der Agonie, also dem Zeitpunkt des Todes in Verbindung steht, ein körperlicher Reflex. Es wäre kein Gegenstand bei Markus

eingeführt worden.[99] Und doch wird der Mord an Markus immer mysteriöser, und Parallelen zu einem anderen Fall werden konkreter: zu Tristan Brübach aus Frankfurt, ebenfalls dreizehn Jahre alt, ebenfalls im März 1998 ermordet und zerstückelt, auch sein Grab geschändet – nur eine Woche zuvor. Die Kripo Peine schließt einen Zusammenhang der beiden Taten nicht aus, während die Staatsanwaltschaft in Frankfurt genau dies dementiert. In diesen Tagen wird dann auch noch verkündet, dass die Polizei keinen Hinweis auf den Zusammenhang zwischen dem Mord an Markus und der Grabschändung sieht. Es geht drunter und drüber. Und all das scheint nicht unbedingt für die Schuld des seit gut fünf Wochen in U-Haft sitzenden Alexander B., den einzigen Hauptverdächtigen, zu sprechen.
Das sieht auch sein Anwalt Klaus-Günther Ebel so: »Für mich ist diese Grabschändung ein Indiz, dass der Täter noch auf freiem Fuß ist«, sagt er und kritisiert gleichzeitig die einseitigen Ermittlungen. Insbesondere Alexanders Eltern würden mangels greifbarer Fahndungserfolge von der Polizei unter Druck gesetzt. So hätten sie sich ohne richterlichen Beschluss einer entwürdigenden Durchsuchung unterziehen müssen. Der Vater Richard B. habe sich vor seiner Familie komplett ausziehen müssen und wäre regelrecht »gefilzt« worden. Lynchstimmung kommt in dem kleinen Ort auf. So hat Vater Richard B. einen anonymen Brief erhalten mit dem Wortlaut: »Wartet nur ein Weilchen, dann kommt der Ku-Klux-Klan.« Daneben Fotos von ihm und seinem Sohn Alexander mit einem aufgemalten Strick um den Hals und einem Galgen. Er hat Angst um seine restlichen vier Kinder. Die Tochter will nicht mehr in die Schule gehen, wird als »Schwester vom Mörder« beschimpft.

All das setzt die Beamten noch mehr unter Druck. Sie schlagen schnell zu, durchsuchen sieben Wohnungen von Freunden und Verwandten von Alexander B. Aber sie finden nichts: weder Schuhe, die zum Abdruck am Grab passen, noch Schmutzreste, noch Tatwerkzeuge, noch den Schädel. Und noch etwas anderes wird klar: Die Grube mit den senkrechten Wänden, die die Täter über Markus' Sarg ausgehoben haben, deutet nicht auf Jugendliche hin.

Eine Woche nach der Grabschändung, am 23. Oktober 1999, werden Markus' Überreste erneut auf dem Friedhof in Peine-Stederdorf beigesetzt. Zum zweiten Mal finden seine Überreste, nur wenige Meter von dem alten Grab entfernt, ihre Ruhe.

Im Januar 2000 erhebt die Staatsanwaltschaft Hildesheim Anklage gegen Alexander B. wegen Mordes »aus niedrigen Beweggründen und zur Verdeckung einer Straftat.« Die Höchststrafe beträgt zehn Jahre. Dreißig Zeugen und ein Sachverständiger werden benannt. Die Akten umfassen rund zehntausend Seiten.

Der (Indizien-)Prozess

Fünf Monate später, am 17. Mai 2000, beginnt der auf zunächst zwölf Tage angesetzte Prozess gegen den Russlanddeutschen vor dem Landgericht Hildesheim. Weil Alexander B. zur Tatzeit erst sechzehn Jahre alt war, verhandelt die Große Jugendstrafkammer unter Ausschluss der Öffentlichkeit. Alexanders Eltern werden zur Verhandlung nicht zugelassen, weil sie als Zeugen in Frage kommen. Der Jugendliche selbst teilt über eine Dolmetscherin mit, dass er sich zu den Vorwürfen nicht äußern will. »Es wird eine außerordentlich schwere Beweisführung«, erklärt die zu-

ständige Staatsanwaltschaft in Hildesheim. Denn bislang gebe es nur »Zeugenbeweise«, aber keine Tatzeugen.
Die Anklageschrift scheint wirr. So wird dem Jugendlichen vorgeworfen, Markus wegen eines Streits um eine Zigarette mit den Fäusten ins Gesicht geschlagen zu haben. Kurz darauf soll er aus Verärgerung über diese verweigerte Zigarette oder »zur Verdeckung der Körperverletzung« Markus erwürgt haben. Um also Schläge ins Gesicht zu verdecken, soll er ihn getötet haben?
Und so geht es weiter: Ein Sachverständiger der Medizinischen Hochschule Hannover erklärt, dass zwischen Markus' Tod und der Zerstückelung seiner Leiche mindestens zwei Stunden gelegen haben müssen. Zu diesem Schluss kommt er aufgrund des Ausprägungsgrades der Todesflecken und der Wundmale im Bereich der Körperabtrennungsstellen. Ein Gerichtssprecher sagt, das Zeitintervall könnte aber auch wesentlich länger gewesen sein. Ein genauer Zeitpunkt der Zerstückelung lässt sich also exakt nicht mehr feststellen. Während der Verhandlung, die sich länger als erwartet hinzieht, weil jedes Wort durch Dolmetscher ins Russische übertragen werden muss, stellt sich heraus, dass die Peiner Kripobeamten bei einer Vernehmung unzulässig Druck ausgeübt haben. Das zumindest behauptet ein Zeuge. Er sei während der Vernehmung von Polizisten an der Jacke angefasst worden. Gleichzeitig hätte man ihm bei einer Aussage eine Flasche Wodka versprochen. Die Staatsanwaltschaft widerspricht den Vorwürfen. Ferner wird auch eine Auseinandersetzung zwischen Alexander B. und anderen Jugendlichen auf dem Stederdorfer Spielplatz thematisiert. Für Prozessbeobachter ist dies lediglich eine typische Rangelei unter Jugendlichen und nicht entscheidend für das Prozessresultat. Gegenstand der weiteren Ver-

nehmung ist auch ein dreistündiges russisches Snuff-Video, das die Tötung eines Menschen zeigt beziehungsweise die Zerstückelung von Leichen.
Als ein weiterer jugendlicher Zeuge vereidigt wird, fängt Alexander B. bei der Formel »so wahr mir Gott helfe« laut an zu lachen. Warum? Wirklich nur, weil er seinen Freund mit erhobener Hand vor dem Gericht stehen sieht, wie er später behauptet? Und warum hat er in der jungen Szene in Stederdorf großen Respekt genossen?
Alexander B. verweigert weiter hartnäckig seine Aussage. Ihm stehen drei Anwälte zur Verfügung. Allein die Beweisaufnahme wird bis März 2001 terminiert. Zeugen, Familienangehörige von Täter und Opfer und Polizeibeamte müssen vernommen werden. An einem kalten Wintermorgen gegen 6.45 Uhr im Januar 2001, dem 42. Prozesstag, wird ein geheimer Ortstermin in Stederdorf anberaumt. Ohne Schaulustige und Presse. Mehrere Polizeibusse fahren vor. Richter, Schöffen, Verteidiger, Sachverständige, Staatsanwälte und der Angeklagte begutachten in der anbrechenden Morgendämmerung eineinhalb Stunden lang Spielplätze, die ehemaligen Wohnungen der Familien von Alexander B. und Markus Wachtel sowie die von einigen Zeugen. Die mehr als zwanzig Prozessbeteiligten sollen sich so ein möglichst authentisches Bild über die Aussagen zu den Geschehnissen der Tatnacht machen können.
Vor Gericht erklärt der Rechtsmediziner Joachim Eidam von der Medizinischen Hochschule Hannover, wie Markus zerstückelt wurde. Keinesfalls professionell, wie Spuren an den Knochen belegen. Mit einer Handsäge ist auch sein Fleisch durchtrennt worden. Zudem müssen sich die Prozessbeteiligten nicht nur Knochen, sondern auch rund fünfzig Fotos der Leiche ansehen. Gutachter bescheinigen,

dass es bei Markus' Tod keine Hinweise auf ein Sexualverbrechen gibt.
Am 53. Verhandlungstag wird es noch einmal ungemütlich für die Anklage. Die Verteidigung bringt einen neuen Beweisantrag ein. Demnach gebe es Akten um einen VW Passat und zudem Hinweise zu einer Gruppe Jugendlicher, die auf dem Garagenhof beobachtet haben sollen, wie Markus verschwand. Beide Spuren seien bislang beim Prozess nicht zur Sprache gebracht worden. Doch warum ist das nicht geschehen?
Nichtsdestotrotz fordert am 17. April 2001 Staatsanwalt Horst Müller sechs Jahre Jugendhaft für den inzwischen 19-jährigen Alexander B. In seinem Plädoyer geht er nicht mehr von Mord, sondern von einer gefährlichen Körperverletzung mit Todesfolge aus. Die Tat muss nach seiner Auffassung entweder vor Markus Wachtels Elternhaus oder auf einem benachbarten Garagenhof erfolgt sein. Tatzeugen gibt es keine, genauso wenig ein Tötungsvorsatz. Wohl aber die Absicht von Alexander B., Markus »nachhaltig zu verletzen«. Damit sei der Tatbestand der vorsätzlichen Körperverletzung erfüllt, hinsichtlich des Todes des Opfers müsse man beim Täter von »Fahrlässigkeit« ausgehen. Als strafverschärfend sieht der Staatsanwalt die Zerstückelung der Leiche an, die nicht ohne Wissen und Billigung des Angeklagten durchgeführt werden konnte. Ein eindeutiges Motiv zur Tötung sei nicht zu finden. Entweder ginge es tatsächlich um einen Streit um Zigaretten oder aber um das »Problemfeld Mädchen«. Alexander B. schüttelt beim Strafantrag der Staatsanwaltschaft leicht mit dem Kopf.
Verteidiger Hans Holtermann sieht das in seinem Plädoyer ganz anders. Er fordert konsequent einen Freispruch aus Mangel an Beweisen. Während des ganzen Prozesses hätte

nicht bewiesen werden können, dass Alexander B. Markus Wachtel ermordet, zerstückelt und dann im Kiesteich versenkt habe. Bei dem Streit am Tatabend hätte es sich um eine »jugendtypische Auseinandersetzung« gehandelt. Und wieder wirft er der Polizei »unzulässige Ermittlungshandlungen« vor. Sie habe unbedingt einen Täter »präsentieren« wollen, Zeugenaussagen seien »polizeilich produziert« worden. Es gebe keine echten Sachbeweise und die während des Prozesses offengelegten Tatsachen würden für ein Urteil nicht ausreichen. Auch kritisiert Holtermann eine Vorverurteilung von Alexander B. durch die Medien.
Am 30. April 2001, fast ein Jahr nach dem Prozessbeginn, verkündet der Vorsitzende Richter Volker Heckemüller das Urteil vor dem Landgericht Hildesheim: Sechs Jahre Jugendhaft wegen Körperverletzung mit Todesfolge. Damit folgt das Gericht der Forderung der Staatsanwaltschaft. Alexander B. nimmt das Urteil mit Kopfschütteln auf.
Nicht feststellbar ist, ob er bei der Zerstückelung von Markus' Leiche dabei war. Es wird nicht ausgeschlossen, dass die Idee von anderen Personen kam, die im Umfeld des Täters zu suchen sind. Damit sollten offensichtlich die Tatumstände verdeckt werden.
Dreimal haben sich demnach Täter und Opfer am 7. März 1998 getroffen: Das erste Mal um 21.20 Uhr. Markus wurde da von Alexander B. aufgefordert, ihm eine Zigarette zu geben. Zehn Minuten später habe er sich aggressiv und gereizt den 13-Jährigen aus einer Gruppe Jugendlicher ausgesucht und geschubst und geboxt. Andere hätten sie dann auseinandergebracht. Beim zweiten Treffen kurz vor 22 Uhr hätte Alexander Markus ins Gesicht geschlagen. Danach hätten sich die Jugendlichen erneut getrennt. Aber die Streithähne wären ein drittes Mal aufeinandergetroffen. »Und zwar fol-

genschwer.« Mindestens zwanzig Sekunden lang ist Markus gedrosselt und gewürgt worden, bis eine Hirndruckerhöhung mit zentraler Lähmung eingetreten ist. Die Indizien für die Beweisführung: ungewöhnliche Gewaltbereitschaft des Angeklagten, seine unmittelbare räumliche Nähe zu der tatkritischen Zeit, die vorherigen Streitereien mit Markus und Alexanders Bemerkungen: »Der ist schon tot, ich habe ihn umgebracht. Ich wollte aber nicht, dass das passiert.« Sowie: »Es tut mir leid, ich wollte nicht, dass er tot ist.« Und: »Jetzt ist Schluss, die kriegen mich.«

Ferner ist das Gericht nicht davon überzeugt, dass die Polizei Zeugen beeinflusst hat. Und es gebe keinen unbekannten Dritten, der die Tat verübt habe. »Aus Gründen, die in der Persönlichkeit des Angeklagten liegen«, hätte es die Strafzumessung von sechs Jahren gegeben. Näheres will auch der Pressesprecher des Gerichts nicht sagen, denn nicht ohne Grund wäre die Verhandlung nicht öffentlich gewesen.

Aber was ist gemeint, mit den »Gründen, die in der Persönlichkeit des Angeklagten liegen«? Auch das wird, wie so vieles bei diesem mysteriösen Fall, im Dunkeln bleiben. Und so findet die »Körperverletzung mit Todesfolge« im Fall Wachtel zumindest einen juristischen Ausgang. Heute ist der verurteilte Alexander B. schon längst wieder aus der Jugendhaft entlassen worden.

Weitere Indizien für einen »Ritualmord« und Mittäter

Ein paar Monate vor der Urteilsverkündung stehe ich vor Markus' Grab.

> »Geliebt, beweint und unvergessen. Markus Wachtel (25.7.1984–7.3.1998) Warum ...«

Schwarze Lettern prangen von dem weißen Grabstein. Fragend. Anklagend. Denn das blanke Entsetzen ist in die kleine niedersächsische Stadt zurückgekehrt. Nicht erst nach dem Mord. Nicht erst nach der Grabschändung. Und die Fragen sind immer wieder dieselben: Wer tut so etwas? Auch bei den Jugendlichen im Ort, die sich in diversen Szenekneipen treffen, ist in jenen Tagen noch ein Hauch von Angst zu verspüren.

»Alexander war nicht alleine«, glaubt die 17-jährige Michaela. »Wenn er überhaupt der Täter war, was viele von uns nach wie vor bezweifeln. Die anderen – die laufen hier noch frei herum! Natürlich haben wir Angst.« Angnes meint ebenfalls, dass die Zerstückelung von Markus' Leiche »andere Leute« durchgeführt hätten. Denn Alexander hätte ja nicht mal ein Auto gehabt, um die Leiche zu transportieren. Und Thorsten weiß erstaunlich viel über satanistische Kulte, über Einweihungsrituale und die Gefährlichkeit dieser destruktiven Weltanschauung. Aber konkret will er nicht werden.[100]

Tatsächlich schließen auch die Ermittler nach der Grabschändung einen Zusammenhang mit Okkultismus und Satanismus nicht mehr aus.[101] Ein Kripobeamter einer anderen Dienststelle, der nicht mit Namen genannt werden will, weil er seinen Kollegen nicht ins »Handwerk pfuschen« möchte, geht davon aus, dass die Kopfentnahme okkulten Kreisen zuzuschreiben ist.[102] Auch die Theorie von Nekrophilie, der sexuell motivierten Leichenschändung und der Verdacht auf »Trophäenjäger« werden aufgestellt.

Pfarrer Ferdinand Rauch, Sektenbeauftragter der Diözese Fulda, hält einen Zusammenhang der Tat mit satanistischen Ritualen ebenfalls für möglich. Dass Satanskulte Leichenteile wie Menschenschädel verwenden, hält er durchaus für vorstellbar.

Dieses Buch soll auch darauf aufmerksam machen, dass die Tat selbst sowie die Grabschändung und das Stehlen von Markus' Kopf *nicht* getrennt gesehen werden sollten. Der Indizienprozess gegen den einzigen Tatverdächtigen kann in diesem Zusammenhang durchaus als »schwammig« bezeichnet werden. Denn auch wenn das Gericht den Streit um Zigaretten oder die Vertuschung einer Körperverletzung als hinreichenden Grund, das Opfer zu zerstückeln, ansieht, spricht doch einiges dafür, dass der dreizehnjährige Junge tatsächlich einem »Ritualmord« zum Opfer gefallen ist.

Zum einen die sonderbare »Ablage« seiner Leiche am Kiesteich. Den Ermittlern ist es all die Monate nicht gelungen festzustellen, *wo* die Leiche zerstückelt worden ist, *wer* noch daran beteiligt war, *wo* sie bis zur Ablage verblieben ist, *wie* sie überhaupt transportiert wurde. Und *warum* sie so offen, eigentlich »öffentlich«, in der Nähe von Markus' Elternhaus, in der Nähe der Siedlung, abgelegt wurde. Am Wasser. Dieses Element spielt auch bei anderen mysteriösen Morden eine Rolle. Entweder wurden und werden Menschen direkt am Wasser getötet, die Leichen oder Leichenteile darin versenkt oder am Ufer abgelegt. Die Argumente der Ermittler, damit wolle man möglichst Täterspuren beseitigen, scheinen da nicht immer zu greifen. Denn der oder die Mörder machte(n) sich überhaupt nicht die Mühe, die Leiche richtig verschwinden zu lassen. Aber welcher Ermittler hat auch schon etwas von dem keltischen Brauch gehört, Tiere und Menschen als Opfergaben in Seen, Flüssen, Quellen und Sümpfen darzubringen? Schon im Altertum wurden Göttern Opfer rituell übergeben, indem man diese auf besondere Art und Weise tötete oder an speziellen Orten ablegte. Manchmal wurden sie vorher gefoltert, verstümmelt, gehäutet oder bestimmte Knochen entnommen. Trifft dies im Fall Wachtel auch zu? Und was ist mit dem Tattag? Geschah der Mord am 7. (da verschwand Markus), 8. oder 9. März (erst am 10. März wurde seine Leiche gefunden)? Wissen die Ermittler davon, dass am 9. März das Fest der griechischen Göttin der Liebe und des Todes, Aphrodite, gefeiert wird, deren Name direkt zu Luzifer führt? Alles nur Zufälle?

3. Tristan Brübach:
»Okkulte Kastration und Grabschändung«[103]

26. März 1998. Frankfurt am Main: Der Anblick der verstümmelten Leiche des 13-jährigen Tristan Brübach ist schrecklich. Selbst hartgesottene Kriminalisten werden später über den grausigen Fund des ein Meter fünfzig großen, schlanken Jungen mit dem kurzen blonden Pagenschnitt geschockt sein. Die beiden Kinder, gerade mal acht Jahre alt, die gegen sechzehn Uhr das Opfer in einem kanalisierten Bachlauf entdecken, laufen entsetzt und vor Grauen geschüttelt davon. Erst eine Stunde später vertrauen sie sich einem Kinderbetreuer an, der um 17.08 Uhr die Polizei verständigt.
Die Unterführung, ein tunnelartiger Durchbruch unterhalb der Gleisanlagen in der Nähe des Bahnhofs Frankfurt-Höchst, ist eigentlich kein öffentlicher Verkehrsweg. Eher ein »Schleichweg«, der von Kindern und Fußgängern als Abkürzung benutzt wird. Tristans Schulranzen liegt fast fünfzig Meter von seiner Leiche entfernt. Sein Rucksack fehlt. Das Gesicht des toten Jungen weist flächenartige Blutergüsse auf, die nur erahnen lassen, mit welcher Gewalt der

Täter vorgegangen ist. Tristan ist zunächst bis zur Bewusstlosigkeit geschlagen und gewürgt worden. Dann schneidet der Mörder ihm mit solcher Wucht die Kehle durch, dass der Schnitt bis zur Wirbelsäule reicht. Am Bachlauf des Liederbaches lässt er den Jungen ausbluten, zieht ihn in das Innere des Tunnels und legt ihn auf einem Betonsockel ab. Dort richtet er den leblosen Körper auf bestialische Weise zu, entnimmt die Hoden und trennt Muskelfleisch an Gesäß und Oberschenkel heraus. Bevor er sich aus dem Staub macht, stellt er noch Tristans schwarz-weiße Turnschuhe auf seinem verstümmelten Körper ab. Vermutlich hat der Mörder sogar Tristans Rucksack benutzt, um die abgeschnittenen Leichenteile mitzunehmen, die bis heute nicht gefunden worden sind. Die Frage bleibt offen, ob der Täter während seines grausigen Vorgehens gestört wurde und ob er die Absicht hatte, den toten Jungen weiter zu zerschneiden.
Auch hier stellt sich die Frage nach dem Motiv: Handelt es sich dabei um die Beschaffung von »magisch geladenen« Opferfetischen (Menschenfleisch und Hoden) für okkultmagische, satanische oder neuheidnische Rituale, oder sind sie ein Hinweis auf einen Fruchtbarkeitskult? Und was hat es mit der Symbolik der Schuhe auf sich, die auf Tristans Körper abgestellt wurden? Gibt es da eine Verbindung?

Okkulte Hinweise?
Schuhe als Bekleidungsstück sind nur in der Neuzeit eine Selbstverständlichkeit. Denn im alten Orient beispielsweise durften weder Frauen noch Juden sie tragen. Über Schuhe gibt es aber auch ein heidnisches, mythologisches und okkultes Gedankengut. So sollte man Schuhe niemals unbewacht stehen lassen, denn durch Zauber kann eine Hexe

dafür sorgen, dass der Träger immer wieder zu ihr zurückkommt. Genauso kann durch Schuhwechsel ein Bann und Behexung gelöst werden. Schuhe sollen demnach den bösen Blick abwehren, Gespenster vertreiben, Zauberei und Hexerei verhindern. In der Freimaurerei ist der »niedergetretene Schuh« (der Pantoffel) ein Requisit in Aufnahmeritualen bei der Reise oder Umführung eines Suchenden.
Eine Verbindung zwischen Schuhen und einem Fruchtbarkeitskult gibt es in den Religionen Ägyptens und Griechenlands. Sie kannten einen »Schuhfetischismus als archaischen Fruchtbarkeitsritus«! Und in den teutonischen Traditionen wurden den Leichnamen sogenannte »Totenschuhe« an die Füße gebunden, damit sie die mühselige Reise in die jenseitige Welt (zum Beispiel zum Land der unterirdischen Göttin Hel) auch durchhalten. Noch genauer werden Sagen um den Heiligen Gral. Demnach war Bors (»Sir Bors«) ein früher Gott Britanniens, der von der Herrin des Sees aufgezogen und zum Gefährten Galahads wurde. »Sir Bors lag mit einer Priesterin zu Bett, zeugte einen Helden, wurde dann kastriert und mit alten Schuhen beworfen …« Wusste der Täter von einer dieser Sagen um den Heiligen Gral? Sollte das symbolische Abstellen der Schuhe und die vorangegangenen Handlungen ebenjene Kastration und Bewurf mit Schuhen symbolisieren und demonstrieren? Oder einen alten Fruchtbarkeitskult? Oder den Gang ins »Totenreich« vereinfachen?
Auch das Herausschneiden von Muskelfleisch aus Oberschenkel und Gesäß erscheint eigenartig. Das Gesäß spielt im volkstümlich-abergläubischen Bewusstsein der Menschen schon immer eine große Rolle. Der »nackte Hintern« gilt als Symbol der Verhöhnung oder als Abwehrbrauch gegen den »bösen Blick« und Wind- und Sturmdämonen.

Bei Hexensabbaten sollen die »bösen Frauen« dem Teufel gehuldigt haben, indem sie ihm auf den nackten Hintern küssten. Der Schenkel hat in diesem Kontext auch eine Bedeutung, wie ich nachfolgend erläutern werde, und in der Astrologie werden der Hals und die Kehle dem Tierkreiszeichen des »Stiers« zugeordnet (Tristan wurde die Kehle durchgeschnitten).

Doch welche Bedeutung hat Fleisch eigentlich im magischen Gedankengut? Fleisch ist der Sitz von besonderen physischen und psychischen Eigenschaften. Beim Verzehren von Körperteilen soll damit diese magische Energie auf den »Verzehrer« übergehen. Damit sind wir beim »Magischen Kannibalismus«, der auch im Satanismus eine nicht unwesentliche Rolle spielt, während beim »Rituellen Kannibalismus« eine Identifikation mit dem Verstorbenen hergestellt wird. Als besonderer Tag der Woche gilt der Donnerstag, der Tag, der Thor-Donar gewidmet ist, dem nordischen Hammergott der germanischen Mythologie. Am Donnerstag wird auch die Eiche, als einer von sieben heiligen Bäumen des irischen Hains, verehrt, und diese »mythologische Spur« führt uns zunächst ins antike Griechenland: zu einem »Kastrationskult« und der »Phallusverehrung«.

Exkurs: »Kastrationskult« und »Phallusverehrung«

Die »kultische Entmannung«, die Kastration, gehörte im alten vorderasiatischen »Mutterglauben« zu den »phallischen Opfern«. Im »Kronos-Mythos« wird Uranos durch seinen Sohn Kronos entmannt. In seiner ursprünglichen Bedeutung symbolisiert er die alle Jahre wieder stattfindende Ersetzung des alten Eichen-Königs durch seinen Nachfolger.

Die keltischen Druiden wussten wohl davon, denn sie praktizierten ein Ritual, in dem sie Mistelzweige (als Symbol des Phallus) von einer heiligen Eiche abschnitten und damit die Entmannung des alten Königs versinnbildlichten. Danach sollen Stiere geopfert worden sein. Dieser »Kastrationskult« hat also über Griechenland Einzug bei den keltischen Druiden gefunden und damit wahrscheinlich auch in das magisch-okkulte Gedankengut. Im Geheimkult der indischen Göttin Kali wurden Männer durch Priester kastriert (die Frauen defloriert) und anschließend getötet. Die Geschlechtsteile sowie das Blut der Opfer dann der Göttin dargebracht.

Im priesterschriftlichen Schöpfungsbericht von Levitikus (22,24) über Elohim, einem Gott der Fruchtbarkeit für Pflanzen, Tiere und Menschen, ist im Heiligkeitsgesetz zu finden, Tiere zu kastrieren und ihm kastrierte Tiere zu opfern. Wenn also okkult-satanistische Gruppen eine Phallusverehrung praktizieren, Satanismus als Negation des Christentums und damit auch der jüdischen Religion verstanden wird, warum sollen Teufelsgläubige dann eben nicht gerade die Kastration praktizieren? Denn auch bei der schwarzen Messe werden christliche Kulthandlungen der römisch-katholischen Messe bewusst parodiert, umgekehrt, entweiht und damit »entheiligt« (durch Rückwärtslesen der Messtexte, Auspeitschen von Kruzifixen, Schlagen und Bespucken des Abbildes Christi, Verbrennen und Schänden geweihter Hostien mit Exkrementen etc.). Die Großmeisterin eines neosatanistischen Ordens erklärt mir bei einem persönlichen Treffen, Hoden würden für Potenz stehen und schon früher hätte es bei alten Völkern sogenannte »Potenzrituale« gegeben, bei denen auch Muskelfleisch eine Rolle gespielt hätte. Zudem gebe es Rituale

für die »Sexualenergie« des Mannes, die mit Sperma und anderen Geschlechtsteilen in Verbindung stehen.[104]
Die Kastration, die Zerstörung der männlichen Genitalien oder die Beschneidung, könnten aber auch, so spekulieren manche Historiker, Menschenopfer ersetzt haben und in archaischer Zeit, in der die Göttinnen noch weiblich waren, eine Vorbedingung für ein Priesteramt gewesen sein.
Sind Kastration und die Entnahme von Muskelfleisch aus dem Schenkel Tristans gar auf einen »Phalluskult« zurückzuführen? Handelt es sich vielleicht um einen Täter, der in diesem Glauben gehandelt hat?

Zufälle oder Indizien für einen »Ritualmord«?

Fassen wir zusammen: Tristan Brübach ist an einem Donnerstag getötet und verstümmelt worden, an einem Tag, der nach dem magischen Gedankengut als »Hauptfleischtag« gilt und dem Gott Thor und dem heiligen Baum der Eiche geweiht ist, bei dem keltische Druiden ein symbolisches »Kastrationsritual« durchführten. Zudem sind Tristans Schuhe auf seiner Leiche abgestellt, was auf die Symbolik eines alten Fruchtbarkeitsritus und einer Kastrationssage betreffs des Heiligen Grals schließen lässt. Auch hier alles nur Zufälle?

Erfolglose Ermittler

Die Ermittler quälen allerdings ganz andere Fragen: Was gibt es für ein Tatmotiv, das nach allen Seiten hin offen ist? Haben der oder die Täter auf Tristan im Bereich des Tunnels gewartet, haben sie ihn unter einem Vorwand nach unten gelockt oder trafen sie nach dem Jungen dort ein? Warum wurde er auf eine solche bestialische Art und Weise getötet? Wo sind die nicht aufgefundenen Leichenteile? Eines kann jedoch als gesichert angenommen werden: Der Fundort der Leiche scheint auch der Tatort zu sein.

»Es kann ausgeschlossen werden, dass Tristan an einem völlig anderen Ort getötet und sein Leichnam in den Tunnel des Liederbaches verbracht wurde«, schreibt mir Doris Möller-Scheu von der Staatsanwaltschaft Frankfurt auf meine diesbezügliche Frage. Die Staatsanwaltschaft setzt eine Belohnung von 20 000 Mark aus.

Aufgewachsen ist Tristan in Höchst und Unterliederbach, beides Stadtteile von Frankfurt. 1995 nimmt sich seine Mutter das Leben. Sein berufstätiger Vater und seine Großmutter kümmern sich um den Jungen, der körperliche Auseinandersetzungen mit Gleichaltrigen oder Älteren zu vermeiden versucht. Dennoch wird er häufig angegriffen und sogar beraubt. Vielleicht deswegen spielt er nicht nur Fußball, sondern trainiert auch Karate. Durch den Tod seiner Mutter und der Berufstätigkeit des Vaters muss Tristan schon früh selbständig werden. Zuletzt besucht er die 5. Klasse der Meisterschule in Frankfurt-Sindlingen. Er bewegt sich auch in der Nähe des kriminellen Milieus, der »Szene« des Höchster Bahnhofs.

Fieberhaft versuchen die Fahnder Tristans Tagesablauf des 26. März 1998 zu rekonstruieren. Der 13-Jährige steht wie üblich alleine auf, nachdem sein Vater bereits um 4.30 Uhr zur Arbeit gegangen ist. Von einer Telefonzelle in der Nähe der Wohnung ruft er um 8 Uhr seinen Vater auf der Arbeitsstelle an, dass er heute nicht zur Schule gehen will, weil er Rückenschmerzen habe. Sein Vater kann ihn jedoch von diesem Plan abbringen. Nachdem der Junge noch am gemeinsamen Mittagessen teilgenommen hat, ver-

lässt er gegen 13.30 Uhr die Schule, weil er den Hausarzt aufsuchen will. Seiner Klassenlehrerin erzählt er, die Rückenschmerzen kämen von einem Sturz von einem Baum. Tatsächlich aber hatte er sich mit einem Freund am Vortag mit Steinen beworfen und sich dabei verletzt. An der Haltestelle Allesinastraße steigt der 13-Jährige in den Bus, den er am Bahnhof Höchst, in Sichtweite seiner Wohnung wieder verlässt. Doch Tristan geht nicht direkt nach Hause. Letztmals lebend wird er auf einer Parkbank sitzend in der Nähe des Busbahnhofes gesehen, wo er sich mit einer Hundehalterin unterhält. Kurz darauf setzen sich zwei Personen neben ihn. Dann verliert sich seine Spur. Um nach Hause zu gehen, nutzt Tristan normalerweise den Tunnel-Schleichweg am Liederbach. Dort wo schließlich auch seine schrecklich verstümmelte Leiche gefunden werden wird.
Zunächst geht die Soko »Tristan« bei dem Mörder von einem Psychotiker aus, der jederzeit wieder zuschlagen kann. Doch ein vom BKA erstelltes Täterprofil widerspricht dem. Vermutlich, so die Profiler, haben sich Täter und Opfer flüchtig gekannt. Ein bewaffneter Einzelgänger, der eventuell schon früher mit Gewalttaten aufgefallen ist und schnell »ausrastet«. Siebzehn bis dreißig Jahre alt. Vermutlich Ausländer. Vielleicht Tierquäler. Oder, so Polizeipsychologe Volker Ludwig, ein Geisteskranker, der Tristan »regelrecht angefallen« hat. Aber nichts von dem trifft ins Schwarze. Auch nicht der Fingerabdruck des vermeintlichen Täters, der auf einem Schulbuch des Jungen sichergestellt wird.
Ab Mai 2002 werden daraufhin in den Frankfurter Stadtteilen Sossenheim, Nied, Sindlingen, Zeilsheim, Höchst und Unterliederbach Fingerabdrücke sämtlicher männlicher Einwohner zwischen achtzehn und neunundvierzig Jahren genommen und mit denen vom Tatort verglichen.

»Jetzt ist es nur noch eine Frage der Zeit, bis wir den Mörder haben«, erklärt ein Sprecher der Soko Tristan. Doch der Vergleich mit vorbelasteten Gewalttätern und Anwohnern verläuft im Sande. Eine Schülerin will am 26. März 1998 gegen 15 Uhr in der Nähe des Tatorts einen fünfundzwanzigjährigen, dunkel gekleideten Mann mit Pferdeschwanz und verschmutzten Schuhen gesehen haben, der aus dem Gebüsch trat und Richtung Bahnhof davonging. Doch auch dieser Hinweis erbringt nichts. Drei Jugendliche werden ermittelt, die am Tattag ebenfalls die Abkürzung durch den Tunnel des Liederbaches nehmen wollten. Sie sehen dabei einen Mann, der sich über einen Gegenstand auf dem Betonsockel beugt und erahnen nicht mal, dass sie wahrscheinlich einen Mörder bei seiner Tat beobachteten! Stattdessen entschließen sie sich für den längeren Fußweg um den Tunnel herum. Bei späteren Vernehmungen liefern sie eine Täterbeschreibung, fast übereinstimmend mit dem der Schülerin. Doch auch sie führt nicht zur Identifizierung des Täters.
So entschließen sich die Fahnder zu einer Schockstrategie: Sie veröffentlichen die grausamen Details zum Tathergang und den Verletzungen des Jungen. Rechnen damit, dass der Täter sich vielleicht nach dem bestialischen Mord jemandem anvertraut hat. Doch auch dieses Kalkül bringt keinen Durchbruch, lediglich eine weitere Spur: Tristans Rucksack, mit dem die Leichenteile abtransportiert wurden, wird in der Nähe der ICE-Trasse Frankfurt–Köln bei Niederhausen gefunden. Und noch mehr: ein tschechischer Campingkocher und eine Deutschland-Straßenkarte in tschechischer Sprache sowie ein Messer mit einer 12,5 Zentimeter langen Klinge. Schnell wird jedoch klar, dass es nicht die Tatwaffe ist. Die bleibt unentdeckt. Dennoch konzentrieren sich die Ermittlungen nun auf das südöstliche Nachbarland. Doch

eine Öffentlichkeitsfahndung im tschechischen Fernsehen verläuft ergebnislos.
Der letzte Strohhalm ist das Zollamt unweit des Höchster Bahnhofs. Hier holen sich ausländische Lastwagenfahrer ihre Ausfuhrpapiere für die Fracht, die verstärkt überprüft werden. Aber auch das bringt kein Ergebnis. Die Ermittler gehen inzwischen davon aus, dass der Mörder heute nicht in der unmittelbaren »Tatregion« wohnt, vielleicht sogar aus beruflichen Gründen verzogen ist.

Grabschändung

Im Oktober 1999, zwei Wochen vor Halloween, legen Unbekannte nachts auf dem Friedhof an Tristans Grab beinahe »professionell« den Sarg in einem Meter zwanzig Tiefe frei. Ihr Ziel scheint klar: Sie wollen an die Leiche des Jungen heran, offenbar um Leichenteile als Trophäen oder Fetische zu stehlen. Vielleicht auch den Kopf wie bei Markus Wachtel? Doch von irgendetwas oder irgendjemanden werden sie gestört, lassen ab und verschwinden.
Der Mörder von Tristan sowie die Grabschänder sind bis heute nicht ermittelt. Die Staatsanwaltschaft Frankfurt erklärte damals, dass auch unter dem Gesichtspunkt von Okkultismus und Satanismus ermittelt werde. Der Fall sei sogar weltweit verbreitet worden, um – neben einigen anderen – auch eventuelle religiöse Motive abzugleichen. Dennoch meint der damalige Sprecher des Polizeipräsidiums Frankfurt, im Hinblick auf eine okkulte satanistische Szene in der Mainmetropole und deren Umgebung, keine Erkenntnisse zu haben. »Dies ist absolutes Neuland für uns.« Eine Aussage zwischen Hilflosigkeit und Resignation, wie sooft hierzulande. Schließlich tummeln sich schon

längst Teufelsanbeter verschiedener Schattierungen in der hessischen Hauptstadt.

Im Juli 1998 wurde in Frankfurt ein Mann in die Psychiatrie eingewiesen, dem es am helllichten Tag gelungen war, über einhundert Urnen mit Asche von Verstorbenen und siebzig Säcke mit menschlichen Knochen von Friedhöfen zu entwenden.

Unweit von Frankfurt, in Fulda, wird im Januar 1999 eine 89-jährige Frau ermordet. Vermutlich ein »Opfermord«, ein Ritualmord also, vermutlich begangen von zwei Satanisten, die in Verbindung mit der Freilegung zweier Frauenleichen stehen. Augenfällig die Tatzeit vom 15. auf den 16. Januar. Nur einen Tag später wird in Satanistenkreisen »Satanic revel« gefeiert.

Zurück zu Tristan Brübach: Zumindest Klaus Thiessen, Psychologe an der hessischen Polizeischule in Wiesbaden, bekennt: »Auch für schwarze Messen könnten Leichenteile benötigt werden.« Er schließt bei den Grabschändungen von Tristan Brübach und Markus Wachtel einen okkulten Hintergrund nicht aus. Ein prominenter Leichnam könnte einen »gesteigerten Kick«, einen rauschartigen Zustand bei Anhängern satanistischer Kulte auslösen, meint er.

Schon im Januar 2001 gebe ich verschiedene Hinweise zu der okkult-satanistischen Szene im Raum Frankfurt an die damalige Soko Tristan. Frage periodisch nach. Im Juni 2006 schreibt mir die Staatsanwaltschaft:

> »Die Ermittlungen in der okkultistischen Szene in Frankfurt am Main erbrachten keine Hinweise, die zur Klärung der Tat z. N. Tristan geführt haben. Nach Bekanntwerden des Falles ›Meiwes‹ wurde eine Vielzahl von Personen im Rhein-Main-Gebiet und auch teilweise

in ganz Deutschland überprüft. Die Ermittlungen und Überprüfungen dieser Personen verliefen ergebnislos. Es ergaben sich keine Hinweise, dass die Personen mit der Tat z. N. Tristan in Zusammenhang stehen.«

4. Tobias Dreher:
»Halloween und satanistischer Phallus-Kult«[105]

Am Nachmittag des 30. Oktober 2000, einem Montag, ist es fast totenstill draußen am Dörschachsee, in der Nähe von Weil im Schönbuch. Wenige Stunden vor Beginn des 31. Oktober. Vor Halloween, dem »Fest des Biestes«, dem satanistischen Fest des Teufels. Fast so, als würde die Natur den Atem anhalten. Der Himmel ist grau, hängt wie Blei über dem Feriengebiet. Erst nieselt es, dann wird der Regen stärker. Wind zerrt an den Bäumen, reißt das letzte gelbe Laub von den Zweigen, kräuselt die Wasseroberfläche des künstlichen Weihers. Der neongrüne Blouson und der blaue Fahrradhelm des elfjährigen Hauptschülers Tobias Dreher, der mit seinem Mountainbike wie so oft zum Angeln zum Fischweiher radelt, bilden einen grellen Kontrast zu den herbstlichen Farben des Waldes. Der Anglersee liegt zwischen Weil im Schönbuch und Dettenhausen. Wie immer hat der schlanke dunkelhaarige Junge mit dem silberfarbenen Ohrring seine selbst gebastelte Angelschnur und eine Dose mit Ködern dabei. Es ist der erste Herbstferientag für ihn in diesem Jahr. Und sein letzter. Doch das kann der fröhliche Junge zu diesem Zeitpunkt noch nicht wissen. Genauso wenig, dass er in wenigen Stunden Opfer eines der grausamsten und mysteriösesten Mordfälle in Deutschland werden wird ...

Es geschieht zwischen 17 und 17.30 Uhr, »plus/minus zwei Stunden«, wird es später lapidar im vorläufigen gerichtsmedizinischen Befund heißen. Um diese Zeit wird Tobias von einem oder mehreren Unbekannten hinter der Hütte am Dörschachsee bestialisch ermordet. Mit einem Messer wird mit »brachialer Gewalt« auf den Jungen eingestochen. Immer und immer wieder. Insgesamt siebenunddreißigmal! Gewehrt hat er sich offensichtlich nicht, denn es gibt keine Anzeichen dafür. Genauso wenig wie für einen sexuellen Missbrauch. Ob der oder die Täter zufällig auf den Jungen getroffen sind oder aber sich schon früher gesehen haben und sich vielleicht sogar kannten, bleibt Jahre später immer noch im Dunkeln. Wie so vieles.

Als Tobias am Abend nicht wie vereinbart nach Hause kommt, suchen ihn seine Eltern auf eigene Faust. Aber sie können ihren Sohn nicht finden und melden ihn schließlich gegen 21.20 Uhr als vermisst. Um 22.08 Uhr entdecken Polizeibeamte und sein Vater an einer Grillstelle nahe einer Anglerhütte die Leiche des Elfjährigen. Blutüberströmt. Ob der Fundort auch der Tatort ist oder die Leiche hier nur abgelegt wurde, ist zu diesem Zeitpunkt noch nicht klar. Allerdings sprechen die Ermittler von einer »bemerkenswerten Auffindesituation des Mordopfers«. Die Spezialisten des Stuttgarter Landeskriminalamts und der Tübinger Gerichtsmedizin stellen mehr als einhundert Einzelspuren an der Leiche sicher. Darunter an Tobias' Kleidung und auch auf seiner Bauchdecke kleine punktförmige Blutauftragungen, also Blutspuren des möglichen Täters, der sich bei dem Mord offensichtlich geringfügig verletzt hat.[106] Zwei »Fremd-DNA-Spuren«. Und beide stammen nicht von ein und demselben Mann! Zumindest eine dieser zwei Spuren, so die Ermittler später, sei um den Tatzeitpunkt herum ent-

standen. Und es werden ein paar blaue Kunststoff-Fasern entdeckt. Mehr nicht. Der starke Regen schwemmt eventuelle weitere Spuren weg. Tobias' Fahrrad liegt mehrere hundert Meter entfernt auf dem Gartengrundstück der Eltern.
Am 31. Oktober, einen Tag nach dem bestialischen Mord, suchen mehr als dreihundert Polizisten den Tatort ab, werden Taucher im sechs Meter tiefen Weiher eingesetzt. Ein Hubschrauber kreist über dem künstlich angelegten See, macht Luftaufnahmen vom Tatort und der näheren Umgebung. Jedoch ohne Ergebnis.
Am 2. November 2000, einen Tag vor Tobias' Beerdigung, spricht die Stuttgarter Staatsanwältin Sabine Mayländer davon, dass da »jemand gewütet haben« muss. Eine Belohnung von 5 000 Mark für Hinweise, die zur Ermittlung des Täters führen, wird ausgesetzt und später auf 20 000 Mark erhöht. Die Polizei Böblingen bildet eine 40-köpfige Sonderkommission, die »Soko Weiher« unter der Leitung des 43-jährigen Kriminalhauptkommissars Peter Kegreiß.
Fassungslosigkeit, Trauer und Wut beherrschen in den folgenden Tagen und Wochen die 9600-Seelen-Gemeinde Weil im Schönbuch, in der Tobias zu Hause war. Vor rund sieben Monaten musste das kleine Städtchen um die vierköpfige Familie des Daimler-Chrysler-Managers Jürgen Pfrang trauern, die in China ermordet worden war. Und jetzt dieser erneute Albtraum.
Auch Angst geht um, denn erst wenige Wochen zuvor, am 5. Oktober 2000, ist die sechsjährige Alexandra aus Filderstadt-Bonlanden auf dem Weg zum Kindergarten verschwunden. Spurlos. Und das nur rund zehn Kilometer Luftlinie vom Tatort Tobias entfernt. Die Ermittler schließen zunächst Zusammenhänge nicht aus, die sich später jedoch als haltlos erweisen. Der 36-jährige Thomas B. hat

die kleine Alexandra entführt, missbraucht und ihre Leiche auf einem Friedhof verscharrt. Im Mai 2002 wird er wegen Mordes, Freiheitsberaubung, schweren sexuellen Missbrauchs und Vergewaltigung vom Landgericht Stuttgart zu einer lebenslangen Haftstrafe mit besonderer Schwere der Schuld verurteilt. Eine Revision wird vom Bundesgerichtshof im Juni 2002 verworfen.

Vorläufiger Fahndungserfolg
Schneller als die Ermittler ist ein privater Fernsehsender, der bereits einen Tag nach dem Mord einen Beitrag mit dem sozial verwahrlosten 16-jährigen Sonderschüler Dennis[107] ausstrahlt, der sich als bester Freund von Tobias ausgibt. Er wohnt nur zweihundert Meter vom Tatort entfernt und hängt oft mit seiner Clique am Weiher herum.
Nachdem ein Hinweis aus der Bevölkerung und eigene Angaben des Jugendlichen die Fahnder auf dessen Spur gebracht haben, befassen sie sich eingehend mit ihm und seinem Umfeld. In seiner Familie geht es rauh zu und wird reichlich Alkohol getrunken. Dennis wird zunächst als Zeuge gehört, widerspricht sich dann aber und wird schnell zum Verdächtigen. Er spricht davon, dass Tobias »abgestochen« worden sei. Aber er macht es den Ermittlern nicht einfach. Bei den Vernehmungen sind seine Aussagen häufig unkonzentriert und wirr. Kein Wunder bei einem Intelligenzquotienten von 65, an der »Grenze zur Debilität«, wie sein Anwalt Achim Bächle nach einem Gutachten sagen wird. Gutachter werden später von einer »Intelligenzminderung im Grenzbereich zwischen Lernbehinderung und geistiger Behinderung« sprechen.
Dennoch erklärt Dennis, dass er sich mit anderen Jungs

zum Drachensteigen auf einer Wiese aufgehalten hat und später mit seinem Fahrrad zum See gefahren sei, um Tobias zu suchen. Er habe ihn dort angetroffen, es wäre zu einem belanglosen Streit gekommen und er wäre wieder nach Hause gefahren. Am 9. November 2000 kommt es vor laufenden Polizeikameras zu einem weiteren Verhör. Dabei räumt Dennis ein, Tobias getötet, sein Geschlechtsteil abgetrennt und in ein Fischaufzuchtbecken geworfen zu haben. Beschreibt sogar ausführlich, in welcher Stellung der Elfjährige am Boden lag, wie er Laub in seiner Hand zusammenpresste, dass seine Augen offen standen und wo dessen selbst gebastelte Holzangel lag. Täterwissen also. Ferner erzählt Dennis von einer Tatwaffe, einem Küchenmesser, das er genau beschreibt und das anscheinend bei ihm zu Hause liegen soll. Die Kripo durchsucht die Wohnung der Familie und findet auch die mutmaßliche Tatwaffe. Sie ist jedoch sauber, ohne irgendwelche Blutspuren.
Kriminalhauptkommissar Kegreiß und seine Kollegen glauben nach nicht mal zwei Wochen, den Täter gefasst zu haben. Doch sie sollen sich bitter täuschen.

Über die Angst des Tatverdächtigen
»Der Verdacht, der hier ausgesprochen wird, ist ungeheuerlich. Wir sind daher allen Beteiligten größte Zurückhaltung schuldig!«, wird die Stuttgarter Staatsanwältin später erklären. Doch was hat Dennis zum Besten gegeben, und um welchen Verdacht handelt es sich dabei? Was ist »ungeheuerlich«?
Doch die Staatsanwaltschaft Stuttgart wiegelt ab: »Falls (die Staatsanwältin/d. A.) Mayländer richtig zitiert worden sein sollte, kann damit nur gemeint sein, dass es sich bei

dem Vorwurf des Mordes um den Verdacht einer schweren Straftat handelt und die Ermittlungsbehörden im Rahmen ihrer Verpflichtung zur Auskunftserteilung auf die Persönlichkeitsrechte der Beteiligten, also auch der Beschuldigten Rücksicht zu nehmen haben.«[108]

Aber ist es wirklich so einfach? Oder hat Dennis Andeutungen in Richtungen eines Ritualmords gemacht? Und passt die Aussage der Staatsanwältin nicht zu dem, was Dennis kurz vor seiner Verhaftung einer Journalistin über das mögliche Tatmotiv gesagt hat: »Vielleicht hat Tobias etwas gesehen, was er hätte nicht sehen sollen«? Musste der Elfjährige deshalb sterben? Und was hätte er gesehen haben können, was ihn das Leben auf diese grauenvolle Art gekostet hat? Vielleicht sogar ein Ritual? Halloween stand zu diesem Zeitpunkt, am 30. Oktober, vor der Tür. Am 29. Oktober wird in okkulten Kreisen das »Blutfest« gefeiert und am 1. und 2. November die »Feier des Todes«, in dem auch Menschen geopfert werden sollen. Dennis jedenfalls muss dieses »Etwas« auch gesehen haben, denn er wirkt auf die Frage danach, was das war, gehemmt und sagt: »Auch ich hab jetzt Angst, zum See zu gehen!« Selbst seinem Anwalt Achim Bächle hat er nie gesagt, was er damit gemeint hat.[109]
Sicher alles Vermutungen, Spekulationen und Hypothesen. Kritiker werden fragen, wenn Dennis dasselbe gesehen hat wie Tobias, der deswegen sterben musste, warum ist der Sonderschüler dann nicht auch getötet worden?

Vielleicht hat er unbemerkt zugeschaut, deshalb auch sein detailliertes Täterwissen. Aufgrund dessen wird er schnell zum Hauptverdächtigen. Was könnte dem oder den Mördern Besseres passieren, als dass die gesamte Aufmerksamkeit der Ermittler auf Dennis fällt? Würde man ihn behelligen, dann wäre der Soko sehr schnell klar, dass es noch eine dritte Partei gibt. So aber können die wahren Schuldigen »abtauchen«. Allerdings schließt die Staatsanwaltschaft eine »Beobachterrolle« von Dennis weitgehend aus, denn dann hätte er »die Tat bei bereits eingetretener Dämmerung über ihren gesamten Ablauf hinweg aus nächster Nähe beobachten müssen, um all die objektiv belegten von ihm geschilderten Details wahrnehmen zu können und hierzu seine Position für den Täter unbemerkt verändern müssen, was ... unwahrscheinlich erscheint«.

Dann passiert etwas während der Vernehmung von Dennis, dokumentiert von einem Polizei-Video, das auch später noch für Missmut sorgen wird: Der Vater des Sonderschülers wird draußen vorbeigeführt, dessen Stimme auf dem Gang markant und dominant zu hören ist. Dennis ist nun völlig verängstigt, dementiert sein Geständnis plötzlich und erklärt, an jenem Abend zu Hause gewesen zu sein. Dennoch wird am nächsten Tag ein Haftbefehl gegen ihn erlassen. Seine Schwester kritisiert die Kripo, die ihren »kleinen Bruder« von Anfang an verdächtigen würde. Und ein Nachbarjunge erklärt, »Dennis war nie böse oder brutal zu den Kindern«. Aber auch das soll nicht die ganze Wahrheit sein, wie erst Jahre später an das Licht der Öffentlichkeit gelangen wird.

Bittere Erkenntnis für die Ermittler

Bei einigen Kriminalexperten gibt es Zweifel, dass Dennis der Täter ist. Sie sehen Parallelen zu Markus Wachtels Fall, bei dem ebenfalls ein 16-jähriger Tatverdächtiger ohne handfeste Beweise in den Fokus der Ermittlungen gelangte, der seine Aussage verweigerte, was zu einem reinen Indizienprozess führte. So bleibt es nur eine Frage der Zeit,

bis Dennis wieder aus der Haft freikommt. In nur sechs Wochen schafft es sein Anwalt Achim Bächle. Auch wenn dieser sich das Täterwissen nicht erklären kann, entlasten DNA-Analysen seinen Mandanten. Dennis' Speichelprobe stimmt mit dem gefundenen Spurenmaterial des oder der Täter nicht überein. Auch das sichergestellte Messer entpuppt sich nicht als gravierender Beweis. Während ein Gutachten attestiert, dass mit ihm Tobias durchaus getötet worden sein könnte, schließt ein anderes dies aus. So fehlt nach wie vor die Tatwaffe. Auch werden weder an seinem Fingernagelschmutz, seiner Kleidung, seinen Schuhen, in der Wohnung seiner Eltern oder an seinem Fahrrad Spuren des Tatopfers aufgefunden, obwohl dies, so die Staatsanwaltschaft, »bei dem festgestellten Verletzungsbild des Opfers und dem daraus abzuleitenden Tatgeschehen nahegelegen hätte.« Zudem kommt hinzu, dass der Tatzeitpunkt beziehungsweise die Todeszeit von den Sachverständigen auf ziemlich genau 17.30 bis 18.00 Uhr errechnet wurde, und für diese Zeit hat Dennis ein Alibi: Jungen, mit denen er beim Drachensteigen war.
Nach der Haftentlassung wird der Festnetzanschluss von Dennis' Eltern sowie ein Handy abgehört, aber die Ermittlungen ergeben keine Tathinweise auf ihn oder einen Mittäter. Auch Observationsmaßnahmen führen nicht weiter.
Hat Dennis sich anfänglich selbst aus Angst vor dem oder den Tätern belastet, die er vielleicht gesehen hat? Aufgrund seines niedrigen Intelligenzquotienten und Intellekts wäre eine solche Reaktion durchaus verständlich. Weitere Vernehmungen im Beisein seines Anwalts ergeben keine neuen Erkenntnisse. Dennis bleibt völlig unzugänglich, beantwortet keine Fragen mehr und will sich an nichts mehr erinnern.

Jetzt stehen die Ermittler wieder mit leeren Händen da. Und die Angst der Bürger kehrt in ihre Wohnungen und Häuser zurück. Spekulationen, Verdächtigungen und Halbwissen werden auf den Bürgersteigen, in Kneipen, beim Friseur, in der Bäckerei untereinander ausgetauscht. Eltern fürchten wieder um ihre Kinder.

Doch ein »Ritualmord«?

Das Gerücht eines »Ritualmordes« hält sich jedoch hartnäckig. Nicht zuletzt auch wegen Europas größter Boulevardzeitung, der *Bild*, die in einer Schlagzeile fragt: «Erstochener Tobias Opfer eines Ritualmordes?«
Und in der Tat sprechen einige Indizien für diese Vermutung, obwohl die Staatsanwaltschaft Stuttgart auf meine diesbezügliche Anfrage im April 2006 erklärt:

> »Seitens der Ermittlungsbehörden gibt es weder Hinweise darauf, dass ein sog. Snuff-Film gedreht werden sollte, noch dass es sich um einen Ritualmord gehandelt haben könnte. Derartige Behauptungen halten wir für reine Spekulation. Über eine okkult-satanistische Szene in Böblingen oder Stuttgart ist gleichfalls nichts bekannt.«[110]

Ohne Absicht gibt damit die Staatsanwaltschaft ihre absoluten Defizite zu: Während sie also noch im Sommer 2006 erklärt, nichts von einer okkult-satanistischen Szene im Großraum Stuttgart zu wissen, hat bereits zwölf Jahre zuvor (!) die Landesregierung Baden-Württemberg mit einer Großen Anfrage der CDU okkulte, satanistische und rechtsextreme Gruppierungen aufgezählt, vor ihren Gefahren gewarnt, darüber debattiert! Warum wissen Politiker so viele Jahre zuvor schon so viel mehr als die Ermittlungsbehörden?

Satanistische Festtage: »Halloween« und »Samhain«

Der Tag, an dem Tobias so bestialisch ermordet wurde, ist ein unheilvolles Datum. Der 30. Oktober, der Vorabend von Halloween, gilt in der okkult-satanistischen Tradition als »allen heiligen Säften geweiht«. Insider haben mir berichtet, dass Opfer, die für einen bestimmten satanistischen Fest- oder Feiertag benötigt werden, bereits einen Tag vorher »beschafft« werden. Halloween« ist das Überbleibsel des heidnischen Mondfestes »All-Hallows-Eve« (»Aller-Heiligen-Abend«) beziehungsweise des britannischen Feuerfests zur Zeit der Druiden, die damit das Ende des Sommers zelebrierten, die englische Bezeichnung für den Festtag »Allerheiligen«, speziell die Nacht vor »All Saints«.

Der 31. Oktober ist für Heiden, Hexen, Okkultisten und Satanisten immens wichtig. An diesem Festtag werden von Satanisten Blut- und Sexualrituale gefeiert, eine sexuelle Vereinigung von Satan oder Dämonen und Mitgliedern praktiziert und menschliche und tierische Opfer durchgeführt. »Halloween« geht im Volksbrauch oft mit Vermummung und der Darstellung von Toten einher. Die Zelebranten setzen sich mit den Mächten des Chaos auseinander, wobei Fruchtbarkeit und Leben siegen werden. Die Nacht des 31. Oktobers geht in den Tag des 1. Novembers über, in »Allerheiligen«, das christliche Fest für sämtliche heiligen Märtyrer. Wahrscheinlich war dieses Datum auch der Beginn des keltischen Jahres, an dem große Feuer angezündet wurden. Im Volksbrauch heißt es, dass zu Allerheiligen

Geborene Geister sehen können. Im katholischen Raum ist das Fest eng mit dem darauffolgenden Gedenktag der Toten »Allerseelen« verknüpft, bei dem zum Gedenken an die Toten Kerzen auf den dafür geschmückten Gräbern angezündet werden. Diese Nacht soll voller Spuk und Zauber sein, in der die Seelen der Toten umherwandern. An diesem Datum, so der satanistische Glaube, sollen auch Menschen geopfert werden.

Der 1. November ist aber auch »Samuin/Samhain« (keltisch) oder »Nos Calan gaef« (walisisch), die »Nacht des Winteranfangs«, oder »teir nos ysbryd« (walisisch), die »Geisternacht« genannt, der Jahresbeginn, der Beginn der »Zeit der Finsternis«, in der die Nacht vorher »zeitlos« und die Trennung von Mensch und »Anderswelt« aufgehoben ist. In dieser Nacht soll der Eingang zur »Unteren und Anderen Welt« offen sein, in der die Geister bei Prophezeiungen helfen. Der »Schleier zwischen den Welten« ist nun am dünnsten beziehungsweise der »Spalt zwischen den Welten« öffnet sich, so dass die Verstorbenen die Lebenden besuchen oder gar von ihnen Besitz ergreifen können. Dieses Datum ist aber auch das sogenannte »Hexen-Neujahr« oder »Jahresfest der Hexen«, an dem der Höhepunkt der Herbst-Tagundnachtgleiche und der Wintersonnenwende erreicht ist, an dem es zu dunklen, magischen Riten kommt. An »Samhain« fand auch das blutige »Opfer für das Königsidol« statt. In satanistischen Kreisen zählt die Zeit vom 29. Oktober bis zum 1. November zu den »Satanic Holidays«.

Wir sehen also, dass das Datum, an dem Tobias Dreher ermordet wurde und die Nacht und der Tag danach, eine sehr große Bedeutung in der heidnischen, okkulten und satanistischen Weltanschauung hat.

»Rituelle« Verletzungen?

Auch die Art der Verletzungen, die Tobias' Leiche aufweisen soll und über die aus Kreisen der Polizei und der Staatsanwaltschaft zunächst nichts nach außen dringt, sollten in diesem Kontext näher betrachtet werden. Unbestätigten Angaben eines inoffiziellen Gespräches zwischen einem Beamten des BKA, Abteilung Operative Fallanalyse, und mir sollen dem Elfjährigen Penis und Hoden entnommen worden sein. Andere Informanten sprechen davon, Tobias wäre regelrecht »ausgeweidet« und die Fingerkuppen wären abgeschnitten worden. Speziell im Rücken- und Oberbauchbereich soll er Stiche aufweisen, mit einer nach unten gerissenen klaffenden Wunde, fast so, als ob der Täter den Körper öffnen wollte. Die Organe sollen allerdings nicht entfernt worden sein. Es könnte sich also um ein Tötungsdelikt mit rituellem Hintergrund handeln, wie der BKA-Beamte mir gegenüber äußert.[111] Ein weiterer Ermittler und ein Kollege mit inoffiziellen Kontakten bestätigen mir ebenfalls hinter vorgehaltener Hand diese grausamen Verletzungen.[112]

Offiziell herrscht zu diesem Aspekt jedoch Schweigen, wie so oft, wenn ein Fall nicht klar einzuordnen ist.

Die Polizeidirektion in Böblingen erklärt mir damals auf meine Nachfrage, dass die »Soko Weiher« ihre Ermittlungen in Bezug auf eine satanistische Szene im Raum Stuttgart »in alle Richtungen« tätigen würde.[113] Auch die Stuttgarter Staatsanwaltschaft meint dazu, dass man diesen Aspekt »nicht außen vor lassen« könne.[114] Damals hält Hans-Werner Carlhoff, Leiter der »Innenministeriellen Arbeitsgruppe für Fragen sogenannter Sekten und Psychogruppen für das Land Baden-Württemberg« in Stuttgart, einen Zusammenhang zwischen der Ermordung von Tobias und einem sata-

nistischen Hintergrund für möglich. Es gebe satanistische Gruppen ohne Einblick für Außenstehende. Pfarrer Walter Schmid von der württembergischen »Arbeitsstelle für Weltanschauungsfragen« kennt in und um Stuttgart nicht nur eine Jugendsatanismusszene, sondern auch eine ernstzunehmende satanistische Erwachsenenszene, die er teilweise sogar örtlich benennen kann. Er erinnert sich auch an zwei Verstorbene, in deren Nachlass Ritualbücher gefunden wurden, die Tier- *und* Menschenopfer beschrieben. »Es handelte sich dabei um geheime Bücher mit limitierter Auflage, die nur gegen Rückgabeschein herausgegeben wurden«, sagt er. »Das sind eindeutige Hinweise, dass solche Personen Mitglieder in satanistischen Kulten waren.« Schmid kann sich durchaus vorstellen, dass die Ermordung von Tobias mit einem Satanskult zu tun haben könnte.[115]
Carlhoff wie auch Schmid scheinen besser informiert zu sein als das zuständige Landeskriminalamt in Stuttgart. Denn dort besitzt man anscheinend offiziell keine »aktuellen Erkenntnisse« über eine okkulte, satanistische Szene, wie mir auch Jahre später, 2006, die Stuttgarter Staatsanwaltschaft erklären wird![116] Und auch das, obwohl bereits schon 1995 im Landtag Baden-Württemberg über die »Gefährdung der Gesellschaft durch Okkultismus und Satanskulte« debattiert wurde. Über die »rituellen Ordensstrukturen« heißt es hierzu: »Diese Gruppen sind durch eine straffe Organisation geprägt, eine teilweise extrem autoritäre bzw. totalitäre hierarchische Ordnung sowie durch einen relativ hohen Grad der Nichtöffentlichkeit, der in der Regel zu einem starken Gruppenzwang führt.« Und weiter: »Mitgliedern, die sich von der Gruppe trennen wollen, wird Terror angedroht, oft sogar der Tod. Hypnosepraktiken und Drogengebrauch sind bei einzelnen Gruppen bekannt geworden.«[117] Solche

okkult-satanistischen Logen und Orden haben sich auch in und um Stuttgart angesiedelt. Ich wiederhole mich: Offensichtlich wissen die Politiker in diesem Fall mehr als das Landeskriminalamt, verschiedene Polizeidirektionen im Land und die Staatsanwaltschaft Stuttgart.

Neosatanistischer »Phallus-Kult«

Der Phallus gilt bei allen alten Völkern als das Symbol der Fruchtbarkeit und als magischer Kraftspender, der abwehren, aber auch fördern kann. Schon in der uralten Astrologie, der Sterndeuterkunst, wird das »männliche Zeugungsglied« dem Tierkreiszeichen des »Schützen« zugeordnet und bei den altägyptischen Mumien finden sich Phallen, die zwischen die Beine des Toten gelegt waren und zur Erhaltung der Geschlechtskraft dienen sollten. Tatsächlich soll dieses Ritual dem Verstorbenen seine männliche Geschlechtskraft über den Tod hinaus erhalten. Ein Ersatzphallus sozusagen zum Gebrauch im Jenseits. In der altägyptischen Religion wurden Min Amun und Osiris als Schutzgötter der männlichen Zeugungskraft verehrt. Auch bei den alten Griechen spielte der Phallus im »Adonisdienst« eine Rolle, und bei der Göttin Aphrodite (die der römischen Venus, der hebräischen und kanaanitischen Astarte und der babylonisch-assyrischen Ischtar entspricht) wurden in einem Geheimkult den Eingeweihten Phallen übergeben. Die frühchristlichen Gnostiker verehrten ihn genauso wie die heidnischen Nachbarn, die ihn »Lebensbaum« nannten. In Indien wurde der Gott Shiva in phallischen Kultabbildungen verehrt. Auch bei den Kelten stand der Phallus als Ausdruck sexueller Potenz, Fruchtbarkeit, Schöpferkraft, Glück und Freude (sie sollen um Menhire getanzt haben, aufrechtstehende Natursteine als Phallusnachbildungen und Fruchtbarkeitssymbole). In der jüdisch-esoterischen Geheimlehre der Kabbala ist die zweite Sphäre »Chochma«, die Weisheit, deren Symbole der Turm und der Phallus sind (der bei den Indern als »Lingam« verehrt wurde). Im Hexenwahn des Mittelalters glaubten die Menschen, dass Hexen mit dem Teufel verkehren, der einen unnatürlich großen, schuppigen Phallus habe und dessen ejakulierter Samen eiskalt sei.

In gnostisch-magischen Geheimorden werden Zeremonien durchgeführt, bei denen mit dem »Phallos« das »Baphometische Universum« erleuchtet werden soll. In der »Ceremonia Thuribuli« masturbiert die Priesterin den Phallos des Priesters, den »heiligen Stab des Hohepriesters« und stellt sich dabei vor, wie ihr ›inneres Feuer‹ in den Phallos des Priesters übergeht«. Zum Teil huldigen die Mitglieder in okkult-satanistischen Gruppen dem »Heiligen Phallus« als »physiologische Basis der Überseele«, der »phallischen Kraft«, der »solar-phallischen Energie des Tieres 666«, der »Bewusstsein in Berührbarkeit« und »Ekstase in Vision« hervorbringen soll. In der Natur wird sie durch das Element Feuer symbolisiert, geometrisch durch das Dreieck und biologisch durch den Phallus, wie es in einer neosatanistischen Insider-Schrift zu lesen steht.

Der »Heilige Phallus«, das erigierte Glied, wird gar zum Mittelpunkt des Glaubens. Der Okkultist Theodor Reuß, der von 1905 bis 1921 das Oberhaupt des berühmt-berüchtigten sexualmagischen »Ordo Templi Orientis« (O.T.O.) war und der Aleister Crowley 1912 zum Großmeister erhob, sah im männlichen Glied (Lingam) »den Erschaffer des Universums«. Sogar jeder Turm einer Kirche sei ein Symbol des männlichen Organs.

Der Heilige Phallus und die Sexualmagie spielen also im

neosatanistischen Gedankengut eine große, eine dominierende Rolle.
Auch das magische Voodoo-System »Zos Kia« von Austin Osman Spare, das viele Okkultorden beeinflusst hat, sieht im Phallus das »aktive, männliche Prinzip«. Anton LaVey, der Begründer der »Church of Satan«, schreibt in seiner *Satanischen Bibel*: »Der Phallus ist ein heidnisches Fruchtbarkeitssymbol, das Zeugung, Manneskraft und Aggression bedeutet.« Und für Riten kann jedes phallische Symbol verwendet werden.
Schließlich kam es laut amerikanischen Quellen schon zu Menschenopferungen in Verbindung mit Fruchtbarkeitsriten. In Südafrika werden beispielsweise für den sogenannten »Muti-Zauber« neben Händen, Füßen und inneren Organen auch die Geschlechtsteile für die angeblich »heilerische Medizin« benutzt. Speziell Organe oder Extremitäten von Kindern gelten in bestimmten Kreisen als sehr wertvoll, da sie als »rein« angesehen werden. Eine »Okkultismuspolizei« in Pretoria beschäftigt sich mit diesen Ritualmorden sehr intensiv.
In Anbetracht des okkulten Glaubens und der schrecklichen Verletzungen im Genitalbereich von Tobias Dreher und Tristan Brübach gibt es selbst für die Kastration eine eigene Symbolik in diesen Kreisen. Und bei der Sexualmagie müssen Hemmungen und Vorurteile überwunden werden.

Menschenopfer und magische Fetische
In der okkult-magischen, satanistischen Vorstellung ist das menschliche Blutopfer das wirksamste, das »erbarmungslos zur Strecke gebracht werden soll«.
So wie Tobias? Wie Tristan? Wie Markus?

Und auch die effektivste Tötungsart und Tötungswaffe wird vorgeschrieben: »Die Methode des Tötens ist aber in der Praxis übereinstimmend. Das Tier sollte ins Herz gestochen werden oder die Kehle durchgeschnitten, beide Male mit dem Messer. Alle anderen Tötungsmethoden sind weniger effektiv, selbst im Fall der Kreuzigung wird der Tod durch Erstechen herbeigeführt.«[118]
Ritualmord durch Erstechen: Von all dem magisch-okkult-satanistischen Glaubenssystem und den Gruppen, die ihm huldigen, wissen die Ermittler wenig oder gar nichts. Genauso wenig davon, wie weit Satanisten und eben *nicht nur* »sadistisch veranlagte Triebtäter« gehen, um sich phallische Fetische oder auch andere Körperteile (die magische Energie besitzen sollen) für Rituale zu besorgen. Kein anderer als der Begründer des modernen Satanismus, Aleister Crowley, schrieb ein »Opfer betreffend« von »Verstümmelung« und davon, dass solche »Handlungen« »scheußlich« wären.[119] Und er verkündete: »Ich werde bis zu den Knien des Allerhöchsten aufreichen und seinen Phallus mit seinen Zähnen zerreißen, und ich werde seine Hoden in einem Mörser zerstoßen und Gift davon machen, die Söhne der Menschheit zu erschlagen.«[120] Er hat sich genauso wie seine weltweiten Anhänger in heutiger Zeit eine geheimnisvolle Sprache bewahrt, die nur Eingeweihte zu deuten wissen. Diese Zeilen stehen in Büchern, die immer noch frei verkäuflich sind und nicht nur in der okkult-satanistischen Szene kursieren. Andere sprechen von Ritualen mit »Urnen von passender Form und Ausdehnung, welche mit der des benutzten Phallus übereinstimmen muss«.[121]
Wen wundert es da, wenn Teufelsanhänger diesen Worten Taten folgen lassen? Wenn die Zerstückelung, Verstümmelung von Mordopfern nicht nur sadistischen Zwecken oder

der »Entpersonifizierung« dient, wie Profiler dies formulieren, sondern auch dem Zwecke der Fetischgewinnung? So wie es der verstorbene Großmeister einer okkult-satanistischen Loge Eugen Grosche alias Gregorius in *Aleister Crowley's Magische Rituale* betreffend eines »Opfers« formulierte: »Hier wird von eigentlicher Verstümmelung gesprochen ... Solche Handlungen sind scheußlich.«[122]
Ist es also nach all den angeführten Indizien rundheraus von der Hand zu weisen, dass Tobias tatsächlich Opfer eines Ritualmordes geworden ist? Ist dies das Tatmotiv, nach dem die Fahnder und Profiler, Spezialisten vom Landeskriminalamt so eifrig suchen? Und ergibt sich dadurch nicht auch ein völlig neues, bislang unbeachtetes Täterumfeld?

Probleme der Ermittler

Es scheint fast, als hätten die Beamten Wichtigeres zu tun als diesem möglichen Motiv und Täterumfeld nachzugehen. Denn sie haben in diesen Tagen eine Menge Probleme. Auch mit sich selbst. Fest steht jedenfalls, dass mit dem Wegfall des 16-jährigen Sonderschülers Dennis als Hauptverdächtigen die Polizei wieder zum Anfang ihrer Ermittlungen zurückgehen muss. Obwohl viele Ermittler ganz sicher waren, dass es sich bei ihm um den Täter handelte. Das sorgt für Frust, führt zu Ärger.

Ein Beamter, der später zur Soko gestoßen ist und eigentlich für »neue Impulse« sorgen soll, erweist sich als »Unruheherd«. Eigenmächtig verhört er Dennis erneut. Weder seine Kollegen wissen etwas davon noch der Anwalt des Tatverdächtigen. Der neue Soko-Beamte lässt sich davon nicht beirren, nimmt das Polizeivideo mit dem Geständnis von Dennis an sich und zeigt es anderen. Wohl auch Journalisten, die wiederum die Eltern darauf aufmerksam machen. Daraufhin ermitteln Staatsanwälte gegen den Kripobeamten wegen des Vorwurfs des Geheimnisverrats. Schließlich wird das Verfahren eingestellt, der Beamte, gesundheitlich angeschlagen, ist nicht mehr im Dienst. Diese internen Querelen und der öffentliche Druck, der immer größer wird, erschweren die Ermittlungsarbeit noch zusätzlich. Alle wollen Antworten: die Menschen in der Umgebung, die Angst um ihre Kinder haben. Der Innenminister. Der Polizeipräsident. Der Aspekt eines möglichen Ritualmordes tritt dabei mehr und mehr in den Hintergrund. Insgesamt werden 18 000 Personen überprüft, mehr als 2000 Spuren und Hinweise verfolgt, Plakataktionen gestartet und öffentliche TV-Aufrufe wie bei der ZDF-Sendung »Aktenzeichen XY ... ungelöst« durchgeführt. Angler, Waldarbeiter, Jäger, Pilzsammler, Grundstücksbesitzer, Pendler, Automatenaufsteller und Vertreter überprüft. Allein sechzig Personen können die Beamten nach kurzer Zeit ausfindig machen, die am Tattag an diesem abgelegenen See unterwegs waren. Darunter zwei Männer in einem silberfarbenen Mercedes 190 mit Böblinger Kennzeichen, die sich mit osteuropäischem Akzent nach dem Weiher erkundigt haben sollen. Eine weitere Parallele zu Tristan Brübach? Schon Tage vorher soll das Fahrzeug im Ort aufgefallen sein. Neben weiteren Personen und Fahrzeugen wird auch nach einem schwarzen Van gefahndet, der am 30. Oktober 2000 gegen 17.30 Uhr in Richtung Weiher gefahren sein soll. Die Zeit entspricht in etwa dem Tatzeitpunkt. Der Fahrer soll zwanzig bis dreißig Jahre alt, 1,80 Meter groß und schwarz bekleidet gewesen sein. Der Zeuge Micha W. hat ihn ebenfalls gesehen, bekleidet mit einer Motorradmaske. Nun müssen allein im Bereich Böblingen und Tü-

bingen einige tausende Fahrzeuge überprüft werden, die beim Kraftfahrzeugbundesamt registriert sind. Und dann gibt es da noch einen dunkel gekleideten Mann mit Hut und einem großen schwarzen Hund, der sich ebenfalls in der Nähe aufgehalten haben soll.
Doch alle Spuren verlaufen im Nichts.
In Tobias' Heimatgemeinde, Weil im Schönbuch, werden alle Männer und Jugendliche über zwölf Jahren in den Turnhallen der Ortsteile Breitenstein und Neuweiler zum Gentest geladen. Eintausendeinhundert sind es. Mehr als dreihundert erscheinen nicht, die meisten von ihnen werden nachträglich getestet; die restlichen per richterlicher Entscheidung dazu gezwungen. Diesen fehlt entweder ein Alibi oder sind wegen eines bestimmten Tatortbezuges aufgefallen. Aber auch daraus ergibt sich kein Anhaltspunkt auf den oder die Täter. In den nächsten Wochen sollen weitere vierhundert Männer, die zwischenzeitlich Weil im Schönbuch verlassen haben, zur Speichelprobe herangezogen werden. Insgesamt werden in den nächsten Wochen und Monaten rund 12 350 DNA-Proben genommen. Die landesweit größte und weltweit zweitgrößte Aktion dieser Art bleibt jedoch ohne Erfolg. Es ist die regelrechte Suche nach der »Stecknadel im Heuhaufen«, wie sich Böblingens Kripochef Wolfgang Vöhringer äußert. Vielleicht stammt der Täter trotz Ortskenntnis gar nicht aus der Umgebung? Deshalb wird auch eine sogenannte »USA-Spur« verfolgt, schließlich könnte der Mörder ja auch dem amerikanischen Militär angehören, das hier im Umkreis stationiert ist? Auch diese Überprüfung bleibt ohne Ergebnis. Bei der Durchforstung der Strafregister und Überprüfung von Kinderschändern ist man ebenfalls nicht fündig geworden.
Im Juli 2002 wird die Soko Weiher von vierzig auf zwanzig

Mann reduziert. Ihr Leiter, Kriminalhauptkommissar Peter Kegreiß, übergibt den Fall an drei Kollegen aus dem Fachdezernat. Er selbst lässt sich versetzen, beziehungsweise wird nach Kritik zur Bereitschaftspolizei in Böblingen versetzt, das ist nach außen nicht ganz klar. Am 27. Februar 2004 erschießt sich der ehemalige Chefermittler an seinem neuen Arbeitsplatz, der Polizeischule Böblingen, wo er als Fachlehrer für Kriminaltaktik und Psychologie unterrichtete. Unklar bleibt bis heute, ob Kegreiß an seiner Erfolglosigkeit in diesem Fall zerbrochen ist, ihm die fehlende Rückendeckung seiner Vorgesetzten zugesetzt hat oder ob vielleicht ganz andere Gründe für seinen Selbstmord verantwortlich sind.
»Wir haben noch keine heiße Spur«, gibt Kripochef Vöhringer in der Zeit nach Kegreiß' Versetzung niedergeschlagen zu. Die Fakten sind nach monatelanger Ermittlung in der Tat mehr als mager. Sicher scheint bisher nur zu sein, dass eine Sexualstraftat ausgeschlossen werden kann und dass der oder die Täter Ortskenntnisse besessen haben müssen, denn kein Wanderweg führt am Dörschachsee vorbei, der relativ abgelegen liegt. Der oder die Täter müssen also zwangsläufig in der Nähe wohnen oder arbeiten. Tobias ist wahrscheinlich mit einem »normalen Taschen- oder auch einem Küchenmesser« getötet worden. Offenbar hat sich der Mörder in einem Blutrausch befunden, denn die Leiche des Jungen ist mit Messerstichen regelrecht übersät. Polizeipsychologen nennen dies »Übertöten«. Doch die Tatwaffe ist bislang nicht gefunden worden. Gerichtsmediziner haben die Stichwunden lokalisiert und aufgrund der Tiefe und Beschaffenheit daraus den Kraftaufwand und die etwaige Körpergröße des Täters abgeleitet. Demnach müssen der oder die Täter männlich und vermutlich älter

als zwölf Jahre gewesen sein. Es wird davon ausgegangen, dass der Täter »sehr erregbar« ist und »leicht aggressiv« wird. Nicht viel also, was die Soko bislang zusammengetragen hat.
Im Juni 2003 stellt die Polizei die Ermittlungen ein. Die Daten aus dem Fall Tobias Dreher liegen in der Datenbank des Bundeskriminalamtes und werden bei ähnlichen Fällen mit deutschen und europäischen Datenbanken und denen aus den USA abgeglichen.

Weitere Ermittlungspannen

Im November 2005, fünf Jahre nach dem Mord, kommen neue Details ans Licht der Öffentlichkeit. Der Lokaljournalist Michael Ohnewald von der *Stuttgarter Zeitung* berichtet von Pannen – neben der Vernehmungspanne des zunächst Tatverdächtigen 16-jährigen Sonderschülers Dennis im November 2000 –, die bis zu diesem Zeitpunkt unter der Decke gehalten worden sein sollen.
Dennis soll bereits im Sommer 2000, mehrere Wochen vor Tobias' Ermordung also, einige Kinder aus dem Ort auf Baumgrundstücken und draußen am Weiher sexuell belästigt, gar missbraucht haben. Darunter auch Tobias, so geben es drei betroffene Kinder zu Protokoll! Die Polizei Böblingen hat dies bei der Staatsanwaltschaft angezeigt. Doch bis Juli 2006 ist im Fall der Sexualdelikte keine Anklage erhoben worden. Bei einer früheren diesbezüglichen Anfrage im April 2006 erklärt die Staatsanwaltschaft Stuttgart: »Gegen den damals 16-jährigen Tatverdächtigen wird auch wegen des Verdachts verschiedener sexuell motivierter Straftaten ermittelt. Der Staatsanwaltschaft liegen zwischenzeitlich vorläufige polizeiliche Ermittlungsergebnisse

vor. Eine abschließende Bewertung, inwieweit der Verdacht strafbaren Handelns besteht, ist noch nicht erfolgt.«[123]
»Die Staatsanwaltschaft, so scheint es, möchte den Fall ... am liebsten geräuschlos hinter sich bringen«, schreibt Michael Ohnewald in der *Stuttgarter Zeitung*. »Bei einer Anklage (gegen Dennis./d. A.) könnten vor Gericht nicht nur Ermittlungspannen publik werden, sondern auch unappetitliche Details – und bei alledem bliebe am Ende trotzdem diese unerklärliche DNA-Spur.«
Der Vorwurf des sexuellen Missbrauchs von Kindern gegen Dennis »versandet« im September 2006 bei der Staatsanwaltschaft. Die Taten sollen zwischen 1998 und 2000, möglicherweise auch noch 2002, also zwei Jahre nach dem Mord an Tobias, geschehen sein. Mir liegen die Tatvorwürfe im Einzelnen vor. Demnach soll Dennis vor Jüngeren und Gleichaltrigen onaniert, sie aufgefordert haben, sich selbst zu befriedigen, ihnen Pornohefte gezeigt, sich auf eine 9-Jährige gelegt haben, wobei beide Unterkörper entblößt waren, einen 15-Jährigen gewaltsam zum Analverkehr genötigt und einen 11-Jährigen gezwungen haben, sein Glied in den Mund zu nehmen und daran zu lecken. Auch soll Dennis Tobias unter Androhung von Prügel aufgefordert haben, ihm sein Geschlechtsteil zu zeigen und eine Zigarette zu rauchen.
Die Staatsanwaltschaft kommt jedoch zu dem Schluss, dass in einigen Fällen das strafbare Verhalten von Dennis nicht mit erforderlicher Sicherheit nachzuweisen wäre »oder zu seinen Gunsten von fehlender Strafmündigkeit bzw. einem strafbefreienden Rücktritt vom Versuch des sexuellen Missbrauchs von Kindern auszugehen« sei, in allen Fällen die geschädigten Kinder nicht aktiv mitmachten und keine deutliche Ablehnung gegen Dennis' Verhalten »be-

kundeten, sich ihm entzogen oder gar ihren Eltern davon berichteten. In keinem der genannten Fälle erfolgte die Erstattung einer Anzeige gegenüber der Polizei. Die erhobenen Vorwürfe wurden vielmehr erst in Zusammenhang mit der Befragung der Kinder wegen des Tötungsdelikts zum Nachteil Tobias Dreher erhoben.« Zudem wären von den kindlichen Zeugen »in Folge der mittlerweile verstrichenen Zeit keine zuverlässigeren Angaben mehr zu erwarten … und es zudem auch nicht angezeigt erscheint, diese wieder mit den Vorfällen zu konfrontieren. Schließlich spricht für den Beschuldigten, dass er seit den ihm vorgeworfenen Taten in strafrechtlicher Hinsicht nicht mehr in Erscheinung getreten und nicht vorbestraft ist. Unter Abwägung dieser Gesichtspunkte erscheint das Verschulden des Beschuldigten … insgesamt als gering, weshalb von der Verfolgung dieser Taten … abgesehen wird.« In fünf Fällen hätte sich der Verdacht strafbaren Verhaltens nicht bestätigt, in weiteren vier Fällen würde allenfalls geringe Schuld bestehen, »weshalb insoweit nach den Vorschriften des Jugendgerichtsgesetzes von der Verfolgung abgesehen wurde«.
Nicht nur ein Skandal für die Betroffenen und Eltern, was sich die Staatsanwaltschaft hier leistet. Immerhin geht es bei den Vorwürfen um den sexuellen Missbrauch von Kindern im Zusammenhang mit dem Mord an Tobias Dreher.
Ich bleibe hartnäckig und recherchiere im Rahmen eines TV-Beitrags weiter zu diesem mysteriösen Mordfall, interviewe Tobias Drehers Eltern, seinen Vater Willy und seine Mutter Petra Dreher. Sie bemängeln vor laufender Kamera konkret die Ermittlungsarbeit der Polizei und Staatsanwaltschaft.
Dabei komme ich in Kontakt mit dem Kinderschützer Gerhard T., der auch aus Angst anonym bleiben möchte.

Er hat Dennis' Vertrauen gewonnen, trifft sich mit ihm von Dezember 2005 bis Juni 2006 mehr als zwanzigmal. Auch am Tatort. Gemeinsam plaudern sie über den Mord an Tobias und Dennis' möglicher Beteiligung. Einige Gespräche nimmt der Kinderschützer, offenbar mit Einverständnis von Dennis, auf Tonband auf. Am 2. Juni 2006 trifft sich Gerhard T. mit einem Freund erneut mit Dennis. Der Freund gibt sich scheinbar als einstiger »Kindermörder« aus, der nach der Verbüßung seiner Haftstrafe offenbar ein neues Leben begonnen hat. An diesem Abend erzählt ihnen Dennis, sechs Jahre nach seinem einstigen Geständnis bei der Polizei, er hätte Tobias getötet und seinen Penis in den See geworfen! Zeigt Gerhard T. sogar, wie er zugestochen hat. Nachdem der Kinderschützer mit seinen Erkenntnissen zu den Ermittlungsbehörden gegangen ist, wiegelt die Staatsanwaltschaft ab: Dennis hätte ihm keine neuen Erkenntnisse und Einzelheiten berichtet, zudem würden »erhebliche Bedenken« bestehen, ob die von Gerhard T. gewonnenen Erkenntnisse überhaupt verwendet werden dürfen, weil der sich »wiederholt verbotener Vernehmungsmethoden bedient hat, die, wenn sie von staatlichen Ermittlungsbehörden angewandt worden wären, einem Verwertungsverbot ... unterlägen.« So habe Gerhard T. durch die Hinzuziehung seines Freundes und dessen unwahrer Behauptung, ein Kindermörder zu sein, »bewusst Einfluss auf das Aussageverhalten des Beschuldigten genommen«.

Die Staatsanwaltschaft Stuttgart stellt im September 2006 die Ermittlungen wegen Mordes und sexuellen Missbrauchs von Kindern gegen Dennis ein.

Während meiner Recherchen erfahre ich weitere brisante Details: Dennis berichtet Gerhard T. noch eine zweite Version der schrecklichen Tat, beschreibt sogar den Mörder von Tobias: 1,76 Zentimeter groß, 36 bis 38 Jahre alt, dunkle kurze Haare, schlank, blaues Oberteil. Auf einer Skizze, die mir ebenfalls vorliegt, beschreibt Dennis ausführlich, wo er sich mit dem Mörder getroffen hat und wie dieser und Tobias hinter der Hütte verschwanden. Welche Version stimmt nun?

Der Staatsanwaltschaft in Stuttgart übergebe ich im Oktober 2006 die von Dennis gemalten Skizzen, mit der Beschreibung des mutmaßlichen Mörders, die bislang den Ermittlern nicht vorliegen und unter denen sich auch eine befindet, die Tobias' Leiche hinter der Hütte zeigt.

Tobias' Eltern und deren Anwalt legen Beschwerde gegen die Einstellung des Ermittlungsverfahrens ein. Hauptsächlich deswegen, weil Dennis Täterwissen hat, das nicht erklärbar ist. Die Landespolitik schaltet sich nun ebenfalls ein. Der FDP-Fraktionsvorsitzende Ulrich Noll meint: »Es gibt Zweifel in der Bürgerschaft, ob in diesem Fall alles getan worden ist.« Deshalb hält er es für richtig, eine andere Staatsanwaltschaft zu beauftragen, den Fall weiter zu untersuchen.

Der Fall bleibt auch Jahre nach dem Mord mysteriös und einmalig in der deutschen Kriminalgeschichte. Dennis besitzt eindeutig Täterwissen. Für die Staatsanwaltschaft scheidet er als potenzieller Mörder aus. Hat er tatsächlich den Täter getroffen? Ihn bei seiner grausigen Arbeit beobachtet? Was ist tatsächlich geschehen an jenem Abend vor Halloween, draußen im Wald am Dörschachsee?

V. »Ritualmorde« in Deutschland – Die Täter

5. Günter Diefenthal: »Okkulte Hinrichtung«[124]

Ein Mordfall wie viele andere auch, könnte man meinen, die jährlich durch den Blätterwald der Printmedien rauschen und über die Monitore der TV-Magazine flimmern, wenn ihn nicht der Journalist Horst Knaut in seinem Standardwerk *Das Testament des Bösen* nochmals aufgegriffen hätte. Denn diese mysteriöse Tat ist alles andere als gewöhnlich, zeigt eine »Geschichte hinter der Geschichte«.
Mai 1970, Lehrberg, Mittelfranken: Der Bauarbeiter Josef Göttler kommt abends von einer Baustelle heim. Im Hausflur wartet sein Untermieter, der 51-jährige Schlosser Günter Diefenthal, mit einem Kleinkalibergewehr in der Hand auf ihn. Eiskalt, ohne ein Wort zu sprechen, fast »mechanisch« legt Diefenthal an, schießt ihm mitten ins Herz. Er »exekutiert« Josef Göttler geradezu. Kurz darauf ist die Polizei da, verhaftet Diefenthal, der ruhig neben seinem Opfer steht. Noch am selben Abend gesteht er den Mord.
Vor Gericht bescheinigt ihm ein Gutachter später eine »überdurchschnittliche Intelligenz« und eine »verminderte Zurechnungsfähigkeit« zum Zeitpunkt der Tat sowie eine Paranoia. Das Gutachten führt weiterhin aus: »Diese Krankheit äußert sich durch Wahnvorstellungen und durch die Überbewertung einer bestimmten Idee. Im vorliegenden Falle hat diese Überbewertung auf dem Gebiet des Okkultismus gelegen. Hier fühlte sich Diefenthal von

geheimnisvollen Kräften und Mächten bedrängt und verfolgt.« Diefenthal wird, wie nicht anders zu erwarten, in eine Landesheilanstalt eingeliefert.

Doch was steckt tatsächlich hinter diesem kaltblütigen Mord, der nach außen hin doch so »gewöhnlich« erscheint? Horst Knaut ist diesen »Wahnvorstellungen« und »okkulten Überbewertungen« nachgegangen und dabei auf Walter J.[125], Josef Göttlers Schwager, gestoßen. Und der ist kein anderer als der damalige Großmeister (»Jananda«) der sexualmagischen Geheimloge »Fraternitas Saturni«, der »Bruderschaft des Saturn«.

Walter J., Jahrgang 1939, der nach eigenen Angaben Psychologie, Philosophie, Theologie, Soziologie, Jura, Mathematik, Volkswirtschaft und Politik an den Universitäten Hagen, Erlangen-Nürnberg, London, New York, Pretoria und Berkeley studiert hat und in einer JVA als Angestellter arbeitete, verrät, dass auch Günter Diefenthal ein Eingeweihter des Ordens wäre. Bereits 1958 ist er der Loge beigetreten, dann ausgestoßen und in den sechziger Jahren als »Bruder Thomas« wieder in die Frankfurter Loge aufgenommen worden. Alles Dinge, die die Richter und auch die Ermittler nicht wussten.

»Die Hinrichtung meines Schwagers habe ich kommen sehen«, führt Großmeister Walter J. weiter aus. »Sie musste so oder so eines Tages geschehen ...« Horst Knaut fragt nach dem Warum und erhält die Antwort: »Ja, Baphomet wollte es so!«

Baphomet (oder auch der »Bock von Mendes«) – eine der bekanntesten Symbolfiguren des Satanismus. »Bruder Baphomet« nannte sich auch Aleister Crowley, als er die Leitung des »Ordo Templi Orientis« (O. T. O.) übernahm und als »Grandmaster« ein »Baphomet-Siegel« benutzte.

Und auch der berühmte »Templerorden« des 12. und 13. Jahrhunderts wurde bezichtigt, den Dämon »Baphomet« angebetet zu haben.

»Baphomet wollte es so ...« Walter J. zeigt Knaut die esoterischen Bücher, die er zusammen mit dem Mörder und »Ordensbruder« Günter Diefenthal studiert hat. Darunter *Magie als Philosophie für alle* von »Meister Therion« alias Aleister Crowley, in dem er über kultmagische Opferungen unter anderem verlauten lässt: »Das Blutopfer ist wirksamer, wenn auch gefährlicher, und für fast alle Zwecke ist das menschliche Opfer das beste ...« Günter Diefenthal hat diese Stellen sogar unterstrichen!

Knaut fragt den Großmeister: »Und nach diesem Buch arbeiten Sie?«
Walter J.: »Ja, danach auch.«
Knaut: »Und danach musste auch Ihr Schwager geopfert werden?«
Walter J.: »Ja, er hat meinen Freund Günter Diefenthal gehänselt, weil er sich mit geheimen Lehren und höheren Weisheiten befasst hat. Er hatte eben kein Verständnis dafür, war wohl besessen von Antigeistern und erklärte unsere Beschäftigungen für einen großen Humbug ...«
Knaut: »Und da sprach dann Baphomet?«
Walter J.: »Ja, eines Tages kam der Befehl. Es musste so geschehen!«

Unfassbar, der scheinbar so »gewöhnliche« Mord stellt sich in diesem Licht als »Ritualmord« dar. Horst Knaut setzt 1974 die Staatsanwaltschaft Ansbach über diese Zusammenhänge in Kenntnis. Aber die Behörden unternehmen nichts!

Nach seinem Besuch bei Großmeister Walter J. erhält Knaut von diesem noch einen Brief: »… Therions Lehre von den blutigen Opfern und verwandten Dingen faszinierten meinen Ordensbruder Günter D. und mich ganz besonders … In einem magisch-rituellen Bewusstseinszustand erschoss so auch mein Ordensbruder Günter D. am 6. Mai 1970 in meinem Haus meinen Schwager Josef G. Ich bin davon überzeugt, dass Bruder Günter dabei von höheren Mächten gelenkt wurde und nur einen Auftrag ausgeführt hat … In dem Opfer, das durch ihn dargebracht wurde, sehe ich auch keine böse Tat. Nach den Lehren Therions gelten hier keine irdisch-rechtlichen Gesetze und auch keine christlichen Moralvorstellungen. Ich habe kein Mitleid mit dem Opfer; es hat Erlösung gefunden.«

Paranoia attestierte der Gerichtsgutachter dem als solchen nicht erkannten Ritualmörder Günter Diefenthal! Wäre er zu einem anderen Ergebnis gelangt, hätte er die genauen Zusammenhänge gekannt und vor allem *er*kannt? Und hätte der Richter ein anderes Urteil gesprochen, wenn er erkannt hätte, dass Diefenthal vielleicht nicht »krank«, sondern voll geplanter Absicht einen anderen Menschen ermordet hat, und zwar im »Auftrag Baphomets«? Aber hätten die Ermittler dann auch nicht die kruden okkult-magischen Lehren des Geheimbundes genauer unter die Lupe nehmen müssen? Diese Fragen werden den Leser das ganze Buch über begleiten. Und immer wird ein bitterer Nachgeschmack bleiben.

Das Tötungsdelikt von Günter Diefenthal an Josef Göttler ist das »klassische« Beispiel für einen »verdeckten« Ritualmord und für die Unfähigkeit von Gutachtern und Richtern, diesen zu erkennen.

Großmeister Walter J. äußert sich selbst in einem Schreiben, das mir vorliegt, über Menschenopfer: »Auch Menschen können geopfert werden ... Ich bin für die Opferung von Menschen. Es sollten sowohl Tiere als auch Menschen geopfert werden ... Opfer- und Tötungsarten sollten auch in der magischen Praxis vollzogen werden!«

Später gründet J. seinen eigenen Geheimorden, den »Ordo Baphometis«, eine »reine Wissensloge in gnostisch-magischer Richtung«. Er gibt an, noch Mitglied zu sein in der »Bruderschaft von Shamballa«, »Bruderschaft der Transfiguration«, »Bruderschaft der Goldenen Robe«, »Orden vom Silbernen Tau« sowie beim amerikanischen »Ordo Templi Orientis Antiqua« und den »Rosenkreuzern« sowie beim »Goden-Orden« und im »Ordo Saturni« (als Bruder »Antomedon« und »Levum«). Ferner ist er zeitweise Mitglied im »Illuminaten Orden« des damaligen Schweizer Oberhaupts des »Ordo Templi Orientis« von Hermann-Joseph Metzger, den er auch 1970 in seiner Abtei in Stein in Appenzell besucht hat. Und er begründet den deutschen Zweig des (kalifornischen) »caliphatischen« O.T.O. mit, in dem sich zeitweise auch »Temple of Set«-Mitglieder und Scientologen tummeln. Was J. verschweigt: In einem mir vorliegenden geheimen »Dienstplan« ist er selbst auch als Mitglied des »Temple of Set« (Set = der altägyptische Satan/ d. A.), einem Ableger der »Church of Satan« aufgeführt.[126]

Ich begegne Walter J. im Frühjahr 2000 persönlich. Im Rahmen einer Reportage über Satanismus in Deutschland nehme ich als scheinbares Oberhaupt einer okkult-magischen Loge in Süddeutschland Kontakt zu ihm auf. In einer Kneipe im Münchner Hauptbahnhof treffen wir uns. Ich erkläre ihm, dass ich mit »Opfern«, genauer mit »Blutopfern«, arbeiten will und frage ihn, ob er einen Kontakt zu Leuten herstellen kann, die in dieser »härteren Richtung« arbeiten? J. meint, er könne mir da helfen! Ich frage diesbezüglich extra nochmals

nach: »Speziell in dieser Richtung, die ich meine?« Und er anwortet: »Ja, klar. Das geht!« So einfach ist das also.[127]
Wie gefährlich dieses okkult-magische und neosatanistische Gedankengut ist und dass es nicht nur theoretisch angewendet wird, zeigt der von den Ermittlungsbehörden nicht erkannte Ritualmord von Günter Diefenthal an Josef Göttler. Das macht Angst und sollte den Ermittlungsbehörden hierzulande endlich die Augen öffnen. Doch es scheint, dass sie leider, auch über sechsunddreißig Jahre nach diesem Ritualmord, für diese Thematik immer noch auf beiden Augen blind sind.

6. Silvia Brakel:
»Luzifer, Herr der Finsternis, gib mir ein Zeichen«[128]

Es sieht aus wie ein Selbstmord: Völlig nackt liegt der Tote auf der Couch. Die Finger seiner rechten Hand umfassen noch den Griff des Metzgermessers, das in seiner Brust steckt. Mit einem tiefen Stoß, so scheint es, hat er sich die Klinge selbst ins Herz gerammt.
Diesen ersten Eindruck hat die Düsseldorfer Polizei, als sie am 31. Mai 1982 zu dem verwahrlosten Zwei-Zimmer-Appartement gerufen wird, um ein Gewaltverbrechen aufzuklären. Der Tote ist José Luis Mato Fernandez, ein spanischer Einwanderer. Er ist vierundzwanzig Stunden vor dem Eintreffen der Ermittler verstorben.
Routinemäßig durchsuchen die Beamten die Wohnung. Zwischen schmutziger Wäsche und Abfällen entdecken sie ein Tagebuch mit umgekehrten Kreuzen. Und der Warnung, dass derjenige, der dieses Buch liest, für alle Ewigkeiten verdammt sein soll.

Auf den Seiten stehen auch Zeilen wie: »Luzifer, Herr der Finsternis. Ich will Dir meine Seele verkaufen. Ich warte auf dein Zeichen.« Und am 30. April ist notiert: »Luzifer, Herr der Finsternis, gib mir ein Zeichen. Ich glaube an dich. Ich möchte dir ganz gehören. Komm zu mir, wenn Mato schläft.«

In der Nacht vom 30. April auf den 1. Mai wird in okkult-satanistischen und neuheidnischen Kreisen die »Walpurgisnacht« gefeiert. Einer der höchsten Festtage in der Szene überhaupt. Er gilt als »Satans Geburtstag«. Am Vorabend des 1. Mai sollen alle Dämonen und Gespenster hervorkommen, ein wildes Gelage abhalten, um damit die Frühjahrs-Tagundnachtgleiche zu symbolisieren.

Die Beamten werden hellhörig, vermuten gar einen fingierten Selbstmord. Bei ihren Ermittlungen im Umfeld des Toten stellen sie fest, dass Mato Fernandez seit August 1981 mit der 22-jährigen Silvia Brakel zusammenlebte. Doch er ist nicht der Einzige, mit dem sie ihr Bett teilt, weil Brakel manchmal mit einer lesbischen Teenagerin schläft. Diese bezeichnet sie als ihre »Frau«. Und noch mehr fördert die Kripo bei ihren Ermittlungen zutage: Silvia Brakel ist eine Satanistin, stellt ihren Körper häufig als nackten »menschlichen Altar« für orgiastische schwarze Messen zur Verfügung. Langsam kommt ihre unheilvolle Vergangenheit ans Tageslicht. In einem anderen Verfahren wird gegen sie ermittelt, weil sie ihren Ex-Freund, einen Bäckerlehrling, mit dem sie drei Jahre zusammenlebte, erstochen haben soll. Bereits im Kindesalter, mit acht Jahren, ist sie von ihrem Großvater missbraucht und mit sechzehn von einer Bande Jugendlicher vergewaltigt worden. Wegen Diebstahls kommt Silvia Brakel in ein Jugendheim, und mit achtzehn Jahren zieht sie mit dem Bäckerlehrling zusammen. Der ist

nicht nur bisexuell, sondern auch Satanist und unterrichtet sie in Magie und anderen Dingen.
Die Düsseldorfer Kripo ermittelt in der Untergrundszene, deckt weitere Satanisten auf. Unter ihnen auch Brakels lesbische Freundin. Sie ist es schließlich, die sie als Mörderin von Mato Fernandez nennt.
Ein anderer Okkultist, ein 29-jähriger Fernfahrer, der sich offenbar mit Silvia Brakel abgestimmt hat, erklärt scheinheilig, der Spanier hätte die Frau der Untreue beschuldigt. Ein Messerstich schließlich beendete den Streit.
Formell angeklagt und mit anderen Zeugenaussagen konfrontiert, legt Silvia Brakel schließlich ein Geständnis ab.
Am 25. März 1983 wird sie wegen vorsätzlichen Mordes, ohne mildernde Umstände, zu einer lebenslangen Haft verurteilt.

7. Frank Gust:
Der »Rhein-Ruhr-Ripper«[129]

Oktober 1996, Nähe Viersen am Niederrhein auf einem Feldweg in einem Wald bei Willich: Wahrscheinlich wäre selbst der britische Serienkiller »Jack the Ripper« bei dem grauenvollen Anblick blass geworden. Nackt und ohne Kopf liegt die Frauenleiche auf dem Waldboden. Ausgeweidet wie ein Tier. Der Torso vom Hals bis zum Schambein aufgeschlitzt. Leber und Milz im Umkreis verstreut, das herausgerissene Herz liegt zwischen ihren Schenkeln. Die Därme zwanzig Meter weiter im Acker ...
Aufgrund ihrer Fingerabdrücke und eines besonderen körperlichen Makels ist die Tote schnell identifiziert. Die zierliche, nur zweiundfünfzig Kilo leichte Svenja D. ar-

beitete seit sechs Jahren als Prostituierte auf dem Dortmunder Straßenstrich. Verheiratet mit einem Ägypter, der allerdings wieder in seiner Heimat lebt. Ist ihr Mörder ein Freier, der sie am Hauptbahnhof Dortmund mitnahm? Hat sie sich freiwillig in die Fänge des Täters begeben, der später in Anlehnung an »Jack the Ripper«, der »Rhein-Ruhr-Ripper« genannt werden wird – und genauso grausam wie dieser vorgeht? Ist die Triebfeder seiner Mordlust ebenfalls unbändiger Hass? Gerichtspsychiater folgern aus ähnlichen Fällen, dass der Täter vielleicht impotent ist oder von Frauen zurückgestoßen wird, nicht bei ihnen landen kann und deshalb die käufliche Liebe sucht. Das Gerücht eines »Frauenschlitzers« macht schnell die Runde.

Weitere ungeklärte Mordfälle

Andere ungeklärte Morde an Prostituierten aus dem Ruhrgebiet werden von den Ermittlern geprüft.
Im September 1993 wird Petra S. auf dem Gelände der Universität Essen mit einem Schraubenzieher niedergemetzelt. Brust und Hals weisen sechsundzwanzig Einstiche auf.
Im August 1994 zerschmettert ein Unbekannter Anja B.s Kopf und Gesicht bis zur Unkenntlichkeit an einem Randstein.
Im September 1994 wird Carmen H. langsam und brutal auf einem Schotterweg zu Tode gewürgt.
Im Oktober 1994 steigt Anke B. am Straßenstrich in Dortmund zu einem Freier. Wenig später, nur wenige Kilometer entfernt, wird ihre mit Messerstichen übersäte Leiche gefunden.
Und nun, zwei Jahre später, dieser grauenvolle Mord an Svenja D.

Im März 1997 schockiert ein »Ritualmörder« auch das kleine Nachbarland Belgien. Am Bahndamm von Mons findet ein Bahnpolizist neun schwarze Abfallsäcke mit grausigem Inhalt: Leichenteile von drei Frauen, Arme und Beine, zersägt und geköpft! Die Köpfe und zwei Torsos sind verschwunden. Ein Rumpf wird wenig später in einem weiteren Plastiksack gefunden. »Der Täter hat diesen Ort regelrecht markiert«, erklärt ein Polizeisprecher. »Er schrieb sechs Buchstaben auf Klebebänder, pinnte sie an Bäume. Wir haben es hier mit einem Ritualmörder zu tun.« Zusammen ergeben die Buchstaben die Worte: »La Mort – der Tod«.
Die Boulevardpresse versucht einen Zusammenhang zwischen dem »Rhein-Ruhr-Ripper« und dem belgischen Schlächter herzustellen; zumindest einen geographischen, denn von Willich bis zur belgischen Grenze sind es gerade einmal siebzig Kilometer.

Ermittlungserfolg

Die deutschen Ermittler jedoch tappen noch viele Monate im Dunkeln. Dann endlich, im November 1999, über drei Jahre nach dem bestialischen Mord an Svenja D., kommt die Polizei dem verheirateten 30-jährigen Dachdecker, Hobbyjäger und zweifachen Vater Frank Gust aus dem hessischen Korbach auf die Spur.
Eine Bekannte legt ihm Tarot-Karten; eine zeigt den Tod. Darauf angesprochen, was er denn mit dem Tod zu tun hätte, antwortet Gust, er hätte eine Anhalterin »kaltgemacht«. Die Bekannte verständigt die Polizei. Als die Beamten Frank Gust aufsuchen und ihn zu einer Speichelprobe mitnehmen wollen, gesteht er den Mord. Die 28-jährige Anhal-

terin Katharina Jane T. steigt an der holländischen Grenze bei Arnheim zu Gust in den Wagen. Er hätte, so sagt er bei der Vernehmung, dann im Auto Sex mit ihr gehabt. Danach habe sie ihm seine mitgeführte Waffe entwendet, ihn bedroht und Geld gefordert. Er habe sie überwältigt und dann getötet. So seine Version. Tatsächlich aber hat er sie nicht überwältigt, sondern vergewaltigt, ihr in den Kopf geschossen und dann Kopf und Hände abgesägt. Gust gesteht auch im Beisein seiner völlig geschockten Frau Ruth noch mehr: den schrecklichen Mord an Svenja D. und an Sandra W., einer weiteren 26-jährigen Prostituierten aus Bottrop, die er ebenfalls erschossen und verstümmelt hat und deren Leiche im Juni 1996 in einem Waldstück bei Wesel gefunden wurde. Er hat die absolute Macht genossen, wie er zugibt. Die Ermittler glauben, dass er auch noch für den Tod seiner Tante Gerlinde N. verantwortlich ist, die im Frühjahr 1998 spurlos verschwand. In den folgenden Tagen hüllt sich Gust jedoch in Schweigen, beruft sich auf ein Blackout. Dennoch kommen langsam nach und nach weitere schreckliche Details aus dem Leben des Serienmörders ans Tageslicht.

Innenansichten einer »Bestie«

Als Frank Gust am 29. August 1995 die 28-jährige Ruth heiratet, schon vier Monate nachdem sie sich kennengelernt haben (im Juli 1996 wird ihnen eine Tochter geboren), weiß sie nicht, dass ihr frischgebackener Ehemann ein sadistischer Mörder ist! Denn nicht einmal ein Jahr ist es her, dass er die Anhalterin Katharina Jane T. vergewaltigte, tötete und verstümmelte. Gust, der gern Sado-Sex praktiziert, besitzt einen Jagdschein und schildert seiner Frau detailliert, wie man ein Reh ausweidet. Dass er einmal einen Menschen,

eine Frau, so brutal aufschlitzen könnte, kommt Ruth jedoch nicht in den Sinn.
Kurz vor dem Prozess schreibt Gust seiner Mutter aus dem Gefängnis von seiner »inneren Hölle«. Wie er seine Opfer tötete, verstümmelte oder den Leichen die Haut abzog. Aber auch von Frauen, die nur »Schlachtvieh« für ihn sind.

Der »Rhein-Ruhr-Ripper« vor Gericht

Im August 2000 beginnt vor dem Landgericht Duisburg der Prozess. Der Staatsanwalt wirft Frank Gust vor, seine »Opfer zur plangemäßen Befriedigung seiner geschlechtlichen Lust« verstümmelt zu haben. Zwei von ihnen köpfte er und hackte ihnen die Hände ab. Gust gesteht die Morde, bestreitet aber, die Tante seiner Frau umgebracht zu haben, beharrt darauf, sie habe Selbstmord begangen. Und er gesteht auch, nachdem er die beiden Prostituierten und die Anhalterin tötete, sich an ihren Leichen vergangen zu haben. Schon früh war ihm bewusst, dass das alles nicht normal ist. »Ich hatte zuerst das Verlangen, Eingeweide zu berühren«, erklärt Gust vor Gericht. »Ich hatte sogar den Wunsch, in den ganzen Körper einzutauchen. Am erfüllendsten war die Vorstellung, in den Innereien einer Frau herumzuwühlen. Schon so mit 15 war mir klar, wo das enden würde ... es war, als hätte es mich zwei Mal gegeben. Einer, der auf so perverse Sachen steht, und einer, der lieb und nett ist und den man mag.« Und weiter: »Das Vergewaltigen und Ausweiden wollte ich noch steigern. Ich wollte eine Frau bei vollem Bewusstsein in die Luft sprengen.« Schließlich tötete er auf diese Weise ein Schaf und stellte sich vor, es wäre eine Frau.
Ein psychiatrischer Gutachter erklärt, dass das Horror-

Video »New York Ripper«, das der Angeklagte als achtjähriges Kind gesehen habe, ihn für die späteren Taten inspirierte. Bestimmte Filmsequenzen hätten ihn »fasziniert«, erzählte Gust dem Psychiater.

Am 21. September 2000 wird der mittlerweile geschiedene und vermindert schuldfähige Frank Gust wegen Mordes an vier Frauen zu einer lebenslangen Haft mit der dauerhaften Unterbringung in der Psychiatrie verurteilt. Drei Taten haben einen sexuellen Hintergrund in diesem kaum fassbaren und ausdrückbaren »Horrorszenario«, verkündet der Richter des Duisburger Schwurgerichts.

»Ich will keine Revision oder sonstige juristische Faxen«, erklärt der Serienmörder selbst. »Das heißt effektiv, dass ich nie mehr rauskomme. Und das ist genau das, was ich wollte.« Schon Wochen vor dem Prozess hat er seinen Anwalt gebeten zu prüfen, ob an ihm die Todesstrafe vollstreckt werden kann.

Die noch »dunklere« Seele des »Rhein-Ruhr-Rippers«:
Tier- und Leichenschändung und Satanismus

Frank Gusts Seele ist jedoch noch dunkler. Später wird herauskommen, dass er zwischen 1993 und 1997 in elf Fällen auch auf Kühe und Pferde geschossen und sie dann mit einem Messer aufgeschlitzt hat. Sich an den Taten regelrecht »berauschte«. In einer »Selbstanalyse«, die er über sich schreibt, bekennt er, über die Jahre hinweg rund vierhundert Kaninchen gestohlen, aufgeschnitten und in ihre Bauchhöhlen masturbiert zu haben. Und damit nicht genug. Bereits in den achtziger Jahren brach er im Ruhrgebiet in Leichenhallen ein, holte tote Frauen aus den Särgen und verstümmelte ihre Leichen.

Als Jugendlicher hat Frank Gust plötzlich nur noch schwarze Kleidung und ein umgedrehtes Kreuz getragen. Hat mit dem Satanismus »geflirtet«. Inwieweit ihn dieser Satanismus bei seinen späteren Taten beeinflusst und ob die grauenvollen Morde von ihm inszenierte Ritualmorde waren, bleibt wohl für immer sein Geheimnis.

8. Armin Meiwes:
»Der Kannibale von Rotenburg«[130]

Der 41-jährige Armin Meiwes tauscht schon seit Stunden mit seinem zwei Jahre älteren Bekannten Bernd Brandes Zärtlichkeiten aus, in einem vier mal drei Meter großen Raum ohne Fenster. Eine ehemalige Räucherkammer im zweiten Stock des Gutshofes. In der Mitte ein schlichter Biergartentisch. Nacktes Neonlicht erhellt das rostige Eisenbett ohne Kopfteil, das in der Ecke steht. Die blaue Matratze mit den goldenen Mustern besteht aus drei Teilen. Die Steppdecke ist fleckig. Die Wände sind braunschwarz von Ruß und Schimmel, durchbrochen von ein paar eingeritzten Kreuzen. Ein Geruch von Moder liegt in der Luft, den das jahrhundertealte Haus ausatmet. Diese Kammer ist Armin Meiwes' »Schlachtraum«.

Wenn Meiwes lacht, dann entblößt er zwei Reihen makellos weißer Zähne. Bis zum 10. März 2001 ahnen die allerwenigsten Menschen, die den 41-Jährigen kennen, dass er damit nicht nur tierisches Fleisch zerteilt und kaut, sondern auch menschliches. Denn Armin Meiwes ist ein Kannibale!

Das grausame, unfassbare, einzigartige Verbrechen in der deutschen Kriminalgeschichte, das sich an diesem Märzabend in einem alten Gutshof in Wüstefeld bei Rotenburg an der Fulda abspielt, wird um die ganze Welt gehen und Licht in die Finsternis einer Szene bringen, von der fast niemand geahnt hat, dass es diese überhaupt gibt. Das Magazin *Stern* hat wohl als Erstes exklusiv über die Hintergründe und die Anklage berichtet und ein unglaubliches Psychogramm aus dem Dunkel einer menschlichen Seele hervorgebracht.

Die Psyche des »Kannibalen«

Nach außen hin ist Armin Meiwes, am 1. Dezember 1961 in Essen geboren, ein normaler Schüler. Er hat gute Noten. Vor allem Mathematik liegt ihm. Ein bisschen verschüchtert und verklemmt vielleicht, aber mehr nicht. Er lebt alleine mit seiner Mutter Waltraud in Essen-Holsterhausen, nachdem der Vater, ein Polizist, sich wegen einer wesentlich jüngeren Frau von ihr getrennt hat. Schon dreimal ist sie geschieden. Mit strengem Blick und eiserner Hand bindet sie ihren jüngsten Sohn Armin sozusagen als »letzten Mann« fest an sich. Der ältere Sohn ist schon längst ausgezogen, und auch der andere Halbbruder führt sein eigenes Leben. So kommt es, dass sich Armin nach einer richtigen, nach einer intakten Familie sehnt. Er erfindet einen »netten Kerl«, Frank, seinen jüngsten Bruder, den es aber nur in seiner Fantasie gibt. Und den er auch in seiner Fantasie später schlachten und aufessen wird.

Im Alter von etwa zwölf Jahren beginnen seine Gedanken zunehmend dunkel und bizarr zu werden, versinken langsam in einer Welt aus Sadomasochismus, Fetischismus und Kannibalismus. Vielleicht liegt es auch daran, dass er bei den Nachbarn oft Hausschlachtungen mit ansieht: Schweine, Enten, Hühner und Gänse, einmal auch ein Reh, ein

Wildschwein. Der kleine Junge hilft beim Ausnehmen der Tiere, etwas völlig Normales für ihn. Weniger normal allerdings sind seine Gedanken, die er in diesem Alter entwickelt. Er stellt sich vor, wie er einen Klassenkameraden zerstückelt und verspeist, damit er ihn nie wieder verlässt. Er verbindet in seinen Gedanken »Menschenfleisch« mit Nähe, Geborgenheit und Sicherheit, werden Gutachter später attestieren.

Mit achtzehn Jahren zieht er mit seiner Mutter von Essen-Holsterhausen ins hessische Wüstefeld, am Rande von Rotenburg, in einen alten morbiden Gutshof aus dem 12. Jahrhundert. Ein riesiges altes Fachwerkhaus mit vierundvierzig Zimmern, einem zugehörigen Pferdestall und einem großen Garten.

Hier verbringt Armin sein weiteres Leben, erledigt ohne Widerrede den Haushalt und erträgt die herrischen Launen seiner Mutter. Er ist der nette höfliche Typ von nebenan, kümmert sich um Hund und Pferd der Nachbarn, geht mal zum Kaffee zu ihnen, trinkt ein Bier in der Kneipe oder kellnert bei einem Familienfest. Er ist aber auch ein Muttersöhnchen und eine tickende Zeitbombe.

Armin verpflichtet sich bei der Bundeswehr gleich für zwölf Jahre, wird Unteroffizier und dient zuletzt als Oberfeldwebel der Materialgruppe eines Panzergrenadierbataillons. Stationiert ist er im nahen Rotenburg, fährt aber jeden Abend zur Mutter nach Hause. Nach dem Ausscheiden bei der Bundeswehr und nach homoerotischen Kontakten zu einem Bundeswehrkollegen findet er einen Job als Außendiensttechniker in einem Rechenzentrum. Einen Teil des Geldes gibt er seiner Mutter. Außer ihr, seiner »ersten großen Liebe«, von der er sich nie gelöst hat, gibt es nicht viele Frauen in seinem Leben. Dennoch wünscht er sich eine

Familie und will heiraten. Vielleicht mal, »wenn Mutter tot ist«.

Waltraud Meiwes weiß wohl nichts von der dunklen Seele ihres Sohnes, von der langsamen Verwandlung in einen »Menschenfresser«, der Bücher über Serienmörder und Kannibalen liest. Nichts davon, dass sich Armin in seinem Zimmer verkriecht, sich selbst mit einer Videokamera filmt: beschmiert mit »Blut« (Ketchup) und einem Messer an der Kehle. Nichts davon, dass er Fotos von Körperteilen aus Katalogen schneidet und sie auf einen gezeichneten Grill klebt, heimlich Barbiepuppen zerlegt und alles in einem Tresor verschließt. Wegsperrt vor ihr, vor der Welt da draußen. Wegsperrt vielleicht auch manchmal vor sich selbst. Hat seine dunkle Seele vielleicht nicht nur einen »kranken« Hintergrund, von dem Psychiater und Psychologen später sprechen werden, sondern noch einen anderen? Einen okkulten, einen satanistischen? Einen Hintergrund, der all die Zeit, auch nach seiner Verhaftung und nach den Prozessen, im Verborgenen, im Geheimen und im Ungewissen geblieben ist?

Meiwes und die »Satanspriesterin«

Über die Mutter des späteren »Kannibalen«, Waltraud Meiwes, wird nicht viel öffentlich. 1922 wird sie geboren, ist dreimal verheiratet und hat drei Söhne. Armin Meiwes erinnert sich später, dass seine Mutter, als er noch ein Kind war, eine Nachbarsfrau zum Kaffee eingeladen und mit ihr über Zauberei, Flüche und Hexerei gesprochen hat.[131] Meint er damit eventuell die »prominente« Nachbarin, die »Tür an Tür« mit ihnen nach dem Umzug von Essen-Holsterhausen Ende der siebziger und Anfang der achtziger

Jahre in Rotenburg-Wüstefeld gelebt hatte? War Waltraud Meiwes an Hexerei und Magie interessiert?

Die »prominente« Nachbarin ist Ulla von Bernus (»Anata«), die bekannteste Magierin Deutschlands und selbsternannte Satanistin und Satanspriesterin. Eine Kennerin der okkult-satanistischen Szene, die sich schon seit ihrem fünfzehnten Lebensjahr zur schwarzen Magie, Philosophie und Astrologie hingezogen fühlt. Sie ist die Einzige, die sich in aller Öffentlichkeit zu ihrem Satanismus bekannt hat.

Ulla von Bernus ist die Tochter von Alexander Freiherr von Bernus (1880–1965), einem Lyriker und Übersetzer, der sich bis 1921 mit Alchemie beschäftigte, danach mit der Herstellung und dem Verkauf homöopathischer Medikamente aus dem eigenen Labor. Als Alexander von Bernus' Sohn Alwar 1912 unter tragischen Umständen stirbt, widmet er sich okkulten und alchemistischen Studien. Ab 1916 ist er Herausgeber der ersten anthroposophischen Zeitschrift mit dem Titel *Das Reich* und ein Freund Rudolf Steiners, des Begründers der Anthroposophie und der Waldorfschulen. Steiner selbst, das haben ich und mein Bruder Michael in dem Buch *Waldorf Connection* nachgewiesen, war 1906 stellvertretender Großmeister der deutschen (O.T.O.)-Ordensabteilung »Mystica aeterna« oder »Mysteria Mystica Aeterna«, den er auch »Misraim-Dienst« nannte.[132] Alexander von Bernus erhält 1960 das Bundesverdienstkreuz und stirbt 1965.

Ulla von Bernus sorgt für einen handfesten Medienskandal, als sie am 17. September 1984 im ZDF in der Sendung »Ich töte, wenn es Satan befiehlt« ein magisches Ritual zelebriert und in einer Zeitschrift veröffentlicht, dass sie 30 000 Mark für eine »magische Ferntötung« verlangt. Der damals sehr populäre Pfarrer Sommerauer verklagt die Satanistin wegen Mordes. Das Gericht erklärt jedoch, dass es sich bei dem Tatbestand um ein »strafloses Wahndelikt« handelt. Sommerauer bleibt hartnäckig, meint, von Bernus könne keinen Menschen »magisch« töten, dann wäre sie eine Betrügerin – weil sie sich ihre Dienste natürlich teuer bezahlen lässt – oder wenn doch, dann müsse sie sich wegen Mordes verantworten. Daraufhin verklagt die Satanistin den Pfarrer wegen Aufforderung zum Mord. Beide Klagen werden abgewiesen.

Noch in der Gegenwart wird in einschlägigen Foren über die »Satanspriesterin« diskutiert. Sie soll »nachweislich« über fünfzig Menschen mit Flüchen »umgenietet« haben. Anscheinend weiß das ein Chatter aus »erster Hand«. Von Bernus soll die Mordaufträge sogar mit den Todesanzeigen archiviert haben, verfluchte die Auftraggeber gleich mit oder »kassierte doppelt«, weil sie die ausgesuchten Opfer informierte und ihnen nahelegte, doch auch den Auftraggeber zu verfluchen. Die Satanistin war von einem westlich-okkultistischen Synkretismus und der Anthroposophie Rudolf Steiners geprägt, praktizierte eine Art »schwarze Anthroposophie«, in deren Sinne ihr Satanismus überwiegend reaktiv war. So waren ihre Rituale weniger im christlichen, dafür eher im anthroposophischen Weltbild angesiedelt.

Kurz vor ihrem Tod ist es mir gelungen die berüchtigte Satanspriesterin noch zu interviewen. In einem Hotel in Bad Harzburg hat sie sich eine Eigentumswohnung gekauft. Ihr Appartement gleicht einem Sammelsurium verschiedenster magischer Utensilien. Auf der Eckkommode steht ein goldener Leuchter mit acht roten Wachskerzen. Daneben ein Totenschädel. »Der ist echt«, sagt die kleine, untersetzte Frau mit den langen schwarzen Haaren, die zu

einem Zopf zusammengebunden sind, mit ihrer rauhen Stimme. Die tief liegenden, fast schwarzen Augen können sicher eine hypnotische Anziehungskraft ausüben. An der gegenüberliegenden Wand hängen okkulte Bilder. Unter anderem zeigen sie einen goldenen Teufel mit roten Flügeln, der auf eine Weltkugel zeigt, die satanische Zahl »666« über dem Kopf. In ihrem Bücherregal steht auch das legendäre *Necornomicon*, die »verbotene Schrift« des »wahnsinnigen« Arabers Abdul Alhazred in englischer Sprache. Ein geheimnisvolles Ritualbuch, mit dem anscheinend verschiedene Wesenheiten beschworen werden können. Auch Aleister Crowley benutzte es für Geisterbeschwörungen.
Der »schwarze Weg« der Satanistin hat bereits mit siebzehn Jahren begonnen. Schon als Kind kann sie scheinbar Tote »sehen«. In London begegnet sie einem tibetanischen Lama, bei dem sie sich einer harten Schulung unterzieht. Danach hat sie ihren eigenen Weg gesucht. »Die schwarze Magie strahlt für jeden, der ihr erliegt, eine große Faszination aus«, sagt sie. »Macht und Erfolg. Und wenn man diesen Weg korrekt geht, wird man beides erhalten.«
Ich frage nach der Ausbildung zur Satanspriesterin. »Ich musste Ritualien einhalten und nach den Gesetzen des Schwarzen Magiers leben«, berichtet sie. »Christus leugnen, alles Negative tun, um die Menschen zu verachten und magische Rituale zelebrieren.« Dann muss sie einen dreimal dreistufigen Einweihungsweg gehen, basierend auf den »Rites of Lucifer«. Das sind Texte, die nach alter, aber ungewisser Tradition überliefert sind, die den Schüler in verschiedensten magischen Praktiken, Ritualen und Beschwörungen von Geistwesenheiten vertraut machen sollen und in der Priesterweihe kulminieren. Dabei soll man auch

sämtlichen Dämonen »begegnen«. Wer diese Weihe erhalten hat, bindet sich für immer an Luzifer, auch im »nächsten« Leben. Man muss einen Schwur ablegen, nie mehr wieder von Luzifers Weg abzuweichen, Schweigen zu bewahren und nichts von den Geheimnissen weiterzugeben. Die Eingeweihte Ulla von Bernus verrät mir auch, dass in diversen Logen kein geistiger Weg gegangen wird, sondern nur der materielle. Und diese Satanisten, die nicht den rein geistigen Weg gehen, wären die gefährlichsten.
»Was hat es mit Blut bei Ritualen auf sich?«, will ich wissen.
»Durch Blutopfer ist die Materialisation der Dämonen leichter. Es gibt eine Respektbeziehung zum Blut, denn Blut ist ein ganz besonderer Saft.«
Die Satanistin, die vierzig Jahre lang schwarze Magie betrieben hat und eine absolute Insiderin der okkult-satanistischen Szene ist, erklärt mir nun, sie habe die »Seiten gewechselt«. »Ich hatte ein visuelles Erlebnis: Jesus Christus hat mir gezeigt, dass ich den falschen Weg gegangen bin. Satans Weg ist der Weg der Lüge.«
Als Letztes frage ich sie, ob sie von Vorfällen weiß, bei denen auch Kinder in satanistischen Logen missbraucht und manchmal sogar getötet werden.
Ulla von Bernus ist keineswegs überrascht über diese Frage. Ich umso mehr über ihre Antwort: »Natürlich gibt es die!«
»Gibt es Ihren Erkenntnissen nach Filme über Morde und rituellen Missbrauch?«, bohre ich nach.
»Die kursieren, ja.«
»Habe ich eine Chance, an solch einen Film heranzukommen?«
»Nein, mit Geld ist so etwas nicht zu kaufen.«

Mit Geld ist so etwas nicht zu kaufen – Armin Meiwes wird Jahre später einen Film drehen, in dem er einen Menschen vor laufender Kamera tötet, geradezu abschlachtet. Aber gibt es eine Verbindung zwischen der Satanspriesterin Ulla von Bernus und Meiwes?
Wie vorangegangen erwähnt, sind Waltraud Meiwes und ihr Sohn unmittelbare Nachbarn von Ulla von Bernus, als sie nach Rotenburg-Wüstefeld ziehen. Von Bernus' Haus, in dem sie jahrelang wohnt, bevor sie ihr anderes Domizil in Bad Harzburg bezieht, wird von den Anwohnern »Hexenhaus« genannt. Sie und Waltraud Meiwes werden »gute« Nachbarn, besuchen sich häufig gegenseitig. Ulla von Bernus, die Satanspriesterin und Hexe, geht bei Waltraud Meiwes und ihrem Sohn Armin, dem späteren »Kannibalen«, ein und aus, so erzählen Nachbarn.[133] Die dpa vermeldet im Januar 2004 (in »German news in English«), dass Ulla von Bernus mit Waltraud Meiwes »bestens befreundet« war. Ermittler haben den Verdacht, dass Armin Meiwes bei Ulla von Bernus bis zu ihrem Tod im Alter von sechsundachtzig Jahren die ganze Zeit ein und aus ging.[134] 1998 soll sie sich selbst das Leben genommen haben.
In Rotenburg selbst wird diskutiert und spekuliert, welche »böse Saat« die Satanspriesterin wohl gelegt hat, die später in Armin Meiwes aufgegangen sein könnte? Wie sehr hat Ulla von Bernus, die sich mit Todesritualen und Ferntötungen beschäftigte, mit ihrer satanistischen Weltanschauung vielleicht schon damals die Familie Meiwes beeinflusst? Eine Frage, die sich wohl nicht mehr konkret beantworten lässt. Die Generalstaatsanwaltschaft in Frankfurt antwortet mir auf meine diesbezügliche Anfrage lapidar: »Eine Frau Ulla von Bernus ist nicht aktenkundig.« Punkt. Aus.

Die »zweite« Geburt des »Kannibalen«

Am 2. September 1999 nehmen Armin Meiwes' Fantasien konkretere Formen an. An diesem Tag stirbt seine Mutter, und mit ihrem Leben endet für ihren Sohn noch viel mehr: ihre Übermacht und stetige Kontrolle, ihre Befehle und Maßregelungen, ihre Erniedrigungen in der Öffentlichkeit und seine Heimlichtuerei. Jetzt kann Armin Meiwes im »Geisterhaus« tun und lassen, was er will. Nicht nur in Gedanken, sondern auch in der Realität. An diesem für ihn denkwürdigen 2. September 1999 verwischt die Grenze zwischen seiner Fantasie, seinen Träumen und der Wirklichkeit. Aus dem Muttersöhnchen wird der »Kannibale«.
Armin Meiwes schaut sich Filme über Serienmörder und Leichenöffnungen an, surft im Internet, sammelt Fotos von Unfallopfern und abgetrennten Körperteilen. Hier findet er Gleichgesinnte in Foren wie »Cannibal-Cafe« oder »Verspeist« und Rezepte für »Panierte Jungenleber« und »Penis mit Rotwein«. Die »Kannibalen-Foren« locken mit Benutzernamen wie »Dr. Lecter«, »Quasimodo«, »Fress mich« oder »Fritz the Butcher«. Über achthundert sollen es sein, die in ihrer eigenen bizarren Horrorwelt leben, die sich mit Flammenwerfern traktieren, sich wie Jesus ans Kreuz nageln oder verspeisen lassen wollen. Mit über der Hälfte nimmt er Kontakt auf. Viele sind allerdings »Cyber-Kannibalen«, die es beim Prahlen und virtuellen Fantasieren belassen.
Aus Armin Meiwes wird »Franky«, sein nie geborener jüngerer Bruder, mit der E-Mail-Kennung »Anthrophagus«, was so viel wie Menschenfresser, Kannibale bedeutet (in Anlehnung an einen blutigen Splatterfilm, den Satanisten und Nekrophile bevorzugen). Ein weiteres Indiz für seine »fleischgewordene« Realität. Armin stellt eine selbst geschriebene Kurzgeschichte ins Internet: »Der Strichjunge«.

Detailliert beschreibt er darin eine Tötung. Der Mann mit den zwei Gesichtern: Nachts der noch virtuelle perverse und blutrünstige »Kannibale«, tagsüber der freundliche, höfliche Typ, der pünktlich bei der Arbeit erscheint und der von einer Familie träumt. Ein Partnervermittlungsinstitut bemüht sich dahingehend vergebens. Eine Frau, Mutter von drei Kindern, die er 1999 privat kennenlernt, bricht den Kontakt ab, als er ihr beichtet, auch auf Männer zu stehen.

»Kannibalische« Partnerwahl

So bleiben Meiwes bislang vor allem seine Fantasien, sein Internetauftritt und seine Kontaktanzeigen. Seine Suche nach Männern. An die sechzig von ihnen schreibt er: »Suche jungen, gutgebauten Mann, der sich von mir gerne fressen lassen würde. Aussagekräftige Körperfotos erwünscht.« Zwischen achtzehn und dreißig sollen die Männer, die Opfer, sein.

Im Frühjahr 2000 meldet sich ein Interessent. Meiwes richtet in der ehemaligen Räucherkammer einen schalldichten »Schlachtraum« ein, bastelt noch einen Holzkäfig. Doch zu einem Treffen kommt es nicht, genauso wenig mit anderen jungen Männern, die der Gedanke an Menschenfleisch erregt. Bis auf Jörg. Der lässt sich von Meiwes zwar fesseln, an einem Flaschenzug hochziehen, will sich aber nicht schlachten lassen, sondern das alles nur spielen, weil er sexuell so auf Touren kommt. Meiwes ist enttäuscht und lässt ihn wieder zurückfahren. Im Februar 2001 liest er in einer Kannibalen-Newsgroup die Anzeige von »Cator« alias Bernd Jürgen Brandes. Sie ist eindeutig und wie auf Meiwes zugeschnitten: »Ich biete an, mich von Euch bei lebendigem Leib verspeisen zu lassen. Keine Schlachtung,

sondern Verspeisung!! Also, wer es WIRKLICH tun will, der braucht ein ECHTES OPFER!!«
Natürlich ist Armin Meiwes begeistert. Er nimmt Kontakt zu dem 43-jährigen Diplomingenieur auf. Brandes, Sohn eines Arztehepaares aus Berlin, erzählt ihm, schon als Kind davon geträumt zu haben, gebraten und gegessen zu werden. Er ist bisexuell, Kunde in sadomasochistischen Studios und treibt sich nach der Trennung von seiner letzten Freundin immer häufiger bei den Strichern am Bahnhof Zoo herum und lebt seine masochistischen Fantasien mit ihnen aus. So bittet er einen jungen Stricher, zu dem er fast eine freundschaftliche Beziehung entwickelt hat, ihn oft zweimal am Tag in den Penis und in die Hoden zu beißen. Gibt ihm sogar ein Fleischermesser und fordert ihn auf, sein Glied abzuschneiden. Der Stricher glaubt jedoch an ein Rollenspiel und geht nur verbal darauf ein. Dann zieht ein Freund bei ihm ein, der nichts von Brandes' »kannibalischer« Fantasie ahnt.
Als »Cator« schaltet Brandes Anzeigen in einschlägigen Newsgroups, bekommt so Kontakt zu Armin Meiwes, der sich dann mit ihm am 9. März treffen will. Dafür, so Brandes, sei er geboren worden. Am neunten werde er sein »Lebensziel« erreichen. Meiwes findet Brandes sofort sympathisch, schickt Fotos seiner Zähne. Und Brandes will sofort, noch an diesem Tag geschlachtet werden und dann »rückstandslos von der Erde verschwinden«.

»Schlachtung« oder »Opferung« und Kannibalismus
So nimmt das unglaubliche Verbrechen seinen Lauf: Meiwes holt sein »Opfer« am 9. März 2001 vom Bahnhof in Kassel ab. Brandes hat zuvor alles für sich erledigt: sein Testament

aufgesetzt, sein Auto verkauft, seine Berliner Wohnung verlassen und einen Tag Urlaub genommen. Den letzten. Im Wintergarten des Gutshofs zieht er sich aus, gemeinsam besichtigen sie den »Schlachtraum«, haben Sex miteinander. Dabei will Brandes von Meiwes gebissen werden, bis Blut kommt. Noch mehr: Er soll ihm den Penis abbeißen! Aber der »Kannibale« versagt. Brandes wirft ihm vor, nicht die nötige Härte zu haben und zu gutmütig zu sein, ihn bei vollem Bewusstsein zu verstümmeln und zu töten. Es wäre wohl besser, wenn er schläft. Deshalb besorgt Armin Meiwes eine Flasche Erkältungssaft. Doch sein »Opfer« wird einfach nicht müde. Das ungleiche Paar bricht die geplante »Schlachtung« ab. Während Meiwes Brandes wieder zum Bahnhof fährt, redet er unablässig auf ihn ein. In der Bahnhofsapotheke kauft er noch eine Flasche Erkältungssaft und Schlaftabletten. Dann fahren die beiden Männer wieder ins »Geisterhaus« zurück. Zum nächsten, zum zweiten »Schlachtungs«-Versuch. Nachdem Brandes den Erkältungssaft getrunken, die Tabletten geschluckt und mit einer halben Flasche billigen Korn nachgespült hat, legen sich beide wieder ins Bett im modrigen Verschlag und liebkosen sich. Doch Brandes wird immer noch nicht müde. Er verlangt, dass Meiwes ihm jetzt endlich den Penis abschneidet, den er selbst verzehren will. Der schaltet seine Videokamera ein und stellt fest, dass das Messer zu stumpf ist, deshalb holt er das Schlachtermesser aus der Küche. Und setzt an …
Brandes schreit auf, bleibt aber trotz hohem Blutverlust bei Bewusstsein. Alkohol und Medikamente trüben seine Sinne, lassen ihn schon bald keinen Schmerz mehr spüren. Meiwes macht derweil Polaroidfotos. Weil die Stücke zu zäh sind, legt er sie in der Küche in die Pfanne. Dazu Pfeffer, Salz und Knoblauch. Aber die Penishälften schrumpfen

und verkohlen, sind zäh. Brandes ist enttäuscht, rügt Meiwes dafür und will mit ihm stattdessen seine Hoden teilen. Später, in ein paar Stunden.
Brandes soll, so Meiwes, die Wunde offen gehalten und verboten haben, einen Notarzt zu rufen. Zwischendurch legt er sich in lauwarmes Wasser in die Badewanne, kämpft darum, nicht ohnmächtig zu werden. Er will teilhaben an dem, was ihm später noch bevorsteht. Doch ein »Später« wird es für ihn nicht mehr geben. Gegen 3.30 Uhr, nach rund neun Stunden Qualen, bricht er ohnmächtig zusammen.
Der »Kannibale« küsst ihn auf die kalten Lippen, damit die »Seele übergeht«, zieht sich eine Schürze an, legt den noch lebenden Körper seines Opfers auf die Schlachtbank. »Ich hatte vorher überlegt, ob ich zu Gott oder zum Teufel bete«, wird er später vor Gericht sagen. »Ich habe dann Gott für ihn und mich um Vergebung gebeten.« Dann sticht Armin Meiwes wuchtig mit der achtzehn Zentimeter langen Klinge des Küchenmessers bis zur Wirbelsäule in Brandes Hals. Er berauscht sich an dem Gefühl, nun Macht über den toten Körper zu haben. Wut, Hass und Glück über die Erfüllung seines »Lebenstraums« kommen hinzu. Dann trennt er der Leiche den Kopf ab, legt ihn auf den Tisch, damit er »zuschauen« kann, wie er den Körper zerteilt und rund dreißig Kilo Fleisch filetiert. Spricht sogar mit dem Schädel. In Gefriertüten packt er das Menschenfleisch portionsgerecht ab und legt es in die Kühltruhe, verarbeitet es teilweise später zu Hackfleisch. Dann entnimmt er der Leiche die inneren Organe. Am zweiten Tag nach der Schlachtung isst Meiwes einen Teil davon.
Jetzt ist Brandes ein »Teil von ihm« geworden. »Es war wie eine Vermählung zwischen ihm und mir. Eine innere Verbindung, dass ich mich an ihn erinnere«, sagt Meiwes.

Und als er das Herz in der Hand hält, glaubt er an einen »ergreifenden Moment«. Die Innereien, Knochen und die Haut vergräbt er im Garten, betet dabei »Der Herr ist mein Hirte« und spricht das »Vaterunser«.

Kannibalismus und Satanismus

»Kannibalismus« (span. von »caribales« oder »canibales«, Stammesnamen der Kariben auf den Kleinen Antillen) oder »Anthropophagie« (griech. »Menschenfresserei«) soll sich aus magischer Vorstellung entwickelt haben. Der Kannibalismus ist ein uraltes Ritual der Menschen, den es in allen Kulturen und zu allen Zeiten gegeben hat. So wird auch aufgrund Bearbeitungsspuren menschlicher Knochenfunde vermutet, dass selbst der Neandertaler schon Kannibalismus praktiziert hat. Unterschieden werden folgende Arten:

- Profaner Kannibalismus: kann während Ausnahmesituationen wie Hungersnöte etc. vorkommen.
- Gerichtlicher Kannibalismus: eine seltene Form der Gerichtsbarkeit, um sich durch das Verzehren, der totalen Vernichtung seines Körpers an Verbrechern zu rächen, bewusst Schimpf und Schande zuzufügen.
- Sexueller Kannibalismus: wie ihn beispielsweise der Massenmörder Fritz Haarmann (1879–1925) praktizierte, der mindestens vierundzwanzig junge Männer homosexuell missbrauchte, »schlachtete« und deren Fleisch privat und an Metzgereien verkauft hat.
- Magischer Kannibalismus: Zauberer und Medizinmänner verleiben sich dadurch die Kräfte des Opfers ein.
- Ritueller Kannibalismus: anlässlich von Toten- und Initiationsfeiern sowie Götterkulten, um sich dadurch mit dem Verstorbenen zu identifizieren.

Für unsere nachfolgende Betrachtung im Kontext der Ritualmordthematik sind der rituelle und der magische Kannibalismus interessant, weil beide Aspekte mit in den Satanismus als »okkulten« Kannibalismus einfließen.
Wahrscheinlich wurde ritueller Kannibalismus schon im Altpaläolithikum, dem frühesten Abschnitt der Altsteinzeit, weltweit ausgeübt, wie Funde vermuten lassen. Der Religionshistoriker und Ethnologe Mircea Eliade meint hierzu, dass in den frühen Kulturen die Vorstellung verbreitet war, ein Gott sei geopfert worden, damit diese Welt entstehen konnte. Durch das Essen von Früchten würden die Menschen das Gottesfleisch und durch das Trinken von Wasser das Gottesblut in sich aufnehmen. Durch das rituelle Menschenopfer und durch das rituelle Verzehren der Körper bei einigen Kulturen wollte der Mensch seinen Dank an die Götter ausdrücken, einen Teil »von sich selbst« zurückschenken.
Der magische Kannibalismus ist mit einem »Schädelopferkult« verknüpft. Während Kopfjäger davon ausgehen, durch den Erwerb des Hauptes, in dem sich die geistigen und psychischen Kräfte konzentrieren, auch an der seelischen Kraft teilhaftig zu werden, wird durch den Verzehr eines anderen Menschen geglaubt, dessen Kräfte würden auf die eigene Person übergehen.
Der Glaube des rituellen und magischen Kannibalismus ist auch in die Vorstellung des Hexerei, des Okkultismus und des Satanismus übergegangen. Seit jeher wurde Hexen auf ihren orgiastischen Sabbaten und Satanisten der Verzehr von Kindern vorgeworfen. Kein anderer als Aleister Crowley, der Mentor des Neosatanismus, ist nicht nur des Mordes, der Verführung Minderjähriger, der Sodomie, sondern auch des Kannibalismus verdächtigt worden. Der neben Aleister

Crowley berühmte Magier Austin Osman Spare erklärt in dem magischen System »Zos Kia« im Hexensabbat: »Gib uns Fleisch!« Und: »Das geröstete Fleisch von Kindern und Tieren wurde in früheren Zeiten den höllischen Mächten angeboten als ein Opfer, welches die Macht hatte, die Verwirklichung der Wünsche der Zelebranten beim Sabbat zu bewirken ...«

Es gibt weltweit viele Erzählungen von Aussteigern aus Satanskulten, die immer wieder von kannibalischen Riten sprechen. Die »Four P Society« oder »Four Movement« in den USA beispielsweise hat Menschen getötet und während eines Kultmahls die Herzen verzehrt.

Ebenso Satanisten im Norden Europas, in Finnland, die ein Opfer zuerst gefoltert, dann getötet, die Leiche zerstückelt und Teile von ihr gegessen haben. 1999 müssen sie sich wegen Mord, Folter, Leichenschändung, aber auch Kannibalismus vor Gericht verantworten. Wegen der extremen Grausamkeit der Tat müssen alle Gerichtsakten für vierzig Jahre unter Verschluss bleiben.

Im Januar 2003 berichtet das Magazin »ZDF-Reporter« über okkult-rituelle Straftaten in Deutschland und den Nachbarländern wie Mord, rituelle Vergewaltigung, Folter und Kannibalismus. Säuglinge und Erwachsene sollen bei schwarzen Messen geopfert und verzehrt worden sein. Mitte 2002 leitet die Staatsanwaltschaft in Trier ein entsprechendes Ermittlungsverfahren ein, das sich auf die Anzeige einer 34-jährigen Aussteigerin eines Satanskults stützt. Der Autor des ZDF-Beitrags Rainer Fromm, ein renommierter Kollege, der schon seit Jahren in der Szene recherchiert, meint, dass solche Vorkommnisse keinesfalls neu seien. In der okkulten Literatur gebe es schon lange detaillierte Ausführungen, die das Töten und Abschlachten von

Kindern beschreiben und ihren Verzehr zur Stärkung der Macht empfehlen. Allerdings stellt die Staatsanwaltschaft Trier ihre Ermittlungen wieder ein, weil es für sie keinen »realen Kern« der Erzählungen der Aussteigerin gibt; die angeblichen Fakten hätten sich als haltlos erwiesen. Auf meine Nachfrage, ob es denn Fachleute für Satanismus und Okkultismus bei der Behörde gebe, verneint der Pressesprecher.[135] Wie dem auch sei, der Polizeipsychologe Adolf Gallwitz meint dazu, dass Kannibalismus grundsätzlich im Zusammenhang mit bestimmten sexuellen Neigungen oder Satanismus auftaucht.

Ingolf Christiansen erklärt in Bezug auf Satanismus und Kannibalismus: »In der Tat haben sich in den vergangenen Jahren diese Vorfällen sowohl qualitativ als auch quantitativ gesteigert. Auch wenn ich hoffe, dass es sich bei diesen extremen Schilderungen um Einzelfälle handelt. Aber es gibt eine schleichende Brutalisierung in den Praktiken. Mit einigen Opfern habe ich selbst gesprochen. Aufgrund dieser Gespräche gehe ich davon aus, dass es so etwas wie rituelle Vergewaltigungen und Kannibalismus gibt – mehr jedenfalls, als wir bisher angenommen haben.« Das bestätigt auch der »Ritual Abuse Task Force Report« der »Los Angeles County Commission for Women«, die sich aus Fachleuten aus Polizei, Staatsanwaltschaft, Medizin, Psychiatrie, Bildung und Erziehung und Religion zusammensetzt und sich speziell mit rituellem Missbrauch und Satanismus beschäftigt hat: »Kannibalismus wird als Teil eines Menschenopfers praktiziert, weil man glaubt, dass man mit der Einnahme des menschlichen Blutes und Fleisches die darin verkörperte Macht und Lebenskraft aufnimmt.«[136]

Als praktizierende Satanspriesterin kannte Ulla von Bernus sicherlich die Bedeutung des Kannibalismus und des Glaubens, damit die Kraft, die Seele, die Energie des Verzehrten auf den Verzehrer übergehen. Hat sie darüber früher mit Waltraud oder Armin Meiwes gesprochen? Und dadurch auch das Denken des »Kannibalen« beeinflusst?

Die »Jagd nach Menschenfleisch« geht weiter

Meiwes ist schon am 13. März 2001 wieder auf der Suche nach neuen, nach jüngeren Opfern mit »zarterem« Fleisch. Über zweihundert melden sich bei ihm. Die meisten wollen geschlachtet, einige wenige »nur« misshandelt werden. Über ein Dutzend bietet sich an, selbst mitzumachen oder zuzusehen. Und fast dreißig von ihnen erzählen, sie hätten selbst schon »geschlachtet« oder planten es. Meiwes achtet immer darauf, dass seine Gleichgesinnten volljährig und zu freien Entscheidungen fähig sind. Lässt sich dies sogar einige Male schriftlich bestätigen.
Es soll eine Dunkelziffer von rund zehntausend Menschen in Deutschland geben, die sich diesem »Kreis« zugehörig fühlen, mehrere Millionen auf der ganzen Welt, erklärt Meiwes. Im Laufe der Zeit nimmt er weltweit mit über vierhundert »ähnlich gepolten« Männern Kontakt auf. Diese Zahlen werden später bestritten, weil es keine Bestätigung dafür gibt, und (natürlich) führt auch das Bundeskriminalamt keine Statistik über Fälle von Kannibalismus. Dennoch wird Meiwes auf einschlägigen Websites später gefeiert. Er wird zu einer regelrechten »Galionsfigur« in der Szene.
Armin Meiwes trifft sich mit verschiedenen Männern, die auf seiner Schlachtbank und in seinem Holzkäfig Rollenspiele und Schlachtungsszenen (nach)spielen. Mehr aber nicht. Sie wollen nicht getötet werden. Im Internet begeht er dann einen folgenschweren Fehler: Er prahlt damit,

schon einen Menschen getötet und aufgegessen zu haben. Ein österreichischer Student informiert im Juli 2002 das deutsche Bundeskriminalamt, das den Internetanschluss identifiziert.
Am 10. Dezember 2002 wird sein Haus durchsucht. Die Polizei ermittelt wegen Gewaltverherrlichung und findet Blutspuren sowie Knochen, einen Schädel im Garten und Menschenfleisch in der Tiefkühltruhe, eine Kreissäge, einen Grill, Videokassetten, 12 000 E-Mails und 1616 Bilddateien, mehrere Festplatten sowie zahlreiche CD-ROM und Disketten. Die Beamten ahnen nicht, als sie Meiwes wegen Mordverdachts festnehmen, dass er schon zwanzig Kilo Menschenfleisch verschlungen hat. In der Vernehmung legt der »Kannibale« ein umfassendes Geständnis ab. Brandes sei in ihm »auferstanden«, würde ihn nie mehr verlassen, würde in ihm weiterleben, behauptet er. Sogar noch mehr: Er habe das Gefühl, einige Fähigkeiten von ihm übernommen zu haben. Beispielsweise spreche er jetzt deutlich besser Englisch als vorher, hätte sein Opfer doch die Fremdsprache gut beherrscht!

Armin Meiwes und Okkultismus?
Eine äußerst spannende Frage ist auch die, ob Armin Meiwes seine Tat wirklich als »Schlachtung« oder vielleicht vielmehr als »Opferung« gesehen hat? Es gibt einige Aspekte, die als solche nicht »wahrgenommen« wurden, die auf eine mögliche »okkulte« oder »magische« Beschäftigung Armin Meiwes' hindeuten könnten.
Über den möglichen Einfluss der Satanspriesterin Ulla von Bernus habe ich bereits spekuliert. Inwieweit sie Waltraud Meiwes, die Mutter von Armin, mit ihrem schwarzmagi-

schen, okkulten und satanistischen Gedankengut beeinflusst hat, kann nicht mehr nachvollzogen werden. Diese Möglichkeit besteht jedoch durchaus, wenn Meiwes sich daran erinnert, seine Mutter hätte mit ihrer Nachbarin über Magie, Flüche und Hexerei gesprochen. Das bedeutet, dass Waltraud Meiwes zumindest ein Interesse an dieser Thematik hatte.

Als Armin Meiwes im »Geisterhaus« seinen »Schlachtraum« einrichtet, nagelt er an eine Wand auch zwei Holzleisten, die ein »Andreaskreuz« bilden, an das er zwei Schaufensterpuppen aus Gummi hängt, die er im Internet ersteigert hat. Doch wird dieses Kreuz »nur« wie in der BDSM-Szene verwendet? Häufig mit Leder oder Kunstleder gepolstert, dient es dazu, zumeist Frauen mittels Seilen, Ketten oder Handschellen zu fixieren. Oder hat es auch noch eine andere Bedeutung?

Das Andreaskreuz, auch Schrägkreuz oder Schargen, nach dem griechischen Buchstaben »chi« (X), besteht aus zwei diagonal sich kreuzenden Balken (X-artig) und wurde nach dem Apostel Andreas benannt, der an einem solchen in der griechischen Stadt Patras gekreuzigt worden sei und so den Märtyrertod erlitten haben soll. Das Andreaskreuz fand im vedischen Indien weite Verbreitung und wurde dort manchmal mit dem »Juwelen-Phallus« (»vajra«) des Gottes Indra gleichgesetzt. Im Okkultismus allgemein gilt das Kreuz als Symbol der schöpferischen Kraft und des auf- und absteigenden Geistes und Stoffes. Das Andreaskreuz soll explizit in okkulter Verbindung stehen, weil das »A«, der erste Buchstabe fast aller Weltalphabete und ein Buchstabe von großer mystischer Kraft und magischer Wirkung ist. Das »A« ist das »Alpha« der Griechen und das »Alef« der Hebräer, der, so die christlichen Kabbalisten, die

»Dreiheit in der Einheit« verkörpert, da er aus zwei Jods zusammengesetzt ist: eines aufrecht, das andere umgekehrt, mit einem schrägen Strich als Verbindung.

Doch das Andreaskreuz und Andreas selbst spielen auch bei Geheimbünden eine große Rolle. Bei den Freimaurern beispielsweise: In der »Großen Landesloge«, auch »Freimaurer-Orden« genannt, einer der deutschen Großlogenverbände (gegründet 1770), die von sich behauptet, die einzig richtige, wahre und echte sowie älteste Freimaurerei zu sein, finden wir im Gradschema nach dem schwedischen System nicht nur die sogenannten »Johannis-Logen« (1.–3. Grad: Arbeitsamer Lehrling, Eifriger Johannisgeselle, Würdiger Johannismeister), sondern auch die »Andreas-Logen« (4.–6. Grad: Auserwählter Schottischer Andreaslehrling, Hochwürdiger Schottischer Andreasgeselle, Leuchtender Schottischer Andreasmeister). Die Legende um den Apostel Andreas, der, wie eingangs erwähnt, an einem Schrägkreuz gekreuzigt worden sein soll, gehört zum Lehrstoff, zum »christlichen Ritus«, der Großen Landesloge. In den Andreasgraden gilt das Andreaskreuz als die »vollkommene Zahl« X (= 10) und bedeutet mit ihrem Mittelpunkt sowie den vier äußeren Punkten die fünf Sinne des Menschen und die fünf Ordnungen der Baukunst. In den »Andreas-Logen« (Bezeichnung der Loge des 4. und 5. Grades) wird das Andreaskreuz teils durch gekreuzte Balken, teils durch gekreuzte Schwerter oder Dolche dargestellt.

In welcher Art und Weise »sieht« Meiwes also dieses Andreaskreuz, das er genau in dem Raum aufhängt, wo er später einen Menschen schlachten oder »opfern« will? Als mächtiges okkultes Symbol, mit mystischer Kraft und magischer Wirkung, das es auf seine Opfer haben könnte, als geheimbündlerisches Zeichen oder nur als »zufälliges« Symbol aus der BDSM-Szene?

Das »Opferdatum«

Ist es nur Zufall, dass Armin Meiwes in der Nacht vom 9. auf den 10. März sein grausames Werk vollendet? Zu jenem Datum also, das eine unheilvolle Bedeutung im heidnischen, okkulten und satanistischen Kontext hat?
Am 9. März wird das Fest der griechischen Göttin der Liebe und des Todes, Aphrodite, gefeiert. Aphrodite wiederum entspricht der Göttin Astarte der Hebräer und Kanaaniter, der Ischtar/Inanna/Innin/Inni der Akkaden und Sumerer, der Venus der Römer und der Ischtar der Phönizier, Babylonier und Sumerer. Ihr Name ist, wie der von Luzifer/Satan, ein Synonym für den Morgenstern Venus. Sie ist eng verbunden mit Fruchtbarkeitsriten und der weiblichen Natur, aber auch mit Blutdurst und vernichtendem Krieg. So führt also Aphrodite/Venus über ihre anderen Namen (Astarte/Ischtar) direkt zu Luzifer und dem Morgenstern. Und ihr Fest wird in okkult-heidnischen Kreisen am 9. März gefeiert.

Der »Opferkuss«

Bevor Armin Meiwes sein Opfer auf die »Schlachtbank« legt, küsst er es auf die Lippen. Dass dies keineswegs nur ein Ausdruck von zärtlicher Zuneigung oder sexueller Aktivität ist, verrät er selbst, indem er diese Geste damit begründet, dass mit dem Kuss »die Seele« Brandes' auf ihn »übergeht«. Doch welche Bedeutung hat der Kuss in der christlichen Mystik, im heidnischen Aberglauben, der Vorstellung anderer Kulturen und vielleicht auch in der okkulten Weltanschauung?

Der Ursprung des »Küssens«, so Barbara G. Walker in ihrem Buch *Die geheimen Symbole der Frauen*, scheint in Südostasien zu liegen. Der Sanskritausdruck »cusati« (für: »er saugt«) ist mit dem deutschen Wort »Kuss« verwandt. In der tantrischen Vorstellung dient das Küssen dem Übertragen der weiblichen Säfte, wie beispielsweise Speichel, der Heilkräfte besitzen soll, auf den Mann, um dessen eigene Lebenskräfte zu erhalten. Diese »weibliche Magie« wurde auch von Jesus kopiert, indem er mit Speichel Blinde heilte. Mann und Mann, Frau und Frau küssten sich nach dem heiligen Abendmahl als Zeichen der geschwisterlichen Gemeinschaft. Die »Frühchristen« praktizierten den »Friedenskuss« zwischen Männern. Sie behaupteten, dass Männer sich gegenseitig durch das Küssen »spirituell befruchten« könnten.

Der »heilige Kuss« als Zeichen der Bruderliebe, findet auch in Geheimbünden seine Anwendung. Die Freimaurer wenden diesen ehrwürdigen Brauch in besonders geweihten Augenblicken an: bei der Aufnahme von neuen Mitgliedern oder am Schluss einer festlichen Logenversammlung, wo die »Bruderliebe« durch die Schließung der Kette einen lebendigen Ausdruck gefunden hat. Hinzu kommt, dass der Mund (der Frauen) schon seit Jahrhunderten eine Art Sexualangst auslöst: Er wird mit der Vagina gleichgesetzt, wird damit zum Sexualsymbol. Die nächtlichen Dämoninnen des Mittelalters, die »Succubae«, sollen gar Männer in ihren Träumen »sexuell verzehren«. Damit sind wir bei einer Art »Kannibalismus«. Hinzu kommt, dass mittelalterliche Magier behaupteten, dass die »Magie des Speichels« Dämonen abwehren könne.

Der bekannteste Satanist des 20. Jahrhunderts, Aleister Crowley, ließ sich seine Eckzähne spitz zufeilen und »be-

ehrte« Frauen ebenfalls mit einem speziellen Kuss, dem sogenannten »Schlangenkuss«, bei dem er sie ins Handgelenk oder in den Hals biss.
Der Kuss ist also nicht nur eine zärtliche Geste, sondern findet in der christlichen Mythologie, im volkskundlichen Aberglauben und im Okkultismus und Satanismus ebenfalls seine Erklärung. Dazu kommt der Umstand, dass Meiwes »glaubt«, durch den Kuss würde die Seele des Opfers auf den Täter übergehen. Eine magische Vorstellung.

Zu Gott oder zum Teufel beten?

Nachdem Meiwes also sein Opfer auf die Lippen geküsst und den Körper auf die Schlachtbank gelegt hat, »betet« er, bevor er mit dem Messer zusticht. »Ich hatte vorher überlegt, ob ich zu Gott oder zum Teufel bete«, sagt er. »Ich habe dann Gott für ihn und mich um Vergebung gebeten.«
Diese Aussage scheint mir von Bedeutung zu sein. Jeder christlich erzogene Mensch würde natürlich zu Gott beten und sich *nicht* überlegen, ob er vielleicht doch oder auch zum Teufel beten soll! Das sagt einiges über Meiwes Weltanschauung aus. Der Teufel und Gott müssen wohl »gleichrangig« in seinem Denken sein, sonst würde er nicht abwägen, welchen »Gott«, also den christlichen »Herrn« oder dessen »Gegenspieler«, den Teufel, er letztlich anrufen soll. Mehr noch, der Teufel muss wohl eine zentrale Rolle in seinem Denken spielen. Und warum spricht er vor dem Töten, vor der »Opferung«, überhaupt ein Gebet? Verwischt er damit die Grenzen zwischen Magie und frommem Gebet, mit einer Art »Totbeten«, wie es im Mittelalter praktiziert worden ist? Ein Zelebrieren des Requiems, eine »Totenmesse« für eine »noch« lebende Person? Eine damals häu-

fig verbotene Handhabung, die belegt, wie eng Priester und Magier zusammenrücken können.

Der Ursprung des Gebets ist Beschwörung, ist magische Anrufung eines Gottes, ist Verbindung mit dem »Höheren«, dem »Heiligen« aufzunehmen. Der Unterschied zum reinen Zauberspruch ist der, dass es dem Angebeteten die Erfüllung der Bitte nur nahelegt, aber diese in seinem Ermessen belässt. Dabei ist der Übergang zu magischen Formeln und Zauberei fließend. Für Menschen früherer Zeitalter war der Zauberspruch im vorgeschriebenen Rhythmus vor der Opferung eines Tieres, beispielsweise Lamms, gesprochen, eine Methode um einen Gott zu besänftigen! Auch im Okkultismus und Satanismus hat dies Einzug gehalten: Vor der zumeist Tieropferung werden Gebete gesprochen!

Warum also betet Meiwes vor der Tötung? Um sein Seelenheil? Dann hätte er sicher nicht überlegt, ob er nicht vielleicht auch zum Teufel beten soll, sonst wäre dieses Seelenheil unweigerlich verloren gewesen. Oder betet er darum, ein »Opfer« darzubringen? Um vor der »Opferung« einen »Gott« zu besänftigen? Und wenn ja, welchen dann? War es eine rituelle Handlung, ein Ritualmord?

Auch als Meiwes die Innereien, Knochen und die Haut im Garten vergräbt, betet er dabei »Der Herr ist mein Hirte« und lobpreist und bittet Gott mit dem »Vaterunser«! Vergessen wir nicht, dass die Satanspriesterin Ulla von Bernus scheinbar oder wirklich die »Seiten gewechselt« hat: vom Teufel zu Jesus. Jesus gilt in dieser Weltanschauung als der »große, weiße Magier«, der »Meister der Weißen Magie«, der zeitweise Mitglied einer vorchristlichen Sekte war, den Essenern, die Geheimwissen weitergegeben hat. Insider sprechen von einer »Loge«.

Meiwes' »magisch-ritueller« Kannibalismus?

Armin Meiwes hat den Kannibalismus sicher nicht als »Notwendigkeit des Essens« gesehen. Schließlich hat er mit der grausamen Tat und seinem Motiv selbst belegt, dass seine Weltanschauung dem »magisch-rituellen« Kannibalismus folgte. Denn nach dem Verzehr wird sein Opfer ein »Teil von ihm«, wie er selbst zugibt. Noch mehr: »Es war wie eine Vermählung zwischen ihm und mir. Eine innere Verbindung, dass ich mich an ihn erinnere.« In einer Vernehmung sagt er, dass Brandes in ihm »auferstanden« sei, in ihm »weiterleben« würde und er das Gefühl habe, »einige Fähigkeiten von ihm übernommen« zu haben. Solcher Glaube ist, wie wir bereits gesehen haben, im »magisch-rituellen« Kannibalismus begründet, der mit in die satanistische Weltanschauung eingeflossen ist und in einigen Kulten praktiziert wird.

»Der Gehängte«

Nachdem Meiwes sein Opfer getötet hat, hängt er die Leiche mit einer Seilwinde kopfüber an einen Haken, um sie aufzuschlitzen. Das soll auch auf dem Video zu sehen sein, das später vor Gericht unter Ausschluss der Öffentlichkeit gezeigt werden wird.

Über viele Umwege ist es mir gelungen, an drei Fotos aus diesem Video heranzukommen. Sie zeigen entsetzliche Szenen vom kopfüber knapp über dem Boden hängenden Bernd Brandes. Dieses Schreckensszenario erinnert jedoch nicht nur an eine »Tierschlachtung«, sondern noch an etwas ganz anderes: an den kopfüber an einem Bein »Gehängten« – ein Symbol aus dem esoterisch-okkulten Tarotkartensystem. Tarot (auch Tarock oder Thoth) ist nicht bloß ein Kartenspiel zur profanen Wahrsagerei und Schicksalsdeutung, sondern vor allem auch eine Weisheitsquelle, ein Instrument der Erkenntnis und ein System der Einweihung. Im Laufe der Zeit entwickelten sich viele verschiedene Tarotsysteme. Auch der Mentor des Neosatanismus, Aleister Crowley, entwickelte ein solches. In Crowleys Tarotsystem bedeutet die Karte »Der Gehängte« eine Erstarrung, die Beendigung einer festgefahrenen Situation oder einer Beziehung (wie zwischen Meiwes und Brandes?), loslassen, in einer neuen Weise sehen lernen, die Notwendigkeit, alte Verhaltensmuster zu durchbrechen, auf- oder hingeben nach dem Motto: »Nicht mein Wille, sondern dein Wille geschehe; denn dein Wille ist auch der meine.« Diese Bedeutung beschreibt ziemlich genau die »Beziehung« zwischen Meiwes und Brandes. Hat Meiwes von dem Symbol des »Gehängten« gewusst und sein Opfer deshalb in dieser symbolisch-rituellen Position aufgehängt?

Fazit zu »Armin Meiwes und Okkultismus«
Es scheint zu viele Zufälle zu geben, die in diesem Zusammenhang eine Rolle spielen, um sie als »reine Zufälle« zu begreifen: Die mögliche Beeinflussung durch die Satanspriesterin Ulla von Bernus auf Meiwes' Mutter und auf ihn selbst, die okkulte Symbolik des Andreaskreuzes und des »Opferkusses«, das Beten/»Totbeten« vor der Schlachtung/»Opferung« und der Zweifel, ob zu Gott oder Satan/Teufel, der möglicherweise magisch-rituell vollzogene Kannibalismus und die okkult-symbolische Aufhängesituation der Leiche als mögliches Symbol (»Der Gehängte«). Doch Ermittler oder Richter ziehen diese möglichen Hintergründe nicht oder nur kaum in Betracht. Es ist fast so, als würden all diese Indizien nicht existieren.

Anklage und erster Prozess
Am 17. Juli 2003 erhebt die Staatsanwaltschaft Kassel gegen Armin Meiwes Anklage wegen Mordes zur Befriedigung des Geschlechtstriebes in Tateinheit mit Störung der Totenruhe. Der Verzehr von Menschenfleisch stellt in Deutschland an und für sich keinen Straftatbestand dar, und Kannibalismus gibt es im deutschen Strafrecht nicht. Meiwes wird vorgeworfen, die kannibalischen Handlungen und das Ansehen des selbst gedrehten Videos als »sexuell stimulierend« empfunden zu haben. Ferner sei ihm bewusst gewesen, dass sein Opfer noch lebte, als er mit dem Messer zugestochen hat, womit »Tötung auf Verlangen« ausscheiden würde. Meiwes gilt als voll schuldfähig. Sein Verteidiger plädiert jedoch auf »Tötung auf Verlangen«.
Meiwes selbst bereut die Tat zunächst scheinbar nicht. »Für mich war es kein Mord«, sagt er. »Das macht man nur gegen den Willen des Opfers. Er (Bernd Brandes/d. A.) hat mich als Werkzeug benutzt, wenn man will, habe ich nur Sterbehilfe geleistet.« Sein Freund hätte den Tod genossen. »Durch das Verspeisen ist er ein Teil von mir geworden in der Erinnerung. Das hat, wie viele behaupten, auch keinen sexuellen Hintergrund ...« Aber was für einen Hintergrund hat diese Tat dann?
Der Prozess beginnt am 3. Dezember 2003 vor dem Landgericht Kassel. Mehrere Stunden müssen Richter, Schöffen, Anklage, Verteidiger, Gutachter und der Beschuldigte den selbst gedrehten Film von der Tat anschauen. Unendliche Minuten realer Horror mit blutigen Bildern, grauenhaften Verstümmelungen und das Sterben eines Menschen. Ein Film also, für den »nicht wenige Menschen in Deutschland« viel Geld bezahlen würden, um ihn anzuschauen, sagt der Wiesbadener Kriminologe Rudolf Egg dazu.

Im Gericht liest der »Kannibale« die Beileidschreiben an Bernd Brandes und dessen Lebensgefährten vor. »Ich bereue die Tat sehr ... Glauben Sie mir, aufessen wollte ich ihn, aber töten wollte ich ihn nicht.«
Der Psychiater und Sexualmediziner Klaus Michael Beier von der Berliner Charité kommt in seinem Gutachten zu dem Fazit, dass bei Meiwes weder Hinweise auf psychopathologische Auffälligkeiten wie Wahnvorstellungen oder Halluzinationen noch auf Depressionen oder Gemütseintrübungen zu finden sind und er damit voll schuldfähig ist. Seine Schlachtfantasien hätten sich während der Pubertät mit sexueller Erregung verbunden. Auch ein zweites psychiatrisch-psychologisches Gutachten attestiert ihm bei einer schweren seelischen Abartigkeit volle Schuldfähigkeit.
Am 26. Januar 2001 werden die Plädoyers verlesen. »Der Angeklagte hat sein Opfer mit Tötungswillen erstochen«, sagt Staatsanwalt Marcus Köhler. »Er wurde von niedrigsten Motiven getrieben, um die Leiche auszunehmen und ihr Fleisch essen zu können.« Für ihn steht fest, dass Meiwes des Lustmordes schuldig ist und daher lebenslang hinter Gitter muss. »Das Opfer war für ihn nur Fleisch. Er träumte von einer Menschenmetzgerei mit ihm als Obermetzger.«
Meiwes' Verteidiger fordert zwar eine angemessene Strafe, aber nicht wegen Mordes, sondern wegen Tötung auf Verlangen. Sein Mandant wäre kein Gewaltmensch, sondern folgte seinem »zwanghaften Verlangen nach Menschenfleisch«. Er wollte kein Mörder sein, sondern suchte Freiwillige, die bereit waren zu sterben.
Armin Meiwes erklärt in seinem Schlusswort, dass er nichts gegen den Willen des Opfers getan hat. »Früher hätte ich mich mit niemandem unterhalten können, ohne dass ich ihm vielleicht hätte sagen müssen: Ich finde dich lecker!

Heute ist das ein sehr großes Kompliment. Ich bete, dass Gott mir beisteht.«
Meiwes ist wohl erhört worden, von wem auch immer: Er wird nicht wegen Mordes, sondern wegen Totschlags verurteilt. Und zwar zu einer Haftstrafe von nur acht Jahren und sechs Monaten. »Wir bewegen uns rechtlich in einem Randbereich des Strafrechts«, begründet Richter Volker Mütze das für viele überraschende Urteil. »Es liegt eine irrationale Handlungsweise von Täter und Opfer vor ... Es handelt sich bei den Beteiligten um zwei psychisch gestörte Personen ... Mord kommt nicht in Frage, da die dafür notwendigen Merkmale nicht vorliegen. Der Angeklagte hat sein Opfer nicht zur Befriedigung des Geschlechtstriebes getötet. Dem Angeklagten ist es darum gegangen, mit einem anderen Menschen über das Aufessen eine möglichst enge Bindung einzugehen. Dabei ging es ihm nicht um Lust und Sex, sondern um Sicherheit und Geborgenheit.« Auch Beihilfe zur Selbsttötung scheidet aus, weil »spätestens zum Zeitpunkt der Bewusstlosigkeit des Opfers die Initiative voll beim Angeklagten lag«. Ebenso Tötung auf Verlangen. »Zwar hat das Opfer ein Todesverlangen geäußert«, so der Richter weiter, »aber wegen seiner seelischen Abartigkeit war seine Fähigkeit, das Irrationale seines Verhaltens zu erkennen, erheblich eingeschränkt.«
Die Staatsanwaltschaft will in Revision gehen, der Verteidiger nicht. Schon nach viereinhalb Jahren kann ein »Mustergefangener« wieder auf freien Fuß gesetzt werden. Die Boulevardpresse fragt entsetzt, wie viele andere Menschen im Lande auch: »Ist das wirklich kein Mord?«
Im Kasseler Gefängnis arbeitet Meiwes an seinen Memoiren in einer Acht-Quadratmeter-Zelle. Mehrere Verlage interessieren sich bereits für das Buch.

»Essen wollte ich ihn, töten nicht« –
Der zweite Prozess

Nachdem der Bundesgerichtshof der Revision der Staatsanwaltschaft wegen »durchgreifender rechtlicher Bedenken« im April 2005 stattgegeben hat, kommt es am 12. Januar 2006 zum zweiten Prozess gegen Meiwes. Dieses Mal vor dem Landgericht Frankfurt. Der BGH sieht nämlich zwei Mordmerkmale: Erstens könne die Videoaufnahme der Tat, deren Konsum Meiwes sexuell Befriedigung verschafft habe, das Mordmerkmal zur Befriedigung des Geschlechtstriebes erfüllen. Und zweitens käme auch die Tötung zur Ermöglichung eines anderen Verbrechens in Frage, wie die Störung der Totenruhe (durch das Zerlegen des Opfers und das Filmen) oder die Verbreitung gewaltpornographischer Schriften (durch die spätere Vorführung des Videos im Internet).

Meiwes besucht derweil regelmäßig die Gefängniskirche und plant, eine Therapie zu machen. Der Kriminalpsychologe Rudolf Egg meint jedoch, dass Meiwes keineswegs therapierbar sei, weil seine »kannibalistische Neigung hat eine lange, tief in seiner Persönlichkeit verwurzelte Geschichte, die nicht einfach aufhören wird«.

Kurz vor dem zweiten Prozess verschickt der »Kannibale« über seinen Anwalt noch schnell ein paar Klagen: an die US-amerikanische Fernsehproduktionsfirma »Atlantic Streamline«, die den Millionen teuren Hollywoodfilm »Rothenburg« (Originaltitel: »Butterfly«) gedreht hat, ohne jegliche Rechte oder Einwilligung von ihm erhalten zu haben, weshalb Meiwes seine Persönlichkeitsrechte verletzt sieht. Der deutsche Hauptdarsteller im Film, Thomas Kretschmann, meint zu den rechtlichen Auseinandersetzungen: »Es gibt doch kein Copyright auf Mord! Und der Mann hat den

Kannibalismus auch nicht erfunden.« Meiwes' Anwalt sieht das anders, spricht davon, dass in dem Film sein Mandant als »Monster« gezeigt und stigmatisiert werde – und reicht deshalb eine Schadensersatzklage in Deutschland und in den USA ein. Zugleich will er die Vorführung des Films verbieten lassen. Er scheitert damit vor dem Landgericht Kassel, gewinnt jedoch vor dem Oberlandesgericht Frankfurt am Main und erwirkt so eine einstweilige Verfügung gegen den Film, weil dieser das Persönlichkeitsrecht von Armin Meiwes verletzt. Dieses Urteil ist nach der Zivilprozessordnung nicht anfechtbar. So läuft der »Real-Horrorfilm« »Rothenburg«, der im März 2006 starten sollte, nicht in deutschen Kinos.

Eine weitere Klage richtet sich gegen eine britische Internetfirma, die drei Fotos veröffentlicht hat, die wahrscheinlich aus dem »Schlachtungsvideo« stammen. Und an die Band »Rammstein«, die mit ihrem Lied »Mein Teil« in den Charts gute Platzierungen erreicht.

Als Armin Meiwes am 12. Januar 2006 schließlich zum zweiten Mal vor Gericht sitzt, wirkt er nervöser als im ersten Prozess. Im Saal 165 des Frankfurter Landgerichts geht es für ihn schließlich auch um alles oder nichts. Meiwes wird vor Gericht von drei Anwälten vertreten.

Der psychiatrische Sachverständige Heinrich Wilner erklärt, dass Meiwes an einer »seelischen Abartigkeit«, aber »ohne Krankheitswert« leidet. Er lebe in zwei Welten, einmal der sozial angepasste Mann, zum anderen als »Bestie« mit Schlachtfantasien.

Zum zweiten Mal gesteht Meiwes die Tat, erzählt höflich, akribisch und distanziert, fast im Plauderton, bestreitet aber weiterhin jede Tötungsabsicht. Seine Fantasie habe sich nur auf das Schlachten und Verzehren gerichtet, nicht

auf das Töten, verteidigt er sich. Bevor er Brandes in den Hals gestochen habe, sei er davon ausgegangen, dass dieser tot gewesen sei. Denn nach der Amputation des Penis habe er gehofft, dass er von selbst am Blutverlust stirbt. Auch habe er sich hinterher nicht sexuell an der Tat befriedigt. Der Rechtsmediziner Manfred Risse widerspricht dem. Auf dem Video ist nämlich eindeutig zu sehen, dass Brandes kurz vor dem tödlichen Stich noch atmete und mehrfach den Kopf bewegte. Also hätte Meiwes erkennen müssen, dass sein Opfer noch lebt. Auch in Frankfurt müssen Richter, Schöffen, Staatsanwalt, Verteidiger und Angeklagter noch einmal den von Meiwes gedrehten Film anschauen.
Der »Kannibale« gibt auch zu, noch immer täglich Fantasien über das Töten von Menschen zu haben. Der Göttinger Neurologe, Psychiater und Psychologe Georg Stolpmann, der auch als Gerichtsgutachter fungiert, sieht bei Meiwes eine erhebliche Wiederholungsgefahr. Über eine Therapie redet niemand mehr im Gerichtssaal. Dafür draußen die Experten. Mit einer Therapie würde Meiwes' kannibalische Neigung zwar nicht verschwinden, aber Schritt für Schritt besser kontrolliert werden können, meint beispielsweise der Kriminalpsychologe Rudolf Egg. Dagegen warnt der Kriminalist Stephan Harbort, dass Meiwes eine lange sexuelle »Lerngeschichte« hinter sich habe, jahrzehntelang in abstrusen Fantasien deliriert und inzwischen »auf den Geschmack gekommen« sei. »Ich halte ihn für gefährlicher als vorher.«
Der Staatsanwalt Marcus Köhler fordert bei seinem Plädoyer nicht nur eine lebenslange Haft, sondern auch die Feststellung einer besonderen Schwere der Schuld, weil Meiwes vorsätzlich getötet habe. Er hätte einen Menschen vor laufender Kamera wie ein »Stück Vieh« abgeschlachtet

und dadurch Macht und Dominanz gewinnen wollen. Damit müsste Meiwes auch nach einer eventuellen positiven Prognose länger als fünfzehn Jahre inhaftiert bleiben. Auch die Einwilligung des Opfers Bernd Brandes, eines »hochgradig psychisch kranken« Mannes, in den eigenen Tod, sei unwirksam. Köhlers Kollegin Annette von Schmiedeburg sieht die besondere Schwere der Schuld vor allem in Meiwes' »potenzieller Gefährlichkeit«. Zudem zeige er keine Reue, und es würde Wiederholungsgefahr bestehen.
Meiwes' Anwalt sieht jedoch keinen Mord. Er plädiert deshalb erneut auf »Tötung auf Verlangen«, deren Strafrahmen zwischen sechs Monaten und fünf Jahren liegt.
Meiwes selbst betont in seinem Schlusswort, dass er die Tat bereut und er »Gleichgesinnten« helfen und sie überzeugen wolle, dass sein Vorgehen niemals die Erfüllung bringen könne. Gleichzeitig erregt er sich aber auch darüber, wie man einem Menschen den Wunsch verwehren könnte, nach seinem Tod aufgegessen zu werden. »Wo leben wir denn?«, ruft er deshalb in den Gerichtssaal.
Nach siebzehn Verhandlungstagen wird am 9. Mai 2006 das mit Spannung erwartete Urteil gesprochen. Der Vorsitzende Richter Klaus Drescher spricht den »Kannibalen von Rotenburg« wegen Mordes in Tateinheit mit Störung der Totenruhe schuldig und verurteilt ihn zu einer lebenslangen Haft. Damit folgt das Gericht der Empfehlung des Bundesgerichtshofes. Ein Lustmord, denn Meiwes habe seinen Geschlechtstrieb befriedigen wollen. Er tötete sein Opfer, um sein Fleisch zu essen. Und dieses »Fleisch von jungen Männern« sei der zentrale Fetisch in Meiwes' Sexualstruktur. Damit ist das Kasseler Urteil im ersten Prozess nicht nur revidiert, sondern fällt auch wesentlich härter aus. Die Einwilligung des Opfers bewertet das Gericht

als Beleg dafür, dass bei Meiwes keine besonders schwere Schuld vorliege, weil er moralisch nicht auf unterster Stufe stehe und daher das Mordmerkmal »niedrige Beweggründe« nicht erfüllt wäre. Aber auch der Aspekt des Tötens auf Verlangen sei hier nicht wirksam, da es sich um eine vorsätzliche Tötung handele, weil Meiwes das Fleisch seines Opfers wollte. Zwar gebe es keinen Straftatbestand des Kannibalismus in Deutschland, aber die Störung der Totenruhe würde sehr wohl bestraft, da durch das »Essen der Mensch einem Nutztier gleichgestellt wird«.

Das Gericht folgt auch den Empfehlungen der Gutachter, die Meiwes zwar eine schwere seelische Störung bescheinigen, aber auch volle Schuldfähigkeit. Das Urteil bedeute keineswegs eine automatische Entlassung nach fünfzehn Jahren auf Bewährung, sondern die Entscheidung über die Mindestbuße sei Gegenstand einer weiteren gerichtlichen Prüfung. Zentrale Rolle dabei würde eine positive Prognose spielen. Meiwes' Reue ist für das Gericht unglaubwürdig. Im Gegenteil: Der Vorsitzende Richter ist davon überzeugt, Meiwes würde die Tat wieder begehen, wenn er ein neues Opfer finden würde. Meiwes' Verteidiger wollen gegen das Urteil in Revision gehen. Sollte diese verworfen werden, wollen sie Verfassungsbeschwerde einlegen.

Auf einen möglichen okkult-magischen oder satanistischen Hintergrund bei der grausamen Tat, die vielleicht sogar ein »verdeckter« Ritualmord war, sind die Ermittlungsbehörden nicht eingegangen. Auf meine diesbezügliche Anfrage schreibt mir Staatsanwalt Marcus Köhler von der Generalstaatsanwaltschaft Frankfurt nur: »Nach dem aktenkundigen Ermittlungsergebnis liegen keine Erkenntnisse darüber vor, dass sich Herr Meiwes mit Okkultismus beschäftigt hat.«

Armin Meiwes' »Erbe«:
Der »Kannibale von Neukölln«

Im Oktober 2004 schockiert ein erneuter Kannibalismusfall Deutschland: Der 41-jährige Gelegenheitsmaler Ralf M. aus Berlin lernt über einschlägige Internetforen den 33-jährigen Musiklehrer Mike R. kennen und trifft sich mit ihm. Mike R. steht auf harten Sadomaso-Sex. Ralf M. auf Kannibalenfantasien. In seiner Maisonette-Wohnung baut er eine Schlachtbank auf einem alten Bettkasten nach. Das dritte und letzte Treffen überlebt Mike R. nicht: Ralf M. tötet ihn mit einem Schraubenzieher und zerstückelt ihn dann mit einer Säge. Herz, Nieren und Leber operiert er aus dem toten Körper, legt die Organe in das Gefrierfach seines Kühlschranks. Die Lunge zerkleinert er und gibt sie seinen Katzen zum Fressen. Er selbst will seinen Sexualpartner essen, aber dann überkommt ihn Ekel.
Ralf M. wird verhaftet. Er bewundert Armin Meiwes, doch er bedauert, dass er im Internet kein Opfer fand, das sich freiwillig von ihm schlachten ließ. Im Mai 2005 wird der sogenannte »Kannibale von Neukölln« vom Berliner Landgericht zu einer Freiheitsstrafe von dreizehn Jahren und zur sofortigen Einweisung in die Psychiatrie verurteilt. Ihm wird eine erheblich verminderte Schuldfähigkeit zugute gehalten, weil er sich seit Jahren in immer bestialischere »Kannibalismusfantasien« hineingesteigert hat.

*

Im Januar 2006 steht in Schweden der 29-jährige »Kannibale« Lennart P. vor Gericht: Er hat seine 18-jährige Stiefschwester erstochen und einen Teil ihrer Leiche gegessen. Auch seine zweite Stiefschwester, eine allein erziehende

Mutter, fällt ihm zum Opfer. Beide Male hat er nach ihren kleinen Kindern gesucht, um sie ebenfalls zu töten.

9. Manuela und Daniel Ruda: »Menschenopfer für den Satan«[137]

Juli 2001: Deutschland stöhnt unter sommerlichen Temperaturen. Die Tage sind sonnig und heiß, die Nächte stickig und schwül.
Doch am 6. Juli zieht eine dunkle Wolke herauf. Langsam. Unerbittlich. Zunächst noch unbemerkt. Denn nicht nur der Sommer ist gekommen, sondern auch das Grauen. Mitten in das Ruhrgebiet, nach Witten, mitten in die Breite Straße. Fast so, als würde der Teufel selbst mit dem Finger auf den dritten Stock des mittelgroßen betongrauen Mehrfamilienhauses deuten. Direkt auf ein Fenster, auf dem blutrot geschrieben steht: »When Satan lives« (»Wenn Satan lebt«). Und lauthals nach einem Opfer fordert. Nach einem Menschenopfer.
Wie ein dunkles Omen hängt an der Wohnungstür im Dachgeschoss ein Zettel, auf dem steht: »Kadaververwertungsanstalt Bunkertor 7 Dachau«. Und genau hinter dieser Tür wird ein brutales, ein bestialisches Verbrechen geschehen, das noch lange im Gedächtnis der meisten Menschen nachklingen wird. Es soll zu einer der bizarrsten Bluttaten der deutschen Kriminalgeschichte werden.

Der »Ritualmord«
Der 6. Juli ist ein schwülheißer Tag. An diesem Freitag, gegen 18 Uhr, holen Manuela und Daniel Ruda dessen 33-

jährigen Arbeitskollegen aus der Innenstadt von Herten ab: Frank »Hacki« H., der wie Daniel in einer Kfz-Werkstatt arbeitet. Immer freundlich, lieb, witzig, empfindsam und gottesgläubig. Er ahnt nicht im Geringsten, dass er nur noch wenige Stunden zu leben hat. Angeblich wollen Manuela und Daniel Ruda eine Abschiedsparty geben, weil sie nach Transsylvanien auswandern, sich im rumänischen Tourismus engagieren wollen. Frank H. glaubt ihnen, bringt sogar eine Flasche Whisky für die vermeintliche Feier mit.

Die Wohnung der Rudas ist mit okkulten, rechtsextremen und sadomasochistischen Gegenständen und Symbolen reichlich angefüllt: Im Wohnzimmer gibt es Totenschädel, Sense und Grablicht, ein Pentagramm, Hakenkreuze, eine SS-Rune, Ketten und Handschellen. Ein Foto zeigt Manuela Ruda mit einer Machete in der Hand, die Klinge ableckend. Ein weiteres, auf dem sie sich die Waffe an den Hals setzt. Und eines zwischen Grabsteinen, in Lederdessous und Sadomaso-Posen. Ein dunkelbrauner Eichensarg mit einem aufgenagelten umgedrehten Kruzifix auf dem Deckel steht neben dem Tisch. Dazu gibt es Messer, Dolche und Klingen. Im Schlafzimmer mit dem schwarzen Teppich hängt eine Teufelsfratze an einer der blutroten Wände direkt über dem Bett, ebenso Peitsche, Metallhalsband und Nietengurte. Und im Bad gibt es neben einem Schwarzweißposter mit erhängten Frauen noch rote und gelbschwarze Kontaktlinsen, aufsteckbare Reißzähne und Skalpelle mit Blutresten.

Der gutgelaunte Frank »Hacki« H. merkt noch immer nichts, obwohl sie bei der vorgeblichen Party nur zu dritt bleiben. Gegen 19.30 Uhr, nach einigen Bieren, vielem Lachen und Witzeln, verändert sich die Stimmung urplötzlich. Daniel Ruda geht ins Nebenzimmer, holt einen Zimmermannshammer und stellt sich hinter Frank H., der

mit dem Rücken zur Tür sitzt. Dann schlägt er mit der flachen Seite des Hammers brutal gegen dessen Kopf. Aber er schlägt nicht heftig genug, denn Frank H. steht noch auf, sieht seinen Arbeitskollegen fragend an, erhält einen weiteren Schlag, taumelt. »Setz einen Herzstich!«, befiehlt Daniel Ruda seiner Frau Manuela, die dem wehrlosen Opfer jetzt immer wieder ein silbernes Fantasy-Messer mit zwei Klingen in den Leib rammt, bis er zu Boden geht. Neunmal trifft sie sein Herz. Dann benutzt sie eine neunundfünfzig Zentimeter lange Machete, zerschlägt Frank H.s Gesicht. Und dann schneidet sie als Zeichen eines »Geschenks an Satan« ein Pentagramm in die Bauchdecke des Opfers und stößt ihm ein Einwegskalpell in den Bauch. Die beiden Satanisten wüten wie die Berserker, schlagen und stechen immer wieder auf den Toten ein. Der Gerichtsmediziner wird später sechsundsechzig Verletzungen diagnostizieren. Neunundzwanzig Hiebe in den Kopf und siebenunddreißig Stiche in den Körper. Zudem Brandmale von glühenden Zigaretten. Frank H. wird später nur noch mit Hilfe einer DNA-Analyse identifiziert werden können.
Manuela Ruda schreibt fünfzehn Namen an die Wand im Wohnzimmer. Fünfzehn Namen von weiteren mutmaßlichen Opfern, Arbeitskollegen, Ex-Freundinnen, Bekannte. »Freut euch – ihr seid die Nächsten!«, setzt sie noch hinzu. Darunter ein Pentagramm. Daniel Ruda schreibt noch den Namen eines Bekannten aus seiner Skinhead-Zeit dazu. Dann verschwinden sie.

Zwei »satanistische Karrieren«
Rückblende: In der Fußgängerzone rumhängen, Dosenbier trinken und die Schule schwänzen, das ist das, was Manuela

schon mit dreizehn mag. Ihr bunter Irokesenschnitt und die Sicherheitsnadeln im Gesicht schocken die Leute. Aber das ist ihr egal. Mit vierzehn unternimmt sie den ersten Selbstmordversuch, er misslingt. In der 10. Klasse bricht sie die Schule ab, geht nach Schottland und England, jobbt in Szene-Clubs, trifft in London auf Menschen, die glauben Vampire und wegen ihrer »Lichtempfindlichkeit« genetisch verändert zu sein. Nachts sind sie auf Friedhöfen, Ruinen und im Wald unterwegs, trinken Blut von freiwilligen »Gebern«. Manuela schläft auf Gräbern und lässt sich eingraben, um das Gefühl zu testen. Nach dem Großbritannien-Trip wieder in Deutschland, bekundet sie auch Interesse an den Gothics, die früher »Gruftis« genannt wurden. Schwarze Kleidung aus Samt, Lack, Leder und Latex, zerrissene Netzstrümpfe. Das Gesicht weiß geschminkt wie eine Tote. Sie wird in einschlägigen Diskotheken in Bochum zur »schwarzen Prinzessin der Nacht«, macht Fotoshootings, um das kärgliche Geld, das sie in einem Bäckerladen verdient, etwas aufzubessern. Sie liebt und vor allem lebt die Dunkelheit, die Nacht, die Finsternis. Das ist ihre neue Rolle, ihre neue Erfüllung. Manuela ist da gerade einmal sechzehn Jahre alt. Ihr Denken aus Todessehnsucht, Melancholie, Hoffnungslosigkeit, Tristesse, gepaart mit Mittelalterflair und Extravaganz reichert sich mit etwas »Böserem«, Extremeren an: mit »Chaosmagie«, der Lehre Aleister Crowleys und obskuren Ritualen. Dieses düstere, extreme »Paralleluniversum« bestimmt von nun an ihr neues Leben. Sie hasst die Menschen. Peitscht und fesselt gern. Dann hört sie Satans Stimme, nennt sich nur noch »Allegra«. So wie die Tochter des Dichters Lord Byron, die er dem Teufel geopfert haben soll. Und noch etwas zerrt in ihr, als nur der Drang nach Finsternis, um der Helligkeit des Lichts, aber auch des trostlosen Lebens zu entgehen: Manuela trinkt das Blut ihrer Freunde, verletzt sich selbst und trägt die Narben wie Trophäen des Bösen, und sie zelebriert mit »Vampiren« im Ruhrgebiet Blutrituale auf Friedhöfen. Weiht ihre Seele dem Teufel, den sie auch anbetet. Über Punk und Heavy Metal ist sie schließlich beim Black Metal gelandet, singt in einer Band mit dem Namen »Leichenblut«. Sie ist tief versunken in einer Welt aus Magie, Vampirismus und Satanismus. Auch äußerlich: Sie trägt weiße Kontaktlinsen, bleicht ihre Haut und hat sich falsche Eckzähne, Implantate, einsetzen lassen. Steigt, wenn sie müde ist, in ihren Sarg, macht den Deckel zu und schläft. Einem Ex-Freund beißt sie in den Hals, will sein Blut. »Sie sagte sofort, dass sie Satanistin ist«, erinnert sich Paul G. »Wir schlugen uns beim Sex, trugen Lederhalsbänder mit Nieten ... hatten Sex neben dem Sarg.« In der Szene-Zeitschrift *Metal-Hammer* liest sie eine Kontaktanzeige: »Pechschwarzer Vampir sucht Prinzessin der Finsternis, die Alles und Jeden hasst.«

Manuela antwortet sofort: »Die Schönheit der Nacht ... Verfallene Ruinen ... Vom Vollmond erleuchtete Friedhöfe ... Ich hasse die Menschheit und verabscheue das Licht.« So treffen sich zwei Menschen, die nur kurze Zeit später ein ahnungsloses Opfer niedermetzeln werden.

Der Absender der Kontaktanzeige ist Daniel Ruda. Ein Hüne von einem Mann. Ein Meter dreiundneunzig misst er, ist gewohnt, dass man Respekt vor ihm hat und die Augen vor seinem »bösen Blick« senkt. Für die Menschen, die »Spießer« und »Freaks«, hat er nur Verachtung übrig. Bei der Bundeswehr fällt er als Rechtsradikaler auf, hängt mit Skinheads herum und besucht Schulungen der Nationaldemokraten. Er wird wegen des Gebrauchs von verfassungswidrigen Symbolen und unerlaubten Waffenbesit-

zes vorbestraft, bis die Rechten für ihn irgendwann mal zu einem »Idiotenverein« werden. Beruflich schafft er es, zum zweiten Filialanwärter bei einem Autoteilehändler aufzusteigen. Aber auch Daniel Ruda hat ein zweites Leben, die Sehnsucht nach der Finsternis: Schon in der Schule hatte er eine Vision von einer Schreckensgestalt mit dem Namen »Samiel«. Später findet er heraus, dass dies der Satan höchstpersönlich ist. Er beginnt ihn zu verehren, anzubeten, opfert ihm sein eigenes Blut. Mit einem »Gothic-Girl«, gerade mal dreizehn Jahre alt, wandert er über die Friedhöfe, verrät ihr, dass er mit einem Amoklauf, bei dem er viele Menschen killen will, »Satans Liebling« werden wird. Denn erst bei hundert Toten fängt, so meint er, ein Amoklauf erst richtig an! Auf der Mailbox seines Handys ist ein satanisches Lied zu hören: »I drink your blood, I eat your skin« (»Ich trinke dein Blut, ich esse deine Haut«). Kurzzeitig singt er auch bei den »Bloodsucking Freaks« mit, einer Black-Metal-Band und schreibt düstere Texte: »Langsam schneide ich deinen Körper, wundern was drin ist, ich gebe mich dem Fleische hin und nehme dir das Leben. Zerhacken deiner Glieder ... bin glücklich, wenn du stirbst ... das Blut an mir, verteilt am Körper, ausgeweidet liegst du da ... Blute für mich, lass mich sehen, wie du leidest, stirb für mich, ich liebe den Schrei zu hören von dir ...« Worte, die später Wirklichkeit werden sollen!
Mit dem Verfassen der Kontaktanzeige bekommt sein Leben einen anderen Schub, so als ob ein Planet aus seiner Umlaufbahn geworfen wird und dem Chaos zusteuert.
Die 22-jährige »Allegra« wird zur Obsession des drei Jahre älteren Daniel. Sie wird zur Frau seines Lebens, für die er alles tun will. Im August 2000 besucht er sie das erste Mal auf dem alten Friedhof in Recklinghausen. Nächtens

geistern sie bei Vollmond über Burgruinen, trinken gegenseitig ihr Blut. In einer Kneipe verkündet Daniel einmal: »Ich bin gottgleich! Ich werde Satan hundert Seelen bringen.« Er und Manuela isolieren sich immer weiter, glauben Auserwählte des Teufels zu sein. Nur sexuell läuft nichts, denn Auserwählte des Satans brauchen keinen Sex. Und keine Freunde. Und immer mehr wird klar, dass sie dieses Leben verlassen wollen. »Per Selbstmord zum Satan«, wie der *Stern* später schreiben wird.

Vampirismus, »Blutglauben« und Satanismus
Blut wird seit vielen Jahrtausenden eine eigene Mythologie zugeschrieben und es ist Bestandteil aller Religionen und magischer Weltanschauungen. Neben Milch, als Ausdruck der »weiblichen« und »mütterlichen« Schöpfungskraft, und dem Samen, als Ausdruck der »männlichen« und »väterlichen« Schöpfungskraft, gilt »Blut« als eine dieser drei »heiligen Substanzen«, die aus dem Körper stammen. Fünf bis sechs Liter hat jeder Mensch in sich. So hat Blut Macht und gilt in vielen Kulturen als Träger von Leben oder der Lebenskraft, als die »Seele« schlechthin, als Quelle von Lebensessenz und Stärke oder als »flüssige Elektrizität«.

Seit jeher bemächtigen sich Menschen des Blutes zu religiösen Zwecken, indem sie Tiere und Menschen opferten. Wer Blut eines anderen Menschen trinkt, ob tot oder lebendig, der trinkt auch gleichzeitig die geistige und natürliche Kraft des anderen, so die frühzeitliche Vorstellung, die sich bis heute hält. Selbst die Farbe des Blutes ist berauschend und erregend: Rot versinnbildlicht Liebe und Leben.

So spielt Blut(zauber) bei magischen, okkulten und satanistischen Ritualen eine dominierende Rolle. Blutsbrüder-

schaften, die einen Gleichklang der Seelen voraussetzen, gibt es selbst heute noch in verschiedenen okkult-magischen, satanistischen Logen und Orden. Blut als Energieträger soll, so die weitläufige okkulte Weltanschauung, gerade bei Neugeborenen in reinster Konsistenz vorhanden sein. In dem Buch *Satanische Magie* des ehemaligen Großmeisters der »Fraternitas Saturni«, Gregor A. Gregorius, schreibt dieser bezüglich schwarzer Messen: »Man bedient sich wiederum des Blutes neugeborener Kinder, die man vorher durch Halsaderschnitt schächtet, um die Hostien damit zu durchtränken.« Blut, das im Todeskampf vergossen wird, soll besonders energetisch aufgeladen und kraftspendend sein. Denn durch den Todeskampf der lebenden Kreatur wird »bioelektrische Energie« entladen, so Anton LaVey, der Begründer der »Church of Satan«, in seiner *Satanischen Bibel*, der sich allerdings von Blutopfern distanziert. Denn der »mutmaßliche Grund für ein Opferritual ist, die Energie aus dem Blut des frisch geschlachteten Opfers in die Atmosphäre der magischen Arbeit einzubringen und dadurch die Erfolgschancen des Magiers zu erhöhen.«
Die schwarze Messe, die ihren Höhepunkt, ihre Blütezeit im Mittelalter hatte und heute noch im Rahmen satanistischer Rituale verschiedener Gruppen, Kulte, Logen und Orden praktiziert wird, beinhaltet Tier-, manchmal auch Menschenopfer, bei denen zumeist viel Blut fließt. Oftmals wird dieser Lebenssaft über ein kopulierendes Paar vergossen, anschließend getrunken. Tier- und Menschenfleisch verzehrt. Nicht zu vergessen auch, dass das durch Opferung, Tötung oder Verletzung fließende Blut ein erregender Anblick für die Beteiligten ist und Mensch und Tier rasend machen kann. Alleine die Farbe erinnert an gewalttätige Handlungen. Dieser psychische Reiz ist

ein wichtiger Aspekt für den Magier. Richard Cavendish meint in *Die Schwarze Magie* dazu: »Der grausame Akt des Schlachtens und der Anblick des aus der Wunde hervorquellenden Bluts erhöht die Ekstase, in die er (der Magier/d. A.) sich im Verlauf der Vorbereitungen, durch Konzentration, Gesänge und das Verbrennen von Weihrauch gesteigert hat.«[138]

Der bekannteste Satanist des 20. Jahrhunderts, Aleister Crowley, brachte nicht nur mit seinem »Tu was Du willst« eine Charta des Bösen in die Welt, mit seinem *Buch des Gesetzes*, die Teufelsbibel schlechthin, sondern machte auch, und das wissen die wenigsten, den Vampirismus in der Okkultszene hoffähig. So ließ er sich seine Eckzähne spitz zufeilen und begegnete Verehrerinnen mit dem sogenannten »Schlangenkuss«: Er biss ihnen mit seinen Fangzähnen ins Handgelenk oder in den Hals. In seinen Ritualen floss viel Blut, das gelegentlich auch von seinen Jüngern getrunken werden musste. Damit entzog Crowley wie ein Vampir durch das Blut seinen Opfern die Seelenkräfte, die Lebensenergie. In seiner sexualmagischen Formel berichtete er von der »Scharlachroten Hure«, die auf dem »Tier 666« (aus der Johannes-Offenbarung) reitet und das »Lebensblut« der Heiligen trinkt.

Die »Liebe zum Blut« (Hämatophilie) kann für einige Menschen zum wahren (unstillbaren) Blutdurst werden. Sie sehen darin oftmals eine mystische, sexuelle oder vitalisierende Erfahrung. In der Sexualwissenschaft werden folgende »Blutfetischisten« unterschieden: Sadisten (die ihrem Partner beim Geschlechtsverkehr Wunden beibringen, um Blut zu sehen), Masochisten (die ihr eigenes Blut fließen lassen), Menomanen (die sich nur für Menstruationsblut interessieren), »Blutsauger« oder »lebende Vampire« (die sadistisch orientiert sind und ein »Symbol der sadomasochistischen Seite des Bösen« darstellen) und Kannibalen (die Menschenfleisch essen und Blut als Teil des »Nahrungsfetischismus« betrachten).

»Befehle von Satan«

Im Frühling 2001 beginnt der »satanische Showdown«: Daniel Ruda erhält scheinbar »Befehle« von Satan. Am 6. Juni (6. 6.) soll er Manuela heiraten, damit sie, falls sie getötet werden sollten, »gemeinsam beerdigt« werden können. Und einen Monat später, am 6. Juli, werde der Teufel persönlich in Daniel Ruda fahren, um durch seinen Körper neue Seelen für sein Reich zu beschaffen. Aber ohne ein »Gastgeschenk« für die Hölle geht es nicht: Sie brauchen noch ein Menschenopfer.
Tatsächlich heiraten Daniel und Manuela am 6. Juni 2001 auf dem Standesamt in Herten – ganz in Schwarz gekleidet, mit umgedrehtem Kreuz um den Hals und diabolisch geschminkt. So wie es sich für Teufelsanbeter gehört. Nun sind sie endlich ganz vereint. Nicht nur mit den Seelen, sondern auch mit demselben Nachnamen. Noch im Leben, bald im Tod. Der erste »Satansbefehl« ist also ausgeführt. Der zweite folgt vier Wochen später. Daniel Ruda kündigt seinen Job. Er erzählt seinem Chef, dass er als Dracula-Touristenführer nach Transsylvanien auswandern wird, und lädt seinen Arbeitskollegen Frank H. zu der angeblichen Abschiedsparty ein. Er holt ihn ab und fährt ihn zu Manuelas Wohnung. Dort wartet er auf Satans Befehle. Der weitere Verlauf des Abends ist bekannt.

Flucht, »Todesliste« und Verhaftung

Nachdem Manuela und Daniel Ruda ihr grausames Werk beendet haben – die Behörden sprechen später davon, dass ein »Ritualmord« nicht auszuschließen wäre –, waschen sie sich und brechen dann mit einem alten Opel Vectra in Richtung Osten auf. Sie haben verräterische Aufkleber vom Auto entfernt und das Kennzeichen ausgetauscht. In einem Hotel in Magdeburg kommt es das erste Mal zum Geschlechtsverkehr zwischen ihnen. In einem »rituellen Rahmen«. Dann geht es weiter. Nach Sondershausen. Dorthin, wo jugendliche Satanisten 1993 den 15-jährigen Sandro Beyer ermordet haben. Auf Friedhöfen suchen sie nach seinem Grab, um es zu schänden, finden es aber nicht, versuchen stattdessen eine Kirche in Sondershausen abzubrennen. Aber auch das misslingt. In einem Baumarkt kauft Daniel Ruda eine Kettensäge, um nicht mit »leeren Händen« dazustehen, wenn Satan neue Befehle erteilt.

Am 9. Juli findet Frank S., ein Vertrauter von Daniel Ruda, einen Umschlag ohne Absender in seinem Briefkasten. Darin ein Farbbild mit einem blutverschmierten Mann, der an Haken und Seilen von einer Zimmerdecke baumelt, zwei Gaspistolen in der Hand. Sein hasserfülltes Gesicht starrt in die Kamera. Es ist Daniel Ruda. In einem beigelegten Brief, datiert auf den 6. Juli, abgestempelt am 7. Juli in Essen, schreibt er: »Wenn du diese Zeilen bekommst, weile ich in der Armee der Untoten ... ich werde die Seelen unserer heutigen Opfer fressen ...« Das Papier weist einen blutigen Fingerabdruck auf.

Auch Manuelas Mutter erhält einen Brief. Einen Abschiedsbrief. Von ihrer Tochter. Geschrieben nach der grauenvollen Tat. »Ich passe nicht in diese Welt. Ich muss meine unsterbliche Seele von dem sterblichen Fleische befreien«, heißt es darin. Die Mutter verständigt daraufhin die Polizei, besorgt von Manuelas Freundin einen Schlüssel für die Wohnung der Tochter und lässt die Beamten hinein. Was diese entdecken, gleicht einem Schlachthaus. »In 20 Jahren habe ich noch nie ein Delikt derartiger Grausamkeit, Brutalität und Rohheit erlebt«, sagt der Leiter der Mordkommission. »Es war eine regelrechte Hinrichtung.« Der Bochumer Staatsanwalt Dieter Justinsky ergänzt: »Freude am Töten scheint das Motiv gewesen zu sein. Sie hörten auch nicht auf, als er schon leblos zu ihren Füßen lag.« Die Ermittler werden auch auf die »Todesliste« an der Wand mit den Namen aufmerksam. Personen, die von nun an geschützt werden müssen. Unter ihnen auch Cornelia Beyer aus Sondershausen, die Mutter des von Satanisten ermordeten Sandro. Wer nicht bei Freunden untertauchen kann, erhält eine Polizeistreife zum Schutz. Die Fahndung wird eingeleitet, eine Belohnung von rund 1500 Euro ausgesetzt. Die Ermittlungen in der Szene sind schwierig, die meisten Beteiligten schotten sich ab. Die Jagd nach dem Satanistenpaar hat begonnen.

*

Manuela und Daniel Ruda wollen aus dem Leben scheiden, indem sie sich die Pulsadern aufschneiden, finden aber nicht den Mut dazu. Manuela raubt in einer Apotheke bei Weimar mit vorgehaltener Gaspistole eine Packung Schlaftabletten. Doch zum Selbstmord reicht es bei beiden nicht. Sechs Tage nach dem grausamen Mord werden sie von einem Mann an einer Tankstelle in der kleinen Ortschaft Maua bei Jena erkannt, direkt neben einem Friedhof. Der Mann verständigt per Notruf sofort die Polizei.
Es ist gegen 9.30 Uhr, als vier Polizeiwagen auftauchen und

das Auto der Satanisten blockieren. Acht Polizisten mit Schutzwesten und Maschinenpistolen umringen das Fahrzeug, ziehen Daniel und Manuela Ruda heraus. Die Satansbraut wehrt sich mit Händen und Füßen, hat aber keine Chance. Beide müssen bäuchlings zu Boden, die Hände mit Handschellen auf den Rücken gefesselt. In ihrem Fluchtauto werden zwei 9-mm-Pistolen und ein 35 Zentimeter langes Messer gefunden. Per Hubschrauber wird das Satanistenpaar zum ersten Verhör nach Bochum geflogen.

Das »Satanspaar« hinter Gittern

In seiner videoüberwachten Einzelzelle der Justizvollzugsanstalt beginnt Daniel Ruda wieder zu beten und erwartet ein neues Zeichen des Teufels. An der Zellenwand feilt er sich seine Fingernägel so spitz, dass er sich die Adern aufschlitzen kann, um sein eigenes Blut zu trinken. Die Rudas empfinden nach wie vor keine Reue und keine Schuld. Daniel gesteht: »Meine Frau und ich tranken unser eigenes Blut.« Sie sind bizarre Anhänger von Aleister Crowleys Teufelslehre, davon überzeugt, dem Willen Satans gefolgt zu sein, und hoffen nach dem Mord als Lohn für die Menschenopferung in eine andere, nichtmenschliche Ebene aufzusteigen. »Wir taten es auf Befehl Satans!«, sagt Daniel Ruda. Der habe sie beauftragt, ein Menschenopfer zu bringen, ergänzt seine Frau, die in einem getrennten Raum verhört wird. »Wir mussten ihn opfern. Der Satan hat es uns befohlen!« Deshalb sei er auf eine »rituelle Art« mit Messerstichen und Hammerschlägen getötet worden.

Kurz darauf bestätigt Staatsanwalt Dieter Justinsky öffentlich: »Es war ein Ritualmord.« Und: »Wir sind froh, dass die Ritualmörder nun keine Gefahr mehr für die Öffentlichkeit

darstellen.« Er zeigt sich geschockt über die Gefühlskälte der Teufelsanbeter. Ein psychiatrisches Gutachten wird zur Klärung der Schuldfähigkeit in Auftrag gegeben, das ergeben wird, dass das geständige Satanistenpaar schuldfähig ist. Die Tat war detailliert geplant. »Diese Frau lebt in einer anderen Welt«, meint ein Vernehmungsbeamter. »Sie glaubt fest an die Macht Satans.«
Daniel Ruda berichtet darüber, dass Satan in seinen Körper geschlüpft wäre, sich sein Opfer selbst geholt hätte, er in eine Art »ferngesteuerten Trancezustand« verfallen sei. »Ich war nur sein Werkzeug. Ich kann nicht für etwas verantwortlich sein, was ich nicht getan habe.«
Die beiden sitzen in Einzelzellen. Streng bewacht. Ohne Kontakt zu den Mitgefangenen. Daniel Ruda ist weiterhin in der JVA in Bochum, seine Frau in der JVA in Gelsenkirchen untergebracht. Manuela Ruda verzichtet auf den Hofgang. Für sie ist es eine Qual, ein weißes Anstalts-T-Shirt zu tragen. Beide bekennen sich in Gesprächen mit ihren Anwälten immer wieder zu ihrer satanistischen Weltanschauung. »Manuela wirkt sehr düster. Die Tat ist für mich unvorstellbar«, sagt die Rechtsanwältin Katja Wittstamm. »Ich muss versuchen, ihre extreme Denkweise zu verstehen.« Und Rechtsanwalt Siegmund Benecken ergänzt: »Sie war ... total überzeugt, dass der Satan sie auserkoren hatte, dass sie zu ihm durfte. Sie hatte mir auch erklärt, dass sie als Vampir in der Hölle leben wollte.«
Briefe werden öffentlich, die Manuela zwischen 1999 und 2000 einem an Satanismus interessierten Hotelier aus Köln geschrieben hat. In ihnen beschreibt sie ihre dunkle, blutige Obsession, ihre »Jagd« und das »Spiel« mit Menschen, um sie gefügig zu machen. Manuela schickt auch ihrer »einzig sterblichen« Freundin Briefe aus dem Gefängnis, die sie seit

fünf Jahren nur als »herzensguten Menschen« kennt, wie sie später vor Gericht aussagen wird.

*

Am 20. Juli 2001 wird das Ritualopfer Frank H. an einem geheimen Ort zu Grabe getragen. Nur Verwandte und die engsten Freunde sind bei der Beerdigung dabei. Die Eltern befürchten, dass das Grab ihres ermordeten Sohnes zum Wallfahrtsort von Satanisten werden könnte. Und das nicht zu Unrecht, wie Beispiele aus der Vergangenheit belegen, wie das des Satanistenopfers Sandro Beyer. »Wer die Sünde tut, stammt vom Teufel, denn der Teufel sündigt von Anfang an«, predigt die Pastorin. »Der Sohn Gottes aber ist erschienen, um die Werke des Teufels zu zerstören.«
Doch ihre Worte werden nicht erhört, zerschellen geradezu an den Mauern der Satansgläubigen, denn in der »Szene« erreichen die Rudas bald »Kultstatus«.

Das »Satanspaar« vor Gericht

Unter großem Medienandrang beginnt am 10. Januar 2002 der Prozess gegen Manuela und Daniel Ruda vor dem Bochumer Landgericht. Hier werden sie sich nach Monaten der Inhaftierung das erste Mal wiedersehen. Während draußen vor dem Gerichtsgebäude ein Gothic-Girl einem Journalisten ein Interview gibt und auf die Frage »Sind die Rudas Idole für Sie?« antwortet: »Na klar. Ich wäre froh, wenn es mehr so 'ne Leute geben würde, die sich gegen Trendsetter auflehnen«, umarmt sich drinnen, unter strenger Bewachung, das »Satanspaar« und sieht sich verschwörerisch in die Augen. Manuela Ruda ist schwarz gekleidet, hat sich auch das Haar schwarz färben lassen, die rechte Kopfseite kahl rasiert, auf der ein umgekehrtes Kreuz prangt, eine Sicherheitsnadel im Ohr. Die Augen sind dunkel, die Lippen mit blutrotem Lippenstift geschminkt, die Fingernägel hellgrün lackiert. Daniel kommt in hellem Jeanshemd und schwarzer Hose, die Zähne gefletscht, mit zu spitzen Krallen gefeilten Fingernägeln. Beide zeigen im Blitzlichtgewitter der Journalisten und TV-Kameras den ausgestreckten Mittelfinger und den Satansgruß, verhöhnen mit obszönen Gesten und herausgestreckter Zunge das Gericht und die Zuschauer. Unter ihnen ist auch der Bestatter, der Frank H.s Leiche aus der Wohnung geholt hat. Er will mit eigenen Augen sehen, was das für Menschen sind, die so etwas Furchtbares getan haben. Auch die Mutter des Opfers, Doris H., ist da, vollgestopft mit Beruhigungstabletten. »Anders könnte ich das alles nicht ertragen«, meint sie tapfer zu den Journalisten. »Ich wollte den Mördern meines Sohnes in die Augen sehen und zeigen, dass ich keine Angst habe. Das war ich Frank schuldig ... Diese beiden dürfen nie wieder auf die Menschheit losgelassen werden!«

Die Anklage lautet gemeinschaftlicher, heimtückischer Mord aus niedrigen Beweggründen im Zustand verminderter Schuldfähigkeit. Staatsanwalt Dieter Justinsky erklärt, aufgrund einer »tiefgreifenden Persönlichkeitsstörung« sei bei den Angeklagten mit weiteren gleich gelagerten Straftaten zu rechnen.

Auch hier wieder die in den meisten Gerichtsverfahren gegen gläubige Satanisten vorkommende Typologie: Vermindert schuldfähig wegen einer Persönlichkeitsstörung. Eine fatale Einschätzung! Nur weil jemand an Satan glaubt, ist er nicht automatisch vermindert schuldfähig und in seiner Persönlichkeit gestört.

Am zweiten Prozesstag erscheint Manuela Ruda, Händchen haltend mit ihrem Mann, mit einer Sonnenbrille, weil die hellen Lampen ihr »wehtun«. Dann sagt sie aus, Satan habe mit den Worten »Töte! Bringe Opfer! Bringe Seelen!« den Auftrag zu dieser Tat gegeben. »Wir haben uns in den Dienst des Herrn gestellt und geschworen, ihm zu Lebzeiten und nach dem Tode zu dienen.« Die Zuschauer glauben ihren Ohren nicht zu trauen, als sie ungerührt fortfährt: »Es war kein Mord. Wir sind keine Mörder. Es war die Ausführung eines Befehls. Satan hat es befohlen. Wir mussten gehorchen. Das war nichts Böses. Es hat einfach sein müssen. Wir mochten das Opfer doch gut leiden.« Die »Satansbraut«, wie sie von der Boulevardpresse genannt wird, erzählt weiter, dass sie die Ehe mit Daniel Ruda zu einem ganz bestimmten Zweck eingegangen ist: »Wir wollten in die Unterwelt!« Zur Tat gibt sie an, dass sie, nachdem sie Frank H. abgeholt haben, in der Wohnung plötzlich nicht mehr alleine waren. »Da waren ein Kraftfeld und andere Wesen. Wir saßen eine ganze Zeit auf der Couch, dann stand mein Mann auf. Er hatte fürchterlich glühende Augen, schlug mit dem Hammer zu ... Das Messer leuchtete, eine Stimme sagte mir: ›Setz einen Herzstich!‹ Er (Frank/d. Autor) sank dann nach unten. Ich sah ein Licht über ihm aufflackern. Das war das Zeichen, dass seine Seele nach unten wandert. Wir haben ein Satansgebet gesprochen. Wir waren dann entkräftet und allein, wollten eigentlich selbst sterben. Aber die Heimsuchung war zu kurz. Wir konnten uns nicht mehr umbringen.«

Daniel Ruda bestätigt weitgehend die Aussage seiner Frau. Auch er habe den Befehl bekommen, am 6. Juli 2001 ein Opfer zu bringen. Frank H. sei nur von seiner »Schmach und seinem Siechtum erlöst worden«, liest der Verteidiger das Geständnis vor. Der Freund sei »Satan als neuer Hof-

narr« dargeboten worden. Die Bluttat selbst habe er im Rausch nicht mitbekommen. Einsicht zeigt das Satanistenpaar keine. Denn »Reue wäre eine Beleidigung Satans«, sagt Daniel Ruda.
Zwischen den Prozesstagen kommt es zu einem kleinen Eklat: Als ein Rechtsreferendar im Auftrag des Verteidigers Daniel Ruda in einer Besucherzelle trifft, fällt der Strom aus, weil Handwerker einen Kurzschluss verursachen. Weder Klingel noch Alarmknopf funktionieren, als der Jurist die Zelle verlassen will. Ruda, ohne Handschellen, erklärt ihm kalt lächelnd, wie einfach es ist, einen Menschen umzubringen: »Ich haue dich einfach um, schlage dein Genick durch – das geht blitzschnell!« Endlich, nach langen hundertfünf Minuten, hört ein Vollzugsbeamter das Klopfen und befreit den Juristen aus seiner beängstigenden Lage.
Die Gutachterin Maren Losch stellt fest, dass bei den Angeklagten keine krankhafte seelische Störung vorlag, als sie am Tattag Frank H. grausam ermordeten. Die Gefahr bestehe jedoch, dass sie weitere Morde begehen könnten, deshalb sei die Unterbringung in einer geschlossenen psychiatrischen Anstalt unerlässlich. Manuela Ruda sagt abschließend: »Satan soll mir beistehen«, ihr Mann lediglich: »Das ist mir alles zu blöd!«
Beim Plädoyer fordert der Staatsanwalt für Daniel Ruda, den er als treibende Kraft ansieht, vierzehn und für Manuela Ruda zwölf Jahre Haft und Einweisung in den Maßregelvollzug. Die Verteidigung hingegen plädiert auf Freispruch oder eine mildere Strafe und Unterbringung in der Psychiatrie.
Nach sieben Verhandlungstagen wird am 31. Januar 2002 schließlich das Urteil in diesem bizarren Mordprozess verkündet. »Sie sind gestörte Persönlichkeiten, das ist si-

cherlich kein glückliches Leben«, erklärt der Vorsitzende Richter der Schwurgerichtskammer. Er bezeichnet den Satanismus als »mystisches Brimborium«. Und: »Es ging nicht um Satanismus, sondern um ein schweres, gemeines Verbrechen, das nichts Mystisches an sich hat.« Schließlich hätten sie sich dazu verabredet, Frank H. zu töten, allerdings nicht durch einen »satanischen Ritualmord«, sondern mit einem Hammerschlag. Aus den »66« Messerstichen, die einst für ein rituelles Verbrechen standen, wird laut Gerichtsmediziner ein »Zufallsbefund seiner Zählung«. Nach Überzeugung des Gerichts haben sich beide Satanisten eines schrecklichen Verbrechens schuldig gemacht. Der ehemalige Arbeitskollege, Frank H., sei ein aufgeschlossener und lebensbejahender Mensch gewesen, genau das Gegenteil der Rudas. Der geplante Mord sei »aus Wut des Gestörten auf das Gesunde« begangen worden.
Manuela Ruda wird zu dreizehn Jahren Haft wegen gemeinschaftlichen Mordes verurteilt. Ihr Mann Daniel zu fünfzehn Jahren. Obwohl Manuela die tödlichen Messerstiche führte, sei Daniel Ruda die »treibende Kraft« dabei gewesen. Beide werden auf unbestimmte Zeit in die geschlossene Psychiatrie eingewiesen.
Die Schwurgerichtskammer attestiert beiden Angeklagten eine erheblich verminderte Schuldfähigkeit, die so erheblich ist, dass eine lebenslange Haftstrafe nicht in Frage kommt. Wahnvorstellungen rechtfertigten keinen Freispruch. »Sie leiden nicht unter einer Psychose oder Geisteskrankheit«, sagt der Vorsitzende weiter. Daher seien sie nicht schuldunfähig. Doch sei ihre Schuldfähigkeit durch ihr »selbst gezimmertes Wahngebilde« entscheidend eingeschränkt und rechtfertige damit nicht die Höchststrafe, lebenslanger Freiheitsentzug.

Manuela und Daniel Ruda nehmen das Urteil äußerlich unbeeindruckt entgegen. Ihre Anwälte kündigen Revision an. Bevor Manuela Ruda den Gerichtssaal verlässt, zeigt sie nochmals den Teufelsgruß.

»Fehlercode 211«
In der Haft lassen sich Manuela und Daniel Ruda scheiden. »Sie hat mich nie geliebt«, meint Daniel Ruda dazu. Er sie dafür umso mehr: »Es war Liebe! Nie zuvor habe ich einen Menschen derart geliebt, derart vergöttert. Das uneingeschränkte Vertrauen, das ich in sie setzte, brachte mir wie auch Frankie die völlige Verdammnis.« Manuela war für ihn eine »anbetungswürdige Frau, dieser Engel, den er über die Maßen und mehr als sein eigenes Leben liebte ... Nach einigen Wochen lebte ich nur noch für sie ... heute weiß ich, dass ich ihr in jeder Hinsicht hörig war«, schreibt er in seinem in der Haft entstandenen Buch mit dem Titel *Fehlercode 211 – Der ›Satansmord‹ von Witten – was wirklich geschah*, das im Jahr 2004 von einem kleinen Verlag herausgebracht wird.[139] »211« bezieht sich auf den Mordparagraphen im Strafgesetzbuch. Sein Werk widmet er dem Opfer Frank H. mit den Worten: »Ruhe sanft, Freund!« Es lohnt sich, etwas näher darauf einzugehen, denn es gibt Einblicke in die »Innenansicht« von Daniel Ruda.
Er bezeichnet sich selbst und Manuela als »überzeugte Satanisten« (sein ehemaliger Chef versuchte ihn sogar vom Satanismus abzubringen) mit »ausgeprägtem Faible für Vampirismus«. Er erzählt von Manuelas Beziehungen und Kontakten zu »Freaks, Satanisten und sonstigen Menschen« quer durch Europa«. Das widerspricht all dem, was »Experten« während meiner Recherchen zu wissen glaub-

ten: die beiden seien gar keine Satanisten, haben sich nur »aufgespielt« und waren isoliert, hatten keine Kontakte in die Szene. Dazu Ruda: »Es steht außer Zweifel, dass es durchaus Leute gibt, die beispielsweise aus einem Gefallen heraus, bereit sind (besonders bei einer attraktiven Frau, die Allegra nun mal war) bei der Planung und Ausführung eines Mordes behilflich zu sein ... Fakt bleibt: Es wurden mehrfach Personen gesichtet, die zwischen dem Wohnhaus Nr. 55 und dem Parkplatz, auf dem mein Wagen stand, hin und her liefen?!? Frage: Wer waren diese Leute?!?« Ruda ist vollkommen davon überzeugt, »dass nicht ich den Hammer schwang, sondern eine weitere Person, die im Treppenhaus auf ihren Einsatz gewartet hatte.«

Denn während des Mordes will Daniel Ruda sich, so schreibt er (in der dritten Person), im Schlafzimmer aufgehalten haben und von Manuela alias »Allegra« aus dem Wohnzimmer herbeigerufen worden sein.

So einfach ist das also für Daniel Ruda: Locker-flockig im Schreibstil von Groschenromanen will er nichts mit dem Mord zu tun haben, denn seine Frau oder unbekannte Dritte waren es.

Auch vor Gericht will er eine »Satanismus-Show« inszeniert haben, um Gutachter und Richter zu täuschen, habe nur gelogen, um seine Frau zu schützen. Außerdem hatte er angeblich Angst davor, die Wahrheit zu sagen, auszupacken, weil Manuela Leute beauftragen könnte, seine Eltern zu bedrohen. Ruda will jetzt auf einmal dieser grässlichen Tat mit dem Aspekt des Satanismus nur einen »mystischen Hintergrund« gegeben haben wollen, obwohl Manuela den Ermittlern sagte, Frank H. »für Satan geopfert zu haben!«. Und er macht sich über die »Spezialisten« der Bochumer Polizei lustig, wie man »diese Leute derartig hinters Licht führen kann«, und die Psychiater, denen er seine Geschichte »verkaufte«. So will er seine »konstruierten« Geschichten, die er den Gutachtern erzählte, sogar auswendig gelernt haben. Den »Spezialisten«, die weder die *Satanische Bibel* noch deren Inhalt noch den Autor, Anton LaVey, kennen und sich doch als Experten aufschwingen.

Manuela Rudas »Läuterung«

Daniel Ruda will mit dem ganzen brutalen Ritualmord nach seiner Verurteilung nicht mehr viel zu tun haben. Auch Manuela Ruda gibt sich geläutert. Im April 2006, nach vier Jahren Therapie, bekennt sie: »Mir tut alles wahnsinnig leid!« Und: »Ich denke nicht, dass ich etwas gutmachen kann, ich kann höchstens versuchen, andere von so einem Weg abzuhalten. Ich will ein Zeichen setzen.« Damit meint sie ihr Geständnis und ihre Reue als ein Beitrag zum Jugendschutz! »Ich denke, ich bin alles andere als ein Vorbild, und wenn man da mal richtig dahinterschaut, sieht man keinen Glamour dahinter. Und keine Szenegröße oder sonst was. Ich bin Straftäter!«

Statt Blutrituale und Teufelskult zu praktizieren, malt Manuela Ruda nun viel und will eine Ausbildung zur Restaurantfachfrau machen. Therapiert wird sie in der Westfälischen Klinik für Psychiatrie in Lippstadt-Eickelborn. »Sie distanziert sich von ihrer früheren Person«, meint ihr Therapeut Ulrich Deipenwisch. »Sie will dieses Idol nicht mehr sein, will Anerkennung in anderen Dingen.« Und der Psychiatrieprofessor Norbert Leygraf ergänzt: »Sie durchlebte eine Saulus-Paulus-Wandlung. Nichts erinnert mehr an die dämonische Satanistin. Sie entspricht dem Musterbild einer freundlichen, höflichen und modernen jungen

Frau. Nur die unheilvolle Verbindung zu ihrem früheren psychisch gestörten Mann machte sie zur Mörderin.« Die behandelnden Therapeuten haben also keinen Zweifel an der Aufrichtigkeit ihres Wandels, die sich von der satanistischen Wahnwelt distanziert. Manuelas »Wandlung« und »Läuterung« kann ihr Vollzugslockerung und eine ambulante Betreuung außerhalb der Psychiatrie bescheren, dem nichts entgegenstehen würde. »Sie ist therapeutisch eingebunden, eine Entweichungsgefahr ist nicht gegeben«, so der Gutachter weiter. »Die Gefahr erneuter schwerwiegender Straftaten ist bei ihr an eine problematische Partnerschaft gebunden. Daraus könnte sich zwar wieder ein gemeinsames Deliktgeschehen entwickeln, aber eine solche Situation gibt es derzeit nicht.« Ihr Anwalt will noch mehr: »Wir hoffen deshalb auf eine Entlassung nach zwei Dritteln der Haftstrafe.« Das wäre im Frühjahr 2010!

Der »Ruda-Kult«

Trotz Manuelas »Läuterungen« und Daniels Bekenntnis, er hätte mit dem eigentlichen Mord nichts zu tun, werden sie in der Szene als »Idole« verehrt, bekommen »Fanpost« und einige pilgern sogar zum Tatort!
Die in der Gothic-Szene bekannte Band »Wumpscut« von Rudy Ratzinger hat zwischenzeitlich ein neues Lied mit dem Titel «Ruda« aufgenommen. Unterlegt ist es mit den Worten des Staatsanwaltes »Es war wie eine Hinrichtung« und dem Sprechgesang »Satan lives«. Bereits vor der Veröffentlichung wird der Titel »Ruda« 4500-mal von der Homepage heruntergeladen. Eine Sonderauflage mit T-Shirts ist geplant, mit einer Todesliste. Abgehakt das Kästchen »Arbeitskollege«. Im Ruhrgebiet gründet sich der »Ruda Fan Club«. Sogar

»Stücke« aus dem Besitz Manuela Rudas sollen bei der Internettauschbörse eBay angeboten worden sein, wie in einem Gothic-Chat-Forum zu lesen ist.
Auf einer Insider-Seite im Internet äußern sich weitere Gothics oder Gruftis, Satanisten und andere zu dem Mord. Die menschenverachtenden Äußerungen, die ich nachfolgend unkommentiert zitiere, sprechen für sich:
»Ich verstehe nicht, was die ganze Aufregung soll. Wo ist das Problem dabei, jemanden umzubringen?« – »... es stimmt ... Satan hat es ihnen befohlen Opfer zu bringen ... 12. Absatz der Satansbibel ... Es ist der 3. Weg des Satanismus ... man geht langsam darin über ... sie waren auf dem 3. Weg wo Satan Befehle gibt ... Töte, bringe ein Opfer ... und zum Schluss sich selbst töten, was sie dann auch wollten ...« – »Seid ihr Christen eigentlich heilig? Eure Taten sind an Grausamkeit kaum zu übertreffen, doch euch darf kein Härchen gekrümmt werden. Ihr seid zum Kotzen, verlogenes Pack! Heil Satan!« – »Für Satan muss man Opfer bringen, wer das nicht versteht, stirbt.« – »Ist das schlimm, wenn Christen umgebracht werden? Finde ich nicht! Sie haben im Namen ihres Gottes viel grausamer gewütet, die beiden hätten ihn ruhig noch etwas foltern können, nach Original christlichen Methoden. Heil Satan.« – »Das war nicht der erste Mord, und es wird weitergehen. Man kann unsere Rituale auch wie einen natürlichen Tod aussehen lassen ... Und ich weiß, dass meine Freunde mehr Morde begangen haben, als ihr denkt ...«[140]

Rudas unheilvolle »Erben«

Alles nur leeres Gerede, »harmloses Geschwätz«, wie Kritiker nun wieder vorbringen könnten? Mitnichten! Im

April 2006 strahlt das ZDF-Magazin »Aspekte« einen Hintergrundbericht und ein Interview mit Manuela Ruda aus. Autor des Beitrags ist der renommierte Journalist und Szenekenner Rainer Fromm, der auch über »Nachahmungstaten« berichtet.

In Meschensee bei Hamburg wird 2002 ein 20-jähriger Grufti von nur geringfügig älteren Bekannten aus der norddeutschen Szene brutal ermordet. Zwei von ihnen waren Satanisten. Das Landgericht Kiel stellt beim Prozess gegen den Haupttäter fest, dass er von dem Plan der Rudas, einen Menschen zu töten und diesen auch auszuführen, fasziniert war. Die Mutter des Mordopfers berichtet, dass einer der Mörder ihres Sohnes überall Bilder und Videos von dem Ruda-Fall hatte. »Er hat alles verfolgt und wollte das auch einmal erleben, für ein paar Minuten, Sekunden, so erfolgreich sein, so berühmt wie die Ruda.«

Doch damit nicht genug. Bereits im Juni 2002 überfallen ein 21-Jähriger und eine zwei Jahre jüngere Frau einen Baggerfahrer und verletzen ihn mit mehreren Stichen schwer. Bei der Vernehmung sagen sie, Satan hätte ihnen diese Tat befohlen. Die Ermittler staunen nicht schlecht, als sie an ihren Zimmerwänden Bilder des Satanistenpaars Ruda finden.

Drei Monate zuvor, im März 2002, schneidet der 16-jährige Björn A. aus Wenden-Gerlingen seinen Eltern mit einem Küchenmesser die Kehlen durch. Er ist von den Rudas beeindruckt.

»Satanismus ist kein Witz. Satanismus ist keine Inszenierung. Satanismus führt zum Mord«, sagt die Wittener Sektenexpertin Silvia Eilhardt, die seit Jahren Aussteiger und auch Manuela Ruda betreut.

Fazit zum »Ritualmordfall in Witten«

Bei dem Wittener Satanistenmord finden wir eigentlich alle »klassischen« Elemente: Zwei bekennende Satanisten ermorden »rituell« einen Menschen, die Staatsanwaltschaft geht zunächst auch von einem »Ritualmord« aus, später vor Gericht tritt der satanistische Glauben für Gutachter und Justiz in den Hintergrund, wird als »mystisches Brimborium« verharmlost, die Täter als »erheblich vermindert schuldfähig« betrachtet und unter »Wahnvorstellungen« leidend, weshalb sie zu keiner lebenslangen Haft verurteilt werden können.

Wenn man diese Fakten nüchtern betrachtet, dann muss wirklich gefragt werden, was noch geschehen muss, wenn zwei Menschen im Namen Satans einen anderen grausam niedermetzeln, um endlich einen »Ritualmord« zu akzeptieren? Vielleicht helfen die Worte von Kriminalhauptkommissar Hans-Willy Schäfer von der Kripo Bochum weiter, dem Leiter der damaligen Mordkommission, der mir berichtete, dass Satanismus durchaus eine Rolle in diesem bizarren Mordfall gespielt hat. Die Ermittler hätten sich allerdings mit den Verbindungen im Satanismus so gut wie nicht beschäftigt, weil keine Zeit dazu war![141]

VI. »Ritualmorde« in Österreich

10. Friedrich Wawrik:
»Blutbad und Satanskult«

Niemand traut es den beiden jungen Männern zu, und dennoch verüben sie eines der grausamsten Verbrechen in der österreichischen Kriminalgeschichte: Mathias H., gerade mal achtzehn Jahre alt, und sein Freund Gerold B., nur drei Jahre älter. Sie massakrieren regelrecht einen Obdachlosen (in Österreich »Unterstandsloser« genannt). Aber der Reihe nach.

Das »Blutbad«
Der 24. Mai 1996 ist der letzte Tag, den der 58-jährige Friedrich Wawrik erleben wird. Gegen sechs Uhr morgens kriecht der Obdachlose aus seiner Erdhöhle am Salzburger Mönchsberg, um sich, wie jeden Morgen, auf eine nahe stehende Parkbank zu setzen. Eigentlich wird er von den Spaziergängern gern gemocht. Er ist gebildet, spricht vier Sprachen und besitzt »opernwürdige« Gesangskünste. Doch an diesem Morgen erwarten ihn kein »Grüß Gott«, kein freundliches Gespräch mit einem Wanderer, Jogger oder Hundebesitzer, sondern zwei kaltblütige Männer.
Kurz nachdem Wawrik aus seiner Höhle gekommen ist, trifft er auf seine Mörder: den schmächtigen Mathias H. und dessen Freund Gerold B. Sie fahren per Taxi bis kurz vor die Parkbank. Schon vor einer Woche haben sie die

Bluttat besprochen. Ihr Handeln geschieht also keineswegs zufällig oder im Affekt. Dafür spricht auch die Ersatzkleidung, die sie in einem Rucksack bei sich tragen. Ihre beiden Freundinnen, die 15-jährige Miriam K. und die 18-jährige Sandra G., stehen »Schmiere«. Mathias H. und Gerold B. überfallen den ahnungslosen Obdachlosen auf seiner Parkbank, schlagen keuchend und brutal mit Nunchakus, asiatischen Holz- und Stahlstäben, die als Waffe benutzt werden, auf den Mann ein. Immer wieder. Sie zertrümmern mit solcher Wucht Wawriks Schädel, dass Kriminalisten später noch auf einem drei Meter entfernten Holzstoß Blutspritzer finden werden. Die Brille des Opfers und sein Gebiss sehen aus wie mit rotem Lack verschmiert. Und die Hemden der beiden Mörder sind bis zum Oberarm mit Blut getränkt. Doch damit nicht genug. Sie richten den zertrümmerten Schädel ihres Opfers an einer Gehsteigkante auf, legen der Leiche die Arme am Körper an, strecken ihre Beine. Sie erscheint drapiert, wie aufgebahrt oder hingebettet. In einer Blutlache hinterlassen die Mörder symbolhaft zwei überkreuzte Äste. Dann verschwinden sie mit ihren Freundinnen.

Rätselnde Ermittler und geständige Täter

Als der Tote schließlich gefunden wird, stehen die Ermittler vor einem Rätsel. Die Einzelheiten der Tat erinnern den Salzburger Kriminalbeamten Rudolf Feichtinger an ein Ritual. Er ist völlig irritiert und holt sich Unterstützung vom international bekannten und renommierten Wiener Kriminalpsychologen Thomas Müller. Der hat eine Ausbildung im »Täter-Profiling« bei Spezialisten des FBI absolviert. Müller erkennt am Tatort, dass die Hinbettung des Opfers

und die überkreuzten Zweige für die Täter zweifellos eine Bedeutung haben müssen. Dennoch kommen die Fahnder nicht weiter.
Bereits im April 1996, also rund fünf Wochen vor der schrecklichen Bluttat an Friedrich Wawrik, wurde auf der anderen Seite des Mönchbergs ebenfalls ein Obdachloser Opfer einer Gewalttat: Er ist zu Boden getreten worden. Drei jugendliche Täter werden ermittelt, Anzeige wegen schwerer Körperverletzung und Diebstahls erstattet, jedoch keine Haftbefehle ausgestellt.
Diese drei Täter werden nun auch im mysteriösen Mordfall Wawrik vernommen. Sie decken sich jedoch gegenseitig mit Alibis. Aber die Beamten lassen nicht locker, befragen sie ein weiteres Mal. Und endlich gesteht die Jüngste, die 15-jährige Miriam K., dass sie mit ihrer Freundin Sandra G. aufgepasst habe, als die Tat geschah. Und sie verrät ihren Freund und seinen Kumpel als Täter. Gesehen hätte sie nichts, nur das Keuchen der Burschen gehört, als sie immer wieder zugeschlagen hätten.
Die Ermittler verhören nun eindringlich alle vier Personen. Dabei erwähnen Mathias H. und Miriam K. »Satanismus«. Ferner würden die gekreuzten Zweige ein Symbol für eine »Opferung« sein.

Okkulte und heidnische »Baum-Symbolik«
Tatsächlich haben Zweige und Bäume eine symbolische Bedeutung in der okkulten und heidnischen Vorstellung. Seit Jahrtausenden verehrten die Nomaden der Wüste die Akazie als Mutterbaum: Ihr Harz symbolisierte das Menstruationsblut. Jeder, der einen Zweig von der lebenden Akazie brach, würde innerhalb desselben Jahres sterben, so

der Glaube. In Ägypten galt die Akazie als Wohnort der Göttin Neith.
Bäume sind weltweit Objekte der Vergötterung, der Anbetung und von Geisterglauben (gewesen), bestärkten die Vorstellung von langem und gesundem Leben, von seiner Kraft und Unendlichkeit. Bäume wurden auch als Geister und lebende Wesen angesehen, und es gibt Anzeichen dafür, dass viele Stämme bestimmte Bäume als »Gottheiten« verehrt haben. Nicht nur bei den Druiden, sondern auch bei vielen anderen Völkern der Welt. Im Nahen Osten wurde fast überall Phyllomantie praktiziert, die Kunst, aus dem Rauschen der Blätter Weissagungen zu deuten. Dafür eignet sich die Espe am besten, weil ihre Blätter zittern und diese Reibung sanfte Laute erzeugt.
Bäume als Vermittler zwischen den Welten; ihre Äste ragen weit in den Himmel, ihre Wurzeln tief in die Erde, beherbergen Vögel als Geschöpfe, die zwischen den Welten (Himmel und Erde) wandern, kennzeichnen auch den Eingang zur »Anderen-Welt«. Die Kelten und die Römer verwendeten Eichen, Eschen, Eiben, Stechpalmen und Ahorn für ihre heiligen Haine. Möglicherweise wurden auch an Bäumen Opferriten vorgenommen. Birkenzweige wurden beispielsweise zum »Geisterverjagen« verwendet. Der Haselnussbaum, mit seinen »heiligen Haselnüssen«, galt als Symbol der weiblichen Weisheit und war den Hexen heilig. Im Walnussbaum sollen der Teufel und Teufelinnen wohnen. Die Walnüsse werden mit den weiblichen Genitalien assoziiert. Der Holunder, der »Hexenbaum«, war der Göttin Hel, der Königin der Unterwelt geweiht. In seinem Holz sollen die Seelen der heidnischen Toten gefangen sein. Aus Holunderholz wurden auch die Besen für die Hexenreisen gefertigt. So soll die Weide ein »Teufelsbaum« sein, zu dem Hexen,

die »Töchter des Satans«, gehen, um Gott abzuschwören. Die Mistel zählte bei den Druiden als heilend und fruchtbar und gilt heute als Zeichen des Schicksals. Was immer auch in ihrer Anwesenheit getan wird, soll scheinbar geschehen. Der Eibe, der traditionelle »Friedhofsbaum«, weil die Priester der alten keltischen Religion ihn als Symbol der Unsterblichkeit betrachteten, wird eine Vermittlerfunktion zwischen der hiesigen und der anderen Welt nachgesagt, deren Grenze die Esche bilden soll. Zudem war die Eibe einer der heiligsten Bäume der germanischen Stämme. Die Eberesche symbolisiert Magie. Im Mittelalter glaubten die Menschen, der zugespitzte Pflock, der durch das Herz eines Vampirs getrieben wurde, um ihn zu vernichten, sollte aus der Eberesche gefertigt werden. Die Linde wurde von antiken Zauberern als Quelle ihrer prophetischen Visionen gesehen. Die Erle wird mit verschiedenen heidnischen Göttern assoziiert, steht in ihrer Vorstellung für Auferstehung. »Immergrüne« Bäume, wie die Fichte oder die Kiefer, galten als mächtige Symbole des fortwährenden Lebens, der Unsterblichkeit. So auch die Pinie, die mehreren »Erlösergöttern« geweiht war: Attis, Dionysos, Marsyas, Osiris und so weiter. Pinienzapfen wurden als männliche Genitalien verstanden. Während des Herbstes und Winters, in dem alle anderen starben, behielten sie ihre Lebenskraft bei. Mit der Pappel wird wegen ihrer zweifarbigen Blätter der »Lebensbaum« versinnbildlicht. So hat fast jeder Baum in dem einen oder anderen Glaubensverständnis eine bestimmte Bedeutung.

»Fragwürdige« Satanisten und »zweifelhafte Experten«

Nachdem Mathias H. und Miriam K. beim Verhör Andeutungen in Richtung »Satanismus« gemacht haben, scheinen die Fahnder überfordert.

»Schlüssigere Aussagen haben sie dazu nicht gegeben, und die sind aufgrund ihrer mangelnden Fähigkeit, sich schlüssig auszudrücken, auch nicht zu erwarten«, erklärt der Kripobeamte Rudolf Feichtinger dazu. Mathias H. schweigt, warum er sich als »Anhänger eines Satanskults« bezeichnet hat. So wird, wieder einmal, vermutet, dass er dies nur »aufgeschnappt« hätte und »das hat ihm zu der Situation dann halt dazugepasst«, so Feichtinger weiter. Greifbarer ist für den Kriminalisten die Aussage, dass Mathias H. mal wieder jemanden gebraucht habe, den er zusammenschlagen konnte. Als bei einer Hausdurchsuchung in Salzburg keine Hinweise und keine Devotionalien einer »satanistischen« Betätigung gefunden werden, scheint die Frage vergessen zu sein, warum aber Wawriks Leiche dann von den Mördern aufgebahrt und die überkreuzten Zweigsymbole im Blut hinterlassen wurden.

Jetzt treten die scheinbaren »Experten« auf den Plan, reden davon, dass schockierende Verbrechen als »Satanskult« beschrieben werden, um Täter und Gesellschaft zu entlasten. Meist »gestellte« Fotos von schwarzen Messen als Kulthandlungen mit geschlachteten Tieren und missbrauchten Mädchen würden ein organisiertes Netzwerk »suggerieren«. Die Realität würde aber weit weniger »klischeehaft« aussehen, so der »Experte« vom Sektenreferat der Diözese Innsbruck. »Satanisches« wäre meist »Frustkultur«, »Protest gegen mangelnden Lebensraum« oder gegen einen »familienzerstörenden Tourismus«. Der Satanismus in

Österreich wäre »nicht organisiert«. Zumeist Einzelne seien es, die sich via Computer oder über einschlägige Hefte »schwarze Infos« holen und »ihre Clique neugierig machen«. Und ein weiterer »Experte«, ein Jugendpsychiater und Gerichtssachverständiger, erklärt »fachmännisch«: »Ich habe noch keinen aus einer Gruppe kennengelernt. Die meisten spielen mit solchen Ideen wie Tischerl- und Glasrücken herum, kriegen Angst und hören von selbst damit auf. Manche sind aber so dumm, dass sie sich erst recht verrennen.«
Unglaublich auch hier wieder die »Expertenmeinung« in Österreich. Junge Menschen ermorden auf bestialische Weise einen Obdachlosen, hinterlassen Symbole für eine Opferung, bezeichnen sich als Anhänger des Satanskultes, doch diese Hintergründe werden ignoriert oder verharmlost. Vielleicht sollten sich die Pseudo-Experten die Mühe machen, ins Internet zu schauen. Sehr schnell werden sie fündig, welche satanistischen Gruppen und Orden sich »organisiert« in Österreich befinden!
Die vier Beteiligten am Mord oder »Ritualmord«, je nachdem, wie man es sehen will, werden im Januar 1997 zu Freiheitsstrafen zwischen zwanzig und viereinhalb Jahren verurteilt.[142]

11. Liselotte Peyer:
»Ritualmord wegen Besessenheit«

Die 57-jährige Liselotte Peyer, zeitweise im »Zentrum für seelische Gesundheit« in Klagenfurt untergebracht, lernt hier im November 2000 auch Thomas K.[143] kennen. Sie ahnt nicht, dass der Fünfunddreißigjährige sie nur wenige

Wochen später, nach ihrer Entlassung, bestialisch ermorden wird!

In einer Freitagnacht im Februar 2001 schließlich kommt es zur Katastrophe, rastet Thomas K. völlig aus. Im Badezimmer fällt er plötzlich über die Frau her, würgt und erschlägt sie mit einem »Leatherman«, einem Mehrzweckwerkzeug. Dann trennt er ihr in einem wahren Blutrausch auch noch die Extremitäten ab.

Am Samstag früh um zwei Uhr geht bei der Polizei in Klagenfurt ein anonymer Anruf ein. Eine Leiche würde in der Wohnung von Liselotte Peyer liegen, sagt der Anrufer, wahrscheinlich Thomas K. selbst. Die Beamten verschaffen sich unverzüglich Zutritt in die Parterrewohnung. Thomas K., immer noch anwesend, versucht zu fliehen, wird aber als dringend tatverdächtig festgenommen. Er ist den Behörden nicht als gewalttätig bekannt.

Rätselraten bei den Ermittlern. Bei einem gerichtlichen Lokalaugenschein des Tatorts erklärt Thomas K. in allen Einzelheiten den Ablauf der Tat. Im Verhör gesteht er, dass Liselotte Peyer sterben musste, weil sie von »einem Dämon besessen« gewesen sei, den »auszutreiben« er die Pflicht hatte. Die österreichischen Medien sprechen von einem »Ritualmord«. Die Alpenrepublik ist entsetzt.

VII. »Ritualmorde« in der Schweiz

12.
»Kind in schwarzer Messe getötet?«[144]

Die Pfleger der Kantonalen Psychiatrischen Klinik Wil SG im Kanton St. Gallen trauen ihren Ohren nicht, als ihr Patient Beat S.[145] mit seinen Schilderungen fertig ist. Der 19-Jährige macht im Sommer 1993 einen Drogenentzug in der Klinik.
Angst und Schuldgefühle plagen ihn, und er offenbart Unglaubliches: Er sei Mitglied einer okkulten Gruppe, die im letzten Jahr im Stadtgebiet St. Gallen bei geheimen Ritualen ein aus Südamerika eingeschmuggeltes Kind geopfert hätte! Die Zeitschrift *Schweizerischer Beobachter* druckt im Rahmen eines Reports über Satanskult die Angaben von Beat S. ab, und das kantonale Gesundheitsdepartement stellt bei der Staatsanwaltschaft Strafanzeige gegen Unbekannt. So kommen die Untersuchungen in Gang, in die auch eine Spezialtruppe der lokalen Kantonspolizei eingebunden wird. Aber erst Monate nachdem einem Arzt von einer rituellen Tötung erzählt worden ist, der diese jedoch als Hirngespinste abgetan zu haben scheint. Konkrete Angaben dieses Verbrechens hat das Gesundheitsdepartement jedoch seit dem Frühling wegen des »Arztgeheimnisses« verschwiegen. Experten bestätigen die Existenz von aktiven »Okkult-Gruppen« im Kanton St. Gallen und anderen Teilen der Ostschweiz, warnen aber vor einer »Okkultismus-Panik« oder »Satanisten-Hexenjagd«.

Der »Ritualmord« beherrscht im Juli und August 1993 die Medien in der Schweiz. Das ganze Land fragt sich: Fantasiert der Psychiatriepatient, oder sind seine Schilderungen tatsächlich grausame Realität? Wurde wirklich ein Kind in einer schwarzen Messe getötet? Für die erfahrenen Psychiater und Betreuer der Klinik Wil jedenfalls steht fest, dass Beat S. unmöglich alles erfunden haben kann. Im Gegensatz dazu meint der Untersuchungsrichter jedoch: »Wir wissen noch nicht, ob wir den Aussagen des Informanten Glauben schenken können.« Kann nicht sein, was nicht sein darf? Am 2. August 1993 erklärt er schließlich in einer Pressemitteilung: »Die ... eingeleiteten Untersuchungshandlungen haben keinerlei zusätzliche Indizien, welche nebst Aussagen des Informanten auf eine Kindstötung hätten schließen lassen, zutage gebracht. Zusätzlich hat der Informant seine vormals gegenüber dem ärztlichen Betreuungspersonal gemachten Angaben bei den Untersuchungsbehörden als nicht der Realität entsprechend bezeichnet und bemerkt, dass er sich zum Zeitpunkt seiner Aussagen in einer psychisch problematischen Phase befunden habe.« Weiter kommt der kantonale Untersuchungsrichter zu dem Schluss: »Auf Grund dieser Sachlage muss davon ausgegangen werden, dass die Geschichte mit der ›rituellen Kindstötung‹ in St. Gallen keinen realen Hintergrund hat.«[146]

Der lokale »Spezialist« und »Kultfigur des trendigen Satanismus«[147] Carl Friedrich Frey, besser bekannt als »Magier Akron«, gibt ebenfalls seinen Kommentar ab: »Ein solcher Mord macht keinen Sinn«, bezweifelt er. »Jedenfalls nicht, wenn es um Okkultismus geht.«[148] Akron selbst soll jedoch Jahre später in Zusammenhang mit einem bestialischen Mord im satanistischen Kontext benannt werden (siehe nachfolgendes Kapitel).

Alles also nur ein böser Scherz? So einfach ist es jedoch nicht. Beat S. hat seine Aussage zurückgenommen. Doch weshalb? Hat er auf einmal Angst um sein eigenes Leben? Angst vor jenen, die sich nicht scheuen, selbst ein Kind zu töten? Und was ist mit den »erfahrenen« Psychiatern der Klinik, die ihm attestierten, er könne unmöglich alles erfunden haben? Fakt ist, und das räumt selbst der Untersuchungsrichter ein, Beat S. hat an Treffen eines okkulten Zirkels teilgenommen! Aber vermutlich, so der Richter, habe er den Ärzten einen »Mix von real Erlebtem und angelesenem Wissen über Okkultismus aufgetischt«.
Was aber, wenn Beat S. aus Todesangst seine Aussage widerrufen hat? Und tatsächlich ein Kind in einer schwarzen Messe geopfert worden ist?

13. Martha D.:
»Teufelspakt« und »Satansmord«

Fünf Jahre später erschüttert erneut ein grausames Verbrechen den Kanton St. Gallen. Und dieses Mal wird nicht gerätselt, ob es überhaupt ein Opfer gibt, denn die Fakten sind klar und unmissverständlich.

Der »Ritualmord« und die Ermittlungen
31. August 1998, Balgach: Die 55-jährige Kosmetikerin Martha D. ahnt nicht, dass sie ihren Mörder in ihre Wohnung lässt, als Luigi P. sie bittet, eben mal bei ihr telefonieren zu können. Schließlich ist der 24-Jährige schon lange eng befreundet mit ihrem Sohn Daniel. Doch Luigi P. hat in Wahrheit etwas ganz anderes vor: So zückt er auf der

Treppe zum Wohnzimmer ein Messer und sticht fünfundzwanzigmal heimtückisch, kaltblütig und brutal, »wie im Koma, wie im Traum«, auf die Frau ein, metzelt sie regelrecht nieder. Martha D. wehrt sich verzweifelt und versucht sich zu schützen, zieht sich dabei Stichwunden an Armen und Händen zu und hat doch keine Chance. Sie stirbt in den eigenen vier Wänden. Luigi P. schleppt die Leiche ins Badezimmer, zerrt sie in die Wanne und »reinigt« sie mit heißem Wasser und Shampoo von dem Blutgeruch. Dann wartet er stundenlang auf ihren Ehemann. Doch der verspätet sich, weil er länger arbeiten muss. Das rettet ihm vermutlich das Leben. Luigi P. wird plötzlich von der Angst einer Entdeckung ergriffen und verlässt fast panisch gegen 22 Uhr die Wohnung. Unterwegs entledigt er sich seiner blutbefleckten Kleidungsstücke.

Walter D., Inhaber und Geschäftsführer eines Baustoffbetriebes, kommt gegen 22.40 Uhr nach Hause. Dort bietet sich ihm ein Bild des Grauens: Die Polstergarnitur ist genauso blutgetränkt wie der Teppich im Wohnzimmer. Überall Blutspuren und ein Fußabdruck auf dem Boden. Im Bad findet er schließlich seine tote Frau. Übersät mit Messerstichen im Gesicht, am Hals, im Brustbereich, an den Unterarmen und Händen, sowie großflächige, verbrennungsartige Hautabschürfungen im Gesichts-, Hals- und Schulterbereich. Die Verbrühungen rühren, so wird der rechtsmedizinische Befund später belegen, von dem Abwaschen des Blutes durch den Täter mit heißem Wasser her.

Walter D. verständigt sofort die Polizei. Der Untersuchungsrichter und die kriminalpolizeilichen Fachdienste (Spurensicherung, Kriminaltechnik) sowie ein Rechtsmediziner treffen ebenfalls am Tatort ein.

Neben dem Ehemann, der sich den ganzen Tag über auf einer Baustelle im Kanton Aargau befunden hat, werden auch der Bruder der Toten und dessen Frau vernommen. Die erzählen, dass sie Martha nachmittags noch einen kurzen Besuch abgestattet hätten und ihnen nichts Ungewöhnliches aufgefallen wäre. Walter D. hat sofort auch seinen einzigen Sohn Daniel, fünfundzwanzig Jahre alt, verheiratet, wohnhaft im Kanton Thurgau, der in seinem Betrieb arbeitet, von dem Tod der Mutter informiert. Doch der kommt nicht nach Hause. Am Nachmittag noch hatte er eine Auseinandersetzung mit seiner Mutter wegen seiner mangelnden Arbeitseinstellung.

Der Untersuchungsrichter bestellt Daniel D. zur Vernehmung ein und ordnet gleichzeitig eine Hausdurchsuchung an. Dabei werden verschiedene Stichwaffen, okkulte Kultgegenstände und Satanismusbücher sichergestellt. Daniel bestreitet jedoch jeglichen Zusammenhang mit der Tötung seiner Mutter und wird durch ein Alibi entlastet.

Nachdem der Untersuchungsrichter erfährt, dass Martha D. in letzter Zeit angeblich anonyme Anrufe erhalten haben soll, ordnet er auch die rückwirkende Auswertung der Telefongespräche der Anschlüsse von Walter D. und seinem Sohn an.

Die Kantonspolizei verhört Daniel weiter, der offensichtlich unter Medikamenteneinfluss steht. Schließlich erzählt er den Ermittlern vom Satanismus und seinen Kollegen, darunter Luigi P., der zu abartigen Gewaltvorstellungen neigen soll. Zudem habe er bereits Grabschändungen und ein Sprengstoffdelikt verübt. Nun wird auch Luigi P.s Wohnung durchsucht. Tatsächlich werden die Beamten fündig: Neben einem Paar Schuhe, die zum Sohlenabdruck am Tatort passen, wird auch die Tatwaffe selbst sichergestellt.

Satanistische Täter

Schon beim ersten Verhör ist Luigi P. geständig. Hass auf das Opfer hätte ihn zu der alleinigen Tat veranlasst. Dabei habe er auch den Ehemann ermorden wollen, aber der kam am Tattag zu spät nach Hause.

Bei den Verhören stellt sich immer mehr heraus, dass Luigi P. ein enges Verhältnis zu Daniel D. gehabt hat. Dennoch bleiben die genauen Hintergründe der Bluttat zunächst diffus. Genauso das Motiv. Bis die Ermittler die Gegenstände ausgewertet haben, die auch bei Luigi P. gefunden wurden. Sie staunen nicht schlecht, denn darunter befindet sich ein »Teufelspakt«, den er im August 1998 im Wald und mit eigenem Blut unterschrieben hat. Dabei verpflichtete er sich, alle Befehle seines »Vaters Satanas« sofort auszuführen und weiter: »... Luigi P. wird alles tun, was sein Vater, Satanas, ihm befiehlt. Bedingungsloser Gehorsam zu seinem Vater Satanas ist sein einziges Lebensziel. Bis zu seinem Tod.« Seinen eigenen Willen aufzugeben und bedingungslos gehorsam zu sein – damit auch seinem Freund und Lehrmeister Daniel D., denn der hat ihm die Anweisungen Satans schließlich übermittelt und auch den Teufelspakt verfasst.

Daniel D. selbst ist Kultführer eines Satanistenzirkels. Er suggeriert seinem »Schüler« Luigi, dass der Satanismus Töten erlaube, Mord im Dienste Satans nichts mit Verbrechen zu tun habe und eine »Lehre der Unsterblichkeit, Phantasie und Herrlichkeit« wäre. Luigi P., dessen geistige Entwicklung in Folge einer Frühgeburt und Geburtsfehlern verzögert geblieben ist, hat sich in die totale Abhängigkeit seines »Lehrmeisters« begeben. Schon früh hat er den christlichen Glauben abgelehnt, gegen die Kirche rebelliert und sich der Teufelsanbetung zugewandt.

Auch Daniel D. hat schon mit dreizehn Jahren einen »Hass

auf Gott« bekommen, liest ein Buch von Anton LaVey, dem Begründer der »Church of Satan« und ist vom Satanismus fasziniert. Mit anderen schließt er einen Pakt mit dem Teufel und vollführt verschiedene Rituale. 1994 beginnt er mit Mitgliedern und mit Luigi P. Friedhöfe und Gräber zu schänden. Und im Herbst 1997 wird Luigi »satanistischer Schüler« von Daniel D., der ihm, so Luigi P., den Auftrag gegeben habe, dessen Eltern zu töten. Im September 1998 wird Daniel D. wegen Anstiftung zum Mord an seiner eigenen Mutter verhaftet. Er bestreitet die Vorwürfe jedoch energisch.

Über Monate hinweg verheimlicht die Polizei, dass Luigi P. und sein Freund Daniel D. fast zehn Jahre lang Mitglieder eines satanistischen Zirkels waren. Eine Sektenkennerin schließlich enthüllt dies öffentlich, denn sie kennt Martha D. und ihren Sohn aus ihrer Beratungstätigkeit. Die Mutter hätte ihr gesagt, dass ihr Sohn krank, nur noch Haut und Knochen sei, sich dauernd übergeben müsse und seit Jahren das Kultbuch *Baphomet* des umstrittenen St. Gallener Astrologen, Schriftstellers und Magiers Carl-Friedrich Frey alias »Akron« lese. Illustriert vom weltbekannten Künstler und »Alienschöpfer« H. R. Giger, einem Freund Akrons. In einer großen Schweizer Illustrierten äußert sich ein Buchhändler darüber, das Buch aus dem Regal genommen zu haben, weil der »Inhalt zu viel mit schwarzer Magie« zu tun hat.

»Magier Akron« und der
»Templum Baphomae«

Das Kultbuch *Baphomet*, die »Kultbibel«, der »Leitfaden für die Auseinandersetzung mit den inneren Dämonen der eigenen Seele«, wie es in der Eigenwerbung auf Akrons

Homepage heißt, war tatsächlich ein wichtiger Leitfaden für die beiden Satanisten. Es soll Menschen helfen, den »eigenen Schatten« zu integrieren, aber auch dazu führen, dass Vereinzelte »verrückt« werden könnten. »Umso besser«, verkündet Frey auf seiner Homepage. »Dann geht's schneller. Dann kann er die Therapie, dann kann er den Heilsweg beschreiten.« Nur an Mord habe er dabei nie und nimmer gedacht und wehrt sich dagegen, sein Buch wäre eine Anleitung zum Töten und ein »Satansbuch«. »Das Buch befasst sich mit den Schattenseiten und den seelischen Abgründen der Menschen. Nicht mit satanischem Gedankengut.« Okkultismus sei für viele ein Auffangbecken sowieso vorhandener psychischer Störungen. »Hätten sie den Okkultismus nicht, würden sie ihre Defizite woanders ausleben.«

Frey muss es ja schließlich wissen, denn er wohnt in St. Gallen in einem vierstöckigen Schlösschen, umgebaut zu einem »Miniaturtempel«, einem »astrologisch-okkultistischen Zentrum«[149], das mit Skeletten, Totenschädeln und anderen Kultgegenständen angereichert ist. Seine Ruhe findet er in einem sargförmigen Bett. »Mit der Zauberei kann ich mein Unterbewusstsein beeinflussen, ja sogar steuern«, sagt er.

Frey ist 1948 in der »Walpurgisnacht« geboren und beschäftigte sich schon von »Kindesbeinen an« intensiv mit Magie. Er ist Mitbegründer der Regensburger Black-Magic-Band »Black Mass« (1969–1972) und dann zeitweise Schlagzeuger der Münchner Kult-Band »Amon Düül«, die mit Satanskult berühmt wurde. »Wir zelebrierten schwarze Messen, damit wir bekannt wurden«, bekennt Frey alias Akron. Das führt 1972 zu einem »Religionsskandal« in Thalmassing auch wegen einer nackten Jungfrau am Kreuz, die zum Show-Teil der Band gehört. Doch ein vom Freistaat Bayern eingeleitetes Verfahren verläuft im Sande.

1996 beginnt er sein »Lebenswerk« zu schreiben, die »Dante-Triologie« aus esoterischer Sicht. Ein Jahr später löst der Verlag, in dem das Werk erscheinen soll, zunächst den Vertrag auf, weil das Buch zu »komplex, pervers und abgründig« ist und wegen »pornographischer Fäkaliensprache« für die Öffentlichkeit und das Verlagsimage unzumutbar wäre. Es beginnt ein zweijähriger Rechtsstreit, der mit einer Entschädigung endet. 1999 begibt sich Frey alias Akron zu einer von einem privaten Fernsehsender »gesponserten« Erlebnisreise auf Aleister Crowleys Spuren in Thüringen. Der Mentor des Neosatanismus hat sich von 1925 an einige Zeit in Deutschland aufgehalten. Im thüringischen Weida hat er sich mit anderen okkulten Glaubensbrüdern wie Karl Germer, Eugen Grosche, Heinrich Tränker getroffen und wollte von hier aus seinen Weg als »Weltheiland« antreten.[150] Frey besucht also einige von Crowleys Stationen, so die Villa von Karl Germer, die Burg Ehrenfels, einen Ritualplatz und die Gaststätte »Zur Torheit«, mitten auf einer Waldlichtung in Weida, wo Crowley eine Reihe schwarzer Messen abgehalten haben soll.

Frey sagt von sich, er sei kein Satanist. Aber viele Okkultisten würden in ihm eine »Integrationsfigur« sehen. »Sie rufen mich an und erzählen von ihren Problemen. Ich erteile dann meine Ratschläge.«[151] Der Schweizer Spezialist für neue religiöse Bewegungen, Joachim Müller, ordnet ihn jedoch »grundsätzlich der okkulten Szene zu«![152]

Carl-Friedrich Frey alias Akron Magier leitet auch das »Templum Baphomae«, seinen eigenen Orden, gegründet 1994 zu Halloween. Eine Gruppierung, die keltische Rituale nach alten Sagen zelebriert, sich mit »Schattenarbeit oder den verdrängten Persönlichkeitsteilen im Menschen auseinandersetzt und versucht, »durch deren Rückbindung

beziehungsweise Bewusstwerdung vollständiger« zu werden. Die schweizerische »Evangelische Informationsstelle Kirchen, Sekten und Religionen« bringt diese komplizierte Deutung jedoch auf einen verständlichen Nenner: »Ziel ist es hingegen, das Okkulte zu integrieren, um die ›Ganzheit des Selbst‹ zu ermöglichen. Der Weg hierzu geht über die ›Schattenarbeit‹, wie sie das Templum Baphomae betreibt.« Damit ist der Mensch in der Lage, seine »Weltanschauung« selbst zu setzen und von vorgegebenen Symbolsystemen Gebrauch zu machen![153] Das heißt nichts anderes, als dass sich Akron doch okkultistisch betätigt, er seinen Schülern ein Symbolsystem mit an die Hand gibt und diese in der Lage sind, ihre eigene Weltanschauung zu verwirklichen. Das erinnert doch an die Umkonditionierungsmaßnahmen von Neosatanisten, zu denen Akron ja auch Kontakt hat, wie wir noch sehen werden.
Der »Okkult-Guru« Frey erklärt weiter, dass jede Frau in ihrem Innern eine Hexe sei und er seine Kraft »unserem Hexentempel zur Verfügung« stellen will. Ist es nur Zufall, dass sich Akrons Gruppe »Templum Baphomae« nennt? Nein, denn das Kultobjekt der mittelalterlichen Tempelritter ist Akrons »liebstes Schatten-Symbol«. Vergessen wir nicht, dass auch der Ordo Templi Orientis (O.T.O.) unter Aleister Crowley einen engen Bezug zu »Baphomet« hatte: Seine Anbetung gilt als Geheimnis des O.T.O.[154] Der Gründer der »Church of Satan«, Anton LaVey, erklärt, dass das Symbol des Baphomet von den Tempelrittern verwendet wurde, um Satan darzustellen. Er repräsentiert die Kräfte der Finsternis und der Fruchtbarkeit des Bocks von Mendez. Seine beiden Hörner verneinen die (heilige) Dreifaltigkeit. Das Symbol des Baphomet wird in den Ritualräumen an der Wand über dem Altar angebracht.[155]

Doch was geschieht wirklich in Akrons eigenem Okkult-Orden, dem »Templum Baphomae«? Ist wirklich alles so harmlos, wie es auf den ersten Blick den Anschein hat? Mitnichten! In einem Bericht der »Evangelischen Informationsstelle« von Georg Otto Schmid ist zu lesen: »Schon bald lud Akron die Menschen (die Teilnehmerzahl bei seinen Ritualen schwankt zwischen 40 und 60 Personen), die sich dem Templum Baphomae zugehörig fühlen, zu feierlicher Begehung der hohen okkulten Feiertage, Walpurgis und Halloween, nach St. Gallen ein ... Am letzten Halloween waren dem Vernehmen nach Todeserfahrung und Todesurteil die Themen. Akron berichtet, dass in diesem Zusammenhang jede teilnehmende Person eine Liste mit drei anwesenden Menschen zu erstellen gehabt hätte, welche sie für eine Opferung vorsehen würde, welche ihr also am ehesten entbehrlich scheinen würden.«

Man muss sich dies einmal bildlich vorstellen: Der »harmlose« Astrologe und Okkultist Frey fordert bei Zusammenkünften an hohen okkulten und satanistischen Feiertagen die Anwesenden seines Ordens dazu auf, Personen vorzuschlagen, die sie opfern würden. Personen, die selbst anwesend sind. Unglaublich. Aber es kommt noch schlimmer.

Denn, so Schmid weiter: »Die Motive dieser Wahl wurden dann diskutiert und eine symbolische Opferung an Akron vollzogen, indem er an einen Galgen gehängt wurde. Phoebe, die rund dreißig Jahre jüngere Freundin Akrons, berichtet noch Weiteres: Die Todeserfahrung sei jeder teilnehmenden Person zugemutet worden, indem sie mit verbundenen Augen einer supponierten Enthauptung zugeführt worden sei, wobei das Schwert nur ganz knapp am Kopf vorbeigeführt worden sei, um die Erfahrung der

Todesangst möglichst realistisch zu machen. Danach seien die Teilnehmenden zur Einstimmung in den Zustand des Tot-Seins leichenartig bemalt worden.«
Akrons solchermaßen veranstaltete okkulte Spektakel kann man wohl kaum als harmlos einstufen. Und das tut er auch nicht. Er und seine (damalige) Freundin Phoebe gestehen durchaus ein, dass diese Psychospiele bei den Teilnehmern »einiges aufwühlen« können. Phoebe erklärt, dass sie und Akron sehr aufmerksam auf Menschen geachtet hätten, bei welchen die »Enthauptung« zu psychischen Auffälligkeiten führte beispielsweise. Damit geben Akron und Phoebe unumwunden zu, dass das Ganze gefährlich und es sogar zu »psychischen Auffälligkeiten« gekommen sei. Unglaublich, aber wahr. Georg Otto Schmid von der »Evangelischen Informationsstelle« kommt zu dem Schluss: »Die rüden Psychospiele, die sich aus Akrons Schattenarbeit ergeben, sind allerdings m. E. wohl nur ganz robusten Naturen zuträglich ... die Frage bleibt für mich, wie es um die therapeutische Kompetenz einer psychotherapeutisch tätigen Person bestellt wäre, falls sie Akrons Rituale nicht nur als Erfahrung genießen, sondern in irgendeiner Form benötigen würde.«[156]
Um Akrons therapeutische Kompetenz geht es auch 1999. Da bekommt er neuen Ärger und öffentliche Publicity, auf die er sicher gern verzichtet hätte: Marina S. aus Nürnberg kommt sechs Jahr vorher mit ihm über sein Angebot zur »tiefenpsychologischen Astrologie« in Kontakt. Viermal, so Akron, treffen sie sich in seinem Schlösschen zur »therapeutischen Arbeit«. Therapeut und Klientin trennen sich 1995, bleiben aber weiterhin in Kontakt. Marina S. erhebt schließlich schwere Vorwürfe gegen Frey, will Sühne dafür, was der Magier ihr und, wie sie sagt, zahllosen

anderen mit seinen fraglichen Therapiemethoden angetan hat: »Seiner zunehmend jünger werdenden Klientele soll nicht widerfahren, was mein Leben über Jahre hinweg zur Qual gemacht hat.« In einem Brief an das St. Galler Untersuchungsrichteramt erklärt sie weiterhin: »Akron steuert die Klienten-Therapeuten-Ebene zielstrebig in eine verwirrende persönliche Bezugsebene.« Weiterhin verstricke er seine Klientinnen »suggestiv-manipulativ« mit seinen eigenen Bedürfnissen und Interessen, »manövriere sie systematisch zu einem aussichtslosen Tiefpunkt, um sie dann fallenzulassen.« Frey wehrt sich gegen diese Vorwürfe, bezeichnet sie als »eingebildete Liebesfixierung«, mit der sich Marina S. selbst in »anhaltende Suizidgefahr« gebracht habe. Er hätte sie nicht fallengelassen, und nachdem sie realisierte, dass er sich nicht einbinden lassen wollte, hätten ihre Gefühle von übersteigerter Liebe in mörderischen Hass umgeschlagen. Marina S. erwägt den Magier wegen sexueller Belästigung und therapeutischem Missbrauch zu verklagen. »Er ist ein skrupelloser Manipulator und Intrigant«, sagt sie. Frey bestreitet nicht, sich mit der Frau getroffen, wohl aber sie sexuell missbraucht zu haben. Im September 1999 kann der umstrittene Magier Akron alias Frey allerdings aufatmen: Die Staatsanwaltschaft des Kantons Appenzell Ausserrhoden stellt die Untersuchungen ein. »Es ist selbst aufgrund der eigenen Schilderung der Geschädigten, die mit ihrer Anzeige immerhin fast vier Jahre zugewartet hat, völlig unwahrscheinlich, dass es überhaupt beziehungsweise gar zu einem von der Geschädigten nicht gewollten Sexualakt gekommen ist.«

Akron und die Neosatanisten

Auch wenn Frey offiziell sagt, kein Satanist zu sein, sind einige Aspekte in diesem Zusammenhang sehr interessant: Warum begab er sich auf die Spuren von Aleister Crowley, wenn er mit dem anscheinend nichts zu tun hat? Warum vertreibt er auf seiner Homepage in seinem »Akron Shop« die neosatanistische Bibel, das *Liber Al vel Legis* von Aleister Crowley, in der auch Mord und Totschlag propagiert wird? Warum ähneln die emotionalen Ritualarbeiten in seinem eigenen Orden »Templum Baphomae« denen anderer »okkulter Organisationen«? Welche sind damit gemeint? Fragen, die er sich gefallen lassen muss.

Im November 2004 gibt Carl-Friedrich Frey dem »Projekt New Aeon City«, einer »Plattform für spirituell, philosophisch und magisch Interessierte«, bereitwillig ein Interview. Hier tummeln sich alle: Thelemiten, Satanisten, Hexen, Magier, Schamanen, Gnostiker, Tantra-Lehrer und Freimaurer. Der Journalist und Satanismusexperte Rainer Fromm erklärt dazu: »Dem Neosatanismus ist es mit New Aeon City wohl gelungen, finanziell überlebensfähige Strukturen im Internet zu schaffen und so den Grundstock für eine noch größere Expansion zu legen.«[157] Gegründet wurde die virtuelle Stadt »New Aeon City« von der »Thelema Society«[158] um den berüchtigten Neosatanisten Michael Dietmar Eschner, der in einem Interview freimütig bekennt: »Wie jeder intelligente Pragmatiker bin ich Magier, Immortalist und Neosatanist.«

Hans-Rudi Giger, Satanisten und ein
»mystisches Bekenntnis«

Interessant in diesem Zusammenhang erscheint auch, dass neben Carl-Friedrich Frey auch sein Freund Hans-Rudi Giger, den er in einem Interview »Meister« nennt und der am Kultbuch *Baphomet* mitgearbeitet hat, den Leuten um den Neosatanisten Eschner ein Interview gab; nachzulesen auf der Homepage der oben erläuterten »New Aeon City«. Giger ist ein weltberühmter Künstler, der 1980 für das Design für Ridley Scotts Film »Alien« den Oscar in der Kategorie »Best Achievement for Visual Effects« erhalten hat.

Akron hat das fragliche Interview anlässlich einer Vernissage in Zürich am 30. Oktober 2000 vermittelt! Giger gibt darin zu, sich zwischen 1972 und 1977 »stark für magische Sachen« interessiert und alles Mögliche dazu gelesen zu haben, auch von Aleister Crowley, dem Mentor des Neosatanismus. Giger meint weiterhin, als er den Oscar gewonnen hat, hätte sich alles auf die »Alien-Bilder« gestürzt, und er konnte machen, was er wollte. Giger bestätigt im Verlauf des Gesprächs auch, dass er mit der Satanistin Ulla von Bernus in der Schweizer »Thelema-Abtei« in Stein in Appenzell gewesen ist, und erwähnt den Namen »Metzger«! Nun ist diese nicht einfach eine christliche »Abtei«, sondern ganz im Gegenteil: Sie galt als die »Weltzentrale« des neosatanistischen »Ordo Templi Orientis« (O.T.O.), mit Anhängern in 54 Ländern. Bei Metzger handelt es sich um Hermann-Joseph Metzger, dem damaligen berüchtigten Leiter des Ordens, der 1990 verstorben ist. Die Urne mit seiner Asche soll hinter dem Altar der Gnostischen Kapelle stehen. Allerdings ist er nicht von allen als Oberhaupt des O.T.O. anerkannt worden, weil es zur damaligen Zeit neben dem

Schweizer O.T.O. auch noch den O.T.O. Kalifornien unter Marcello Motta, den englischen O.T.O. unter Kenneth Grant und die Saturn Gnosis (besser bekannt als »Fraternitas Saturni«) O.T.O. in Deutschland gab.

In einer Sondernummer der O.T.O.-Zeitschrift *Oriflamme* aus dem Jahr 1969 ist zu lesen, dass von etwa 1952 bis 1969 die Abtei im Appenzeller Land, in der Ostschweiz, wie das Umfeld zusammen mit dem Gasthof »Rose« ausgebaut wurde. So entstanden ein Gebäudekomplex mit 130 Räumen und die »Kapelle«. Mit den unterirdischen Räumen sollen sich die Liegenschaften auf eine Gesamtfläche von über 40 000 Quadratmetern erstrecken. Die Bibliothek soll 40 000 Bände umfassen, darunter Werke über Astrologie, Magie, Geheimwissenschaften und natürlich die Schriften Aleister Crowleys. In der Nachfolge von Metzger soll als erstes »weibliches« Oberhaupt des O.T.O. Annemarie Ä.[159] gekommen sein, dann der Lehrer Olaf R.[160] Metzger und Annemarie Ä. (»Chochmah«) waren auch eine Zeit lang Mitglieder der »Fraternitas Saturni«, bis Metzger am 11. September 1953 wegen »unwürdigen Verhaltens« ausgestoßen wird und seine »Vollmachten für die Schweiz« annulliert werden.[161]

Doch was wollte H. R. Giger mit Ulla von Bernus in der Zentrale des Schweizer neosatanistischen O.T.O.? Die Satanistin hatte wohl die Absicht, eine »Menge magischer Rituale zu zelebrieren«; Giger suchte vergeblich nach Crowley-Zeichnungen. Er meinte, Annemarie Ä. und Hermann-Joseph Metzger seien sehr nett und »harmlos«. Trotzdem möchte er weder mit der Satanistin Ulla von Bernus noch mit Stein etwas zu tun haben, das sei ihm doch »zu komisch und heavy«.[162]

Der Schweizer Sektenexperte Georg Otto Schmid sieht dies

jedoch anders, wie er mir in einem Schreiben mitteilt: »H. R. Giger ist offenbar schon länger dafür bekannt, dass er mit jeder okkulten Organisation, von der er hört, Kontakt aufnimmt. So soll er z. B. zeitweise mit der Abtei Thelema in Stein, Appenzell, in Verbindung gewesen sein. Kontaktaufnahmen zum Templum Baphometis und zum Schwartzen Orden sind damit wahrscheinlich. Eine längere Beziehung ist allerdings nur im Fall Akron nachweisbar.«

Der Schweizer »Schwartze Orden« ist ein Mix aus »schwarzen Künsten« und »luziferianischen Irminenglauben«, der sich als »Speerspitze Satans« sieht, und seine Mitglieder sind »unabhängige, satanistische Tempeleisenschaft elitärer und Schwarzer Magier und Satanisten.«[163] Zumindest im Internetauftritt des »Schwartzen Ordens« wird Giger, der »helvetische Monstermacher«, als zu Aleister Crowleys Fangemeinde zugehörig bezeichnet. Und weiter: »Gewalt ist das Thema des ›Baphomet‹-Tarot von H. R. Giger, der in Kreisen der Satanisten sehr beliebt ist. Die Bilder zementieren das Rollenbild. Die Frau dient dem Teufel als Sexobjekt. Die Macht des Magiers zeigt sich in der Darstellung des Penis: einem Maschinengewehr.«[164]

Der *Focus* bezeichnet Giger als den »bedeutendsten Horror-Designer der Welt«, der von Satanisten, Gruftis, Gothic-Fans und den »Hell's Angels« verehrt wird. Die *Neue Zürcher Zeitung* hingegen schmäht seine Machwerke als vorwiegend »sadomasochistisch gefärbte Pornographie«. Tatsächlich treffen Okkultismus, Satanssymbolik, Sex und Gewalt in vielen Bildern Gigers zusammen. Im Interview mit dem *Focus* verrät er, dass die beiden Pole »Sex und Tod« die stärksten Themen überhaupt sind. Auch deshalb ist er ein Idol für Satanisten. Auf die Frage, ob er also gar kein Teufelsanbeter sei, antwortet der berühmte Künstler:

»Nein, um Gottes willen ... Ich bin weder in einer Loge noch habe ich Rituale mitgemacht.« Dennoch verrät er, an die »Zahlenmystik« zu glauben, insbesondere an die Fünf. Die Zahlenmystik oder Zahlensymbolik ist uralt. Bereits in frühen Zeiten haben Menschen Zahlen besondere Kräfte zugeschrieben oder sie symbolisch für bestimmte Gedanken und Zusammenhänge betrachtet. Gibt damit Giger etwas von seinem »wahren Glauben« preis? Schließlich ist die »Fünf« die ursprüngliche Symbolzahl der altbabylonischen Göttin Ischtar, deren Name ein Synonym für den »Morgenstern« ist, eine weibliche Gottheit, eng verbunden mit Fruchtbarkeitsriten, Blutdurst und Krieg. In der christlichen Bibel wird die babylonische Ischtar mit dem männlichen semitischen Götternamen »Baal« verehrt, einem kanaanäischen Gott, und in Ekron, dem Land der Philister, wird sie zum »Baal-Zewuw« (»Baal-Sebub«), dem »Herr der Fliegen« oder unserem Kulturkreis besser bekannt als »Beelzebub«, dem Herrscher der Dämonen, Erbe des Feuers und der Pein, Feind der Heiligen. Ein Synonym für Satan also. Die Zahl Fünf ist auch die des Pentagramms, des Fünfecks oder Fünfsterns des Drudenfußes. Im Tarot ist das Symbol des fünften Schlüssels »Der Hohepriester«, der wiederum den inneren Lehrer, die Intuition repräsentiert. Wer nämlich die Kraft des Hohepriesters besitzt, ist wahrhaft ein »Be-Herrscher«, in dem sich die Kräfte des Magiers und der Hohepriesterin vereinen. In der Mythologie steht er für Merkur, Hermes und Thoth. Die »Fünf« bedeutet aber auch, das »Geistige soll über das Materielle triumphieren«, und im magischen Ritual bedarf es der Vereinigung aller geschärften fünf Sinne des Menschen, ist aber auch die Zahl des »Sex«. Fünfzehn symbolisiert im Tarot den Teufel, den »Zweigehörnten«, die andere Seite Gottes.[165]

Was also will Hans-Rudi Giger mit seinem offen verkündeten Glauben an die Zahlenmystik und an die »Fünf« für eine Botschaft senden? Sehen wir hier eine »dunkle« Seite des Oscarpreisträgers, von der nur die allerwenigsten wissen? Ein symbolisches, ein mystisches Bekenntnis, das nur »Eingeweihte« verstehen?

Akron und die »Satansmörder«

Carl-Friedrich Frey, ein Freund Gigers, lernt Daniel D. und Luigi P., den späteren Mörder, bei einer Vernissage eines seiner Bücher kennen. Die beiden wären »fanatisch« auf den Satanismus abgefahren, erzählt Akron. Zwei Monate vor dem Mord hat er sogar einen Brief von Daniel D. erhalten. Er wollte aus dem Okkultismus aussteigen und sich zukünftig Jesus zuwenden. Dadurch fühlte sich Luigi P. wohl bedroht, meint der Schweizer Sektenexperte Georg Otto Schmid. »Eine solche Bedrohung mit einem Mord aus dem Weg zu räumen, das ist bei Satanisten sehr nahe liegend.« Er bezeichnet Magier Akron als »Okkultisten«.[166]

Die Staatsanwältin und Leiterin des Untersuchungsamtes Altstätten Petra Hutter und Stefan Jung vom Spezialdienst der Kriminalpolizei der Kantonspolizei St. Gallen wissen mehr über den »Kontakt« zwischen Akron und den Satanisten: »Er (Daniel D./d. A.) schloss sich einem unter Satansjüngern bekannten Magier an und ließ sich von diesem unterweisen.«[167]

Mit Grausen erinnert man sich in diesem Zusammenhang an die (Pseudo-)Menschenopferungen und »Todeserfahrungs-Rituale« von Frey, die er in seinem »Templum Baphomae« praktiziert(e). Hat Daniel D. diese auch durchlaufen? Wusste die Staatsanwaltschaft überhaupt von diesen Ritua-

len? Und inwiefern hätten sie die grausige Tat, den Ritualmord, beeinflussen können? Fragen, die wohl für immer im Dunkeln bleiben.
Eine Magierin und »selbsternannte Lebensberaterin« wurde Daniel D. zur Betreuung zugeteilt, erklären Hutter und Jung weiter. »Als sich das alles aber nicht so entwickelte, wie er sich das gewünscht hätte (z. B. starb sein Vater trotz einiger ›Todeszauber‹-Versuche nicht), machte er sich von der Betreuerin los und nahm sich seinen eigenen Schüler. In dieser Phase lernte er Luigi P. kennen …«[168]

Satanistisches Gedankengut

Jahrelang jedenfalls soll sich Daniel D. im okkulten Umfeld bewegt haben. Schon mit sechzehn hat er einen Pakt mit Satan geschlossen. Black-Metal-Musik, Aleister Crowley, schwarze Messen, Blutopfer und Sexriten waren ihm nicht fremd. Er hat sich selbst als »Satansprophet« gefühlt.
Und Daniel hat von Luigi P. eine »krasse Tat« verlangt, damit er »gestärkt daraus hervorgehe«. Dazu zeichnet er Ende August 1998 an einem »Kraftplatz« in Arbon am Bodensee, an dem es von Wasser- und Sumpfgeistern anscheinend nur so wimmelt, ein Pentagramm auf den Boden und erklärt, »zwei Dinge« müssten nun weg. Für Luigi P. ist klar, dass Daniel seine Eltern damit meint, die diesem wegen häufigem Streit lästig gewesen sind. Denn zuvor hat er schon mehrmals gesagt, seine Eltern seien ihm im Weg und müssten »umgelegt« werden. Zudem will Daniel D. sie beerben. Luigi verspricht sich seinen Anteil als »Lohn« für den Mord. Daniel D. gibt seinem Schüler sogar noch ein Messer, die spätere Tatwaffe, das er extra noch geschliffen hat.

Dennoch bestreitet Daniel D. vehement die Anstiftung zum Mord. Er hätte lediglich das »Monster Luigi« versucht zu führen. Der hätte seine Äußerungen in seiner »abartigen Geisteshaltung« wohl falsch verstanden und ihm durch das »Ausräumen« seiner Eltern einen Gefallen tun wollen. Dies sei jedoch weder in seinem Sinne noch in seinem Auftrag geschehen.

Nach fünfundneunzig Tagen Untersuchungshaft wird Daniel D., der eine Mittäterschaft weiterhin bestreitet, bis zum Prozessauftakt auf freien Fuß gesetzt, im Gegensatz zum geständigen Mörder. Die Staatsanwaltschaft fordert jedoch für beide eine Haftstrafe von fünfzehn Jahren, verbunden mit einer ambulanten psychiatrischen Therapie und mit Schutzaufsicht. Darüber hinaus wirft die Staatsanwaltschaft den Männern einen Sprengstoffanschlag im Juli 1998 auf das Auto eines Kollegen vor, bei dem geringer Sachschaden entstanden ist. Und Luigi P. wird beschuldigt, zusammen mit anderen Mitglieder eines Satanszirkels während mehrerer Jahre verschiedene Friedhöfe geschändet, schwarze Messen abgehalten und Wegkreuze beschädigt zu haben.

Der Prozess

Am 18. Mai 2001 kommt es vor dem Bezirksgericht Unterrheintal in Widnau zum Prozess. Bezirksrichter, Staatsanwalt und Gutachter befinden die Aussagen des Mörders Luigi P., die zudem noch durch Indizien gestützt sind, für glaubwürdig. Dabei wird festgestellt, dass Luigi P. seinem älteren Freund und Lehrmeister Daniel D. hörig und geistig unterlegen gewesen ist, er sich ihm blind unterworfen und absoluten Gehorsam gelobt hat. Daniel D. weise zudem sadistische Züge auf. Bei ihm wird von einer besonderen

Skrupellosigkeit ausgegangen, weil er aus niedrigsten Beweggründen veranlasste, seine Eltern zu töten: aus ungerechtfertigtem Hass, dem Gefühl, das Recht zu haben, über Leben und Tod anderer zu entscheiden, und Habgier, also der Aussicht auf eine ansehnliche Erbschaft.
Der Gutachter spricht von einem »Sumpf der Verworfenheit«, wie er ihn selten erlebt hat. Eine Zeugin erklärt, dass Daniel D. seinen Freund Luigi P. an den Magier Akron als »energetisches Geschenk« übergab. Akron hat Daniel zudem zu einer »esoterischen Beraterin« nach Arbon geschickt. Mit ihr schloss er einen »Blutsvertrag«, äußerte Gewaltfantasien gegen die Eltern. Doch die von Akron empfohlene esoterische Beraterin erkannte den Ernst der Lage nicht.
Bei beiden Satanisten wird eine verminderte Zurechnungsfähigkeit, eine schwere Persönlichkeitsstörung attestiert. Weil Luigi P. ein Geständnis abgelegt hat, wird er schließlich wegen Mordes, der Gefährdung durch Sprengstoffe, mehrfacher Störung des Totenfriedens, Glaubens- und Kultusfreiheit sowie Sachbeschädigung zu zehn Jahren Zuchthaus, Daniel D. wegen Anstiftung zum Mord zu vierzehn Jahren Haftstrafe verurteilt. Beide müssen sich zudem einer ambulanten Therapie unterziehen, um die »Rückfallgefahr« zu verringern. Die Richter schließen sich auch der Auffassung des Sachverständigen an, dass der Satanismus das »Vehikel« zur Tatausübung gebildet hat.
Luigi P. distanziert sich vom Satanismus. Daniel D. legt gegen das Urteil Berufung ein und beteuert weiterhin seine Unschuld. Im November 2003 soll der Berufungsprozess stattfinden, aber dazu kommt es nicht mehr. Denn Daniel D. stirbt im August 2003 völlig überraschend in seiner Wohnung. Bei der anschließenden Obduktion stellt der zu-

ständige Rechtsmediziner zwar Tod durch Herzstillstand fest, der medizinische Grund dafür bleibt jedoch mysteriös. Weder gibt es Hinweise auf einen Selbstmord noch auf die Einwirkung Dritter. Weitere toxikologische und mikroskopische Untersuchungen werden nötig, aber die Todesursache bleibt weiterhin rätselhaft. Schließlich diagnostiziert der Rechtsmediziner einen natürlichen Tod des inzwischen sehr übergewichtigen Mannes, kreislaufgeschwächt durch starke Beruhigungsmittel und infolge der ungewöhnlich lang anhaltenden großen Sommerhitze.

Uneinige »Experten«

Wie uneins sich die eidgenössischen Sektenexperten betreffs der Gefahren und der Existenz eines organisierten Satanismus sind, zeigen folgende Beispiele:

Im November 1998 erklärt der renommierte Schweizer Sektenexperte Hugo Stamm, im Land würde es keine organisierten Satanisten geben, höchstens kleine Gruppen, die sich treffen und ihre Rituale ausüben. Die wären aber »nicht besonders gefährlich«.

Dem widerspricht sein Kollege Joachim Müller, denn »Geheimhaltung wäre oberstes Gebot«. »Über die größeren Satanisten-Zirkel ist sehr wenig bekannt. Als Beispiel wird die »Church of Satan« genannt.

Pfarrer Georg Schmid, ebenfalls ein ausgewiesener Sektenkenner, meint: »Bei Profi-Satanisten geht es nicht mehr um den spielerischen Umgang mit Mut, Grenzen und Magie, sondern um einen aggressiven Kampf um Macht, Kontrolle und Sex.« Dabei reiche das kriminelle Spektrum von Missbrauch und Vergewaltigung bis hin zur Folterung und Mord an abtrünnigen Mitgliedern![169]

Auch die Experten in der Schweiz sind sich also nicht einig über den Organisationsgrad und die Gefahr, die von Satanisten ausgeht. Wie in Deutschland und Österreich auch. Zumindest der Mord an Martha D. sollte einige diesbezügliche Fragen hinreichend beantworten.

VIII. Nachwort

Mit diesem Buch habe ich versucht aufzuzeigen, dass das »Phänomen« Ritualmord tatsächlich existiert, auch wenn es laut Bundeskriminalamt in Deutschland keine vorhandene »Legal-Definition« dafür gibt.[170]
Doch auch andere Straftaten im religiösen Untergrund, überwiegend »Okkult-Straftaten«, sind keine Bagatell-Delikte. Hausfriedensbruch, Störung der Totenruhe, Sachbeschädigung, Brandstiftung, Tierquälerei, Körperverletzung, sexueller Missbrauch, Vergewaltigung – all diese Delikte, die auch im Namen des Teufels begangen werden, sind im Strafgesetzbuch aufgeführt, und sie können bis zum Ritualmord führen. Es sind nicht immer jugendliche Straftäter, Individualisten und Einzelgänger, psychisch Gestörte, psychotisch Motivierte, Schizophrene oder psychisch Labile, Personen mit Depressionen und autoaggressivem Verhalten oder Sadisten, die zu Mördern werden, wie »Experten« der Öffentlichkeit immer wieder einreden wollen. Es gibt auch hierzulande organisierte Gruppen (Logen, Orden, Zirkel, Kulte) mit fester hierarchischer Struktur und tief verankertem satanistisch/okkult-magischem Glauben, die gemeinsam Rituale praktizieren oder entwickeln und deren kultische Handlungen ein kriminelles Verhalten fördern oder gar vorschreiben, bis hin zum kultischen Mord, zum Ritualmord!
Von Seiten der Justiz und des Gesetzgebers sollte deshalb geprüft werden, inwiefern dieses destruktive Glaubensgut, das durch das Grundrecht der Religionsfreiheit ge-

schützt ist, nicht *doch* gegen das Grundrecht der Würde des Menschen und der Demokratie, der Rechtsordnung dieses Landes verstößt und ob diese Gruppen nicht in erster Linie »kriminelle Vereinigungen« sind, die durch »Verpflichtungen und Verbindungen« mehrerer Personen ein kriminelles Gefahrenpotenzial darstellen und Straftatbestände erfüllen, die bis zum Tötungsdelikt reichen können. Immerhin gibt es bundesweit etwa einhundertzwanzig organisierte Okkult-Gruppierungen.[171]

»Okkult-Morde« finden jedoch keinen Eingang in die Polizeiliche Kriminalstatistik (PKS) und damit in das Innere der Kriminalistiktheorie. Sie haben damit kein Gewicht, ebenso wenig wie die anderen okkulten Straftaten, wie beispielsweise die Störung der Totenruhe. Sie werden nicht gesondert erfasst, sondern landen statistisch gesehen im Sammelbecken »Sonstiges«. Auch eine Auswertung unter dem Aspekt der Tatorte wie Kirche oder Friedhof lässt die PKS nicht zu.[172] Genauso wenig wie die Erhebung von Selbsttötungen im Zusammenhang mit Ritualen oder aufgrund okkulter Hintergründe.[173] Somit bleibt die Dunkelziffer der »Ritualtaten« immens. Kein »Experte« kann sie tatsächlich auch nur annähernd adäquat einschätzen. Das meiste bleibt unsichtbar und verborgen oder geschickt getarnt, so dass oft nur Eingeweihte die wahren Hintergründe erkennen können. Doch damit schließt sich ein gefährlicher Kreis: Kriminalisten und Kriminologen verweisen immer wieder darauf, dass Satanismus laut der PKS nur eine untergeordnete Rolle spielt und keine Fallzahlen vorhanden sind. Logisch, wenn die Daten gar nicht erst erhoben werden. So bleiben speziell geschulte »Ritualfahnder« in Deutschland wohl weiterhin Wunschdenken.

Aber selbst wenn alle »offiziellen« Okkult-Straftaten erfasst werden würden, wäre dies noch keine endgültige sichere Aussage. So teilt die Bundesregierung im Herbst 2000 beispielsweise mit, dass es in den zehn Jahren nach 1990 in Deutschland insgesamt zwanzig Tötungsdelikte mit rechtsextremistischem und fremdenfeindlichem Bezug gegeben hat. Die Zahlen stammen, so der damalige Innenminister Otto Schily, von den Landeskriminalämtern. Zwei Tageszeitungen *(Frankfurter Rundschau* und *Tagesspiegel)* vermochten diesen Zahlen keinen Glauben zu schenken, recherchierten selbst nach und kamen zu einem ganz anderen Ergebnis: Es waren mindestens dreiundneunzig Tötungsdelikte vor diesem Hintergrund. Und auch die Journalistin Sabine Rückert prüfte offizielle Kriminalitätsdaten, befasste sich sehr intensiv mit vertuschten Morden und kam zum Schluss, dass jede zweite Tötung in Deutschland unerkannt bleibt! Professor Bernd Brinkmann, der Vorsitzende der »Deutschen Gesellschaft für Rechtsmedizin« spricht in diesem Zusammenhang gar von einem »staatlichen Todesursachen-Verkennungssystem«.

Damit wird die hochgelobte PKS zur Farce und ist keineswegs ein zutreffendes Abbild des Kriminalgeschehens in Deutschland. »Die bisherige Kriminalstatistik ist nicht nur lückenhaft und überholt, sie verhindert geradezu ein zeitgemäßes und realistisches Bild der Kriminalität«, schreibt der Journalist Werner Rügemer.[174] Fakten, die nicht nur auf-, sondern vor allem erschrecken!

Umdenken tut also not beim »Phänomen« Ritualmorde. In der Politik, in der Justiz, bei den Ermittlern. Wie »unwissend« Ermittlungsbehörden angesichts der Okkult- und Satanismus-Thematik hierzulande wirklich sind, möchte ich an einigen Beispielen nachweisen.

Im *Landeskriminalblatt* aus dem Jahr 2001 wird über die

Verflechtungen zwischen der »Jugendmusikszene und der Satanismus-/Neonazismus-Szene« resümiert: »Es liegen jedoch keine ausreichenden Zahlen und Fakten vor, die solche Verflechtungen belegen können. Es besteht vielmehr die Gefahr, dass dem Thema ›Magie und Okkultismus/Satanismus‹ ein Gefährdungspotential zugeschrieben wird, dem eine empirische Basis weitgehend fehlt ...« Im Klartext: Es gibt anscheinend keine Informationen, ob es solche Verflechtungen überhaupt gibt und alles einfach übertrieben wird, weil ja nicht einmal eine »empirische Basis« existiert. Ein weiterer Skandal, denn schon sechs Jahre zuvor (1995) wies die Landesregierung Baden-Württemberg darauf hin, dass »neogermanisches Rassedenken mit der satanistischen Ideologie vermischt« werde und verschiedene Rock-Gruppen Satan und Hitler gleichzeitig huldigen![175] In einem Artikel in der Fachzeitschrift *Kriminalistik*, erschienen im April 2006, wird publiziert, dass der »Chef« der »Fraternitas Saturni« ein gewisser Gregor A. Gregorius wäre. Den Ausdruck »Chef« gibt es so natürlich nicht, sondern gemeint ist eigentlich der Großmeister der Loge. Und Gregor A. Gregorius ist nur ein Szene-Pseudonym von Eugen Grosche, und dieser kann nicht mehr der »Chef« sein, weil er bereits am 5. Januar 1964 in Berlin verstorben ist! Peinlich, peinlich.
Noch peinlicher wird es, wenn im »Landeskriminalblatt« auf das neosatanistische »Thelema-Netzwerk« von Michael D. Eschner eingegangen und dies mit »Telema« auch noch falsch geschrieben wird! Und das satanistische Symbol des »umgekehrten Kreuzes« auch als »Kreuz des Südens« bezeichnet wird. Dies alles zeigt eindeutig, *wie* unwissend sogenannte polizeiliche Experten sind, *so* unwissend, dass es geradezu erschreckend ist. Das sind nur wenige Bei-

spiele dafür, *wie* desinformiert sich polizeiliche Organe geben. Und diese sollen dann auch noch zumeist getarnte »Ritualmorde« aufklären. Unfassbar, unglaublich, nahezu skandalös.

Kircheninstitutionen wie die »Evangelische Zentralstelle für Weltanschauungsfragen (EZW)« warnen schon lange davor, dass das Ausmaß der Straftaten mit satanistischem Hintergrund vor allem die Politiker »aufs höchste« alarmieren sollte, meint Pfarrer Hans-Jürgen Ruppert. Das Spektrum reiche von Graffiti mit Satanssymbolen über Friedhofsschändungen, Kircheneinbrüche und Zerstörungen, Brandstiftung bis hin zum Mord und Selbsttötungen.

Mit seinem Bericht »Satanismus und Polizei – Probleme der Ermittlungsarbeit« legt Wolfgang Bauch, Vorsitzender des Bundes Deutscher Kriminalbeamter im Land Brandenburg, bereits 1999 den »Finger in die Wunde«. Seine Einschätzung polizeilicher Defizite ist heute noch genauso aktuell wie damals: »Bei der Zahl der angezeigten Straftaten mit möglichem satanistischen Hintergrund stellt sich die Frage, ob dieser Hintergrund denn auch wirklich erkannt worden ist«, heißt es da. Und weiter: »Klar ist, ein Hakenkreuz kennt jeder und kann jeder zuordnen. Bei Zeichen, die indiziell auf Satanismus hindeuten, sieht dies schon anders aus. Hier sind in der Polizei doch noch erhebliche Informationsdefizite zu verzeichnen, wenn man dies auch sicher nicht pauschal sagen kann ... Zusammenfassend bleibt aus meiner Sicht festzustellen, dass es bundesweit kein polizeiliches Lagebild für Straftaten mit satanistischem/okkultem Hintergrund gibt.« Bauch hält es deshalb für angebracht, dass »alle Polizeibeamten über ein gewisses Grundlagenwissen verfügen, was Symbolik des Satanismus anbelangt«, und die Ermittlungsbehörden Straftaten dahin-

gehend spezifisch analysieren. »Auch dies geht eben nur dann, wenn man gewisse Indizien kennt, die auf Satanismus hindeuten und zugleich als Ermittlungsansatz dienen können.«[176] Wolfgang Bauch fordert sogar, zu prüfen, ob im Einzelfall die rechtlichen Voraussetzungen vorliegen, Satanisten in die DNA-Analyse-Datei, sprich Gendatenbank, mit aufzunehmen. Und er fordert im ZDF eine verstärkte Bekämpfung satanistischer Gewalt durch die Polizei.
Das LKA Niedersachsen erklärt zu der Problematik: »Straftaten, begangen von Angehörigen der satanistischen oder okkulten Szene, sind im überschaubaren Spektrum der Tötungsdelikte eher eine exotische Randerscheinung. Dies mag daran liegen, dass solche real existierenden Gruppierungen außergewöhnlich abgeschottet agieren und ihre Opfer massiv psychisch beeinflussen. Letzteres führt dazu, dass Opfer, die sich im Rahmen einer Psychotherapie mit z. B. erlittenen Misshandlungen auseinandersetzen, diese nicht so weit verifizieren können, dass die kriminalpolizeiliche Ermittlung ausreichend »Anfasser« hat, um die Tat auch tatsächlich belegen zu können. Mit anderen Worten verlaufen viele Ermittlungen im Sande, und ein solcher Hintergrund kann nicht valide nachgewiesen werden. Daher sind hier im LKA Niedersachsen keine Erkenntnissammlungen zu dieser Thematik vorhanden. Ich persönlich (der Sachbearbeiter/d. A.) gehe von der Existenz derartiger Straftaten bis hin zu Tötungshandlungen tatsächlich aus, jedoch lassen sie sich aus den Gründen ... wohl kaum dem rituellen Satanismus zuordnen.«
Auch der Rechtsanwalt und Diplompädagoge Dirk Marc Pelster erklärt in der Fachzeitschrift *Kriminalistik*: »Nur wenn Polizei, Staatsanwaltschaften und Gerichte es verstehen, sich versiert mit dem Komplex satanistisch moti-

vierter Kriminalität auseinanderzusetzen, kann es gelingen, diesem Phänomen präventiv und repressiv wirkungsvoll zu begegnen. Entscheidend ist dabei nicht, dass der Satanismus als grundrechtlich geschütztes Glaubens- und Überzeugungssystem bekämpft wird, sondern die durch ihn begründeten Kriminaldelikte ihres Charakters nach erfasst und in der Strafverfolgungspraxis entsprechend verwertet werden. Denn wie bei den meisten anderen Straftaten auch, bildet gerade das Verständnis für die Motive der jeweiligen Täter den Hauptanknüpfungspunkt für eine erfolgreiche kriminalistische Aufklärungsarbeit ...«[177]

Peter Göbel, Kriminalhauptkommissar der Landespolizeidirektion in Freiburg sagt: »Nach meiner Auffassung unterschätzt man dieses Phänomen gesellschaftlich, in der Polizei und auch bei der Justiz ... Die Polizei kann es sich nicht leisten, mangelnde Sachkenntnisse an den Tag zu legen. Ich wage zu behaupten, dass mangels Sachkenntnis der okkultistischen und satanistischen Rituale die Aufklärung verschiedener Straftaten nicht sachgerecht erfolgen kann. Hintergründe und weitere Straftaten bleiben im Verborgenen, wenn versucht wird, Ritualtaten ohne die erforderlichen Sachkenntnisse aufzuklären.«[178]

Im Endbericht der vom Deutschen Bundestag eingesetzten Enquete-Kommission »Sogenannte Sekten und Psychogruppen« ist in Bezug auf Straftaten in diesem Bereich ebenfalls ein »Defizit bei den Ermittlungsbehörden« festgehalten.[179]

Bislang, so scheint es jedenfalls, sind all diese mahnenden Worte ungehört geblieben. Aber wie lange soll das noch so bleiben?

»Während sich Motive wie Habgier oder Rachsucht nahezu jedem Menschen wenigstens dem Grunde nach erschließen, so lassen sich Kirchenzerstörungen, Grabschändungen oder gar Ritualmorde für breite Bevölkerungskreise eben gerade nicht nachvollziehen«, schreibt Dirk Marc Pelster weiter.[180] Dasselbe gilt auch für die meisten Ermittler, Staatsanwaltschaften und Gerichte. Ein kriminalpolitisches Problem, das schnellstens gelöst werden muss. Durch differenzierte Auswertungen von Okkult-Straftaten, polizeiliche und juristische Schulung und vor allem die fachkundige kriminologische Prüfung der eigentlichen Motive der Okkult-Straftäter, die bislang zumeist im Dunkeln bleiben. Dieses Unwissen schützt die Täter. Bis jetzt. Das sollte nun endlich ein Ende haben.

Denn werden diese Straftaten im kriminellen »Hardcore-Satanismus« allesamt richtig erkannt und vor allem registriert, dann spielen die religiös und okkult motivierten Straftaten eben *keine* untergeordnete Rolle mehr. Aber dafür sind wenigstens Grundkenntnisse des satanistischen, okkulten, magischen und heidnischen Glaubenssystems unabdingbar und notwendig. Wie kann ein Terrorfahnder sich in die Gedankenwelt eines beispielsweise islamistischen Terroristen einfinden, wenn er nicht mal Kenntnisse über den islamistischen Terrorismus hat? Genauso verhält es sich mit den »Okkultfahndern«. Polizeibeamte, die sich noch nie mit der okkult-satanistischen Materie auseinandergesetzt haben, können weder den Regeln, Gewohnheiten noch den Gegebenheiten von Orden, Logen, Zirkeln und Kulten gerecht werden. Sie werden von vornherein mit ihrer Ermittlungsarbeit kläglich scheitern.

Anders in anderen Ländern. Im südafrikanischen Pretoria gibt es eine Spezialeinheit für Okkultismusverbrechen, die »Occult Unit«, Spezialisten im Kampf gegen grausame Ritualverbrechen. Gerard Lambuschagne, der Chef der Ermittlungsbehörde schätzt, dass etwa jeden Monat in

Südafrika ein Mensch rituellen Tötungen zum Opfer fällt. Andere Experten sprechen von monatlich mehr als zehn Ritualmorden, die meisten davon an Kindern. Selbst Großbritanniens legendäre Ermittlungsbehörde Scotland Yard fragt die afrikanischen Kollegen um Rat.
Und auch in den USA wird aufgrund der stetigen Zunahme von Morden, die auf okkultem Glauben beruhen, aufgerüstet. Behörden bilden Polizeibeamte in der Ermittlung okkulter Mordfälle, also Ritualmorden, aus, unterstützt von Fachleuten aus den Bereichen Okkultismus und Satanismus.

*

Dies wären die richtigen Ansätze, um auch in Deutschland, Österreich und der Schweiz dem »Phänomen« Ritualmorde auf die Spur zu kommen, Okkultstraftaten besser einschätzen und Täter schneller ermitteln zu können. Denn Justiz und Ermittlungsbehörden erweisen sich nach wie vor in den meisten Fällen als machtlos, weil sie die wahren Hintergründe nicht erkennen und ihnen das Fachwissen fehlt, die Motivationen von Logen, Orden, Zirkeln und Kulten zu durchschauen. Mit welchen verheerenden, erschreckenden und vielleicht auch skandalösen Resultaten habe ich versucht in diesem Buch aufzuzeigen.

Ansatzpunkte für die Erkennung von Okkultstraftaten und deren Aufklärung:
- Einführung einer Meldepflicht für Okkultstraftaten
- Statistische Trennung von Okkultstraftaten bei den Strafverfolgungsbehörden

- Einrichtung einer zentralen Datei über Verbrechen mit okkulten und satanistischen Hintergründen
- Schaffung einer speziellen »Okkultfahndung« bei den Landeskriminalämtern, die auch symbolische Hinweise erkennen können und auch verdeckt im religiösen Untergrund ermitteln dürfen sowie die kruden Glaubensinhalte der einzelnen Gruppierungen nach strafrechtlichen Gesichtspunkten prüfen und bewerten.

Praktische Ermittlungsansätze bei »Okkultstraftaten«
... könnte die Beantwortung folgender Fragen bieten:
- Sind okkult-satanistische oder neuheidnische (rechtsextreme) Symboliken am Tatort zu erkennen?
- Wurden christliche Symbole geschändet (Kirchen, Friedhöfe, Heiligenfiguren etc.)
- Wurden Tiere geopfert oder wurde mit (Tier- oder Menschen-)Blut gearbeitet?
- Wurden magische Fetische verwendet bzw. zurückgelassen (Leichenteile etc.)?
- Welche Tatzeiten gibt es (okkulte/neuheidnische Feiertage oder deren Umfeld oder christliche Feiertage, um diese zu »negieren«)?
- Wenn ein Täter ermittelt wurde: Besitzt er satanistisch-okkulte Gegenstände (Ritualgegenstände, Bücher etc.)? Welches Gedankengut vertritt er? Gibt es in seinem Umfeld okkulte oder satanistische Kontakte? Ist er Mitglied eines Ordens, Zirkels, Kults, einer Loge?

Sollten Okkultstraftaten, die bis hin zum Ritualmord führen können, aufgrund meiner Recherchen, meiner Kritik und meiner Vorschläge für Ermittlungsansätze zukünftig

»überhaupt« als solche erkannt, ermittelt und schließlich auch aufgeklärt werden, dann hat dieses Buch seinen Sinn erfüllt.

Danksagung

Mein erster Dank gilt meinem Lektor Marko Jacob, der oft nicht zu erreichen und doch immer für mich da war, sowie Eléonore Delair, ebenfalls vom Knaur Verlag, für angenehme Treffen und interessante Gespräche.
Für eine gute Zusammenarbeit und kollegialen Austausch danke ich der RTL-Crew: Matthias Ebel, Volker Kutz, Oliver Sonnen, Peter Hilffert, Felicitas »Feli« Hoffmann, Robert »Robbie« Mühleisen, Florian Duken, Benny Monreal, Jörg Schreyer, Kathrin Degen, Lars Vollmering, Sylvie Krabbe, Hans-Peter »HP« Kempkes, Dirk Heynen, Andreas Teichmann, Ralf Hoffend, Tobias Schulz, Thorsten Wimber, Ritva Vanino, Melanie Wolfram, »Dirty Harry« Heribert Thiele, Petra Dahm, Phillip Trunk, Sabine Thünker sowie Peter Kloeppel, Michael Wulf und Uwe Böhler und Hanno Panten. Ebenso der RTL-Moderatorin Antonia Langsdorf. Natürlich auch Gunther Weber und Jens Nühlen (RTL 2) und dem Stern-TV-Team: Günther Jauch, Axel Pfeiffer, Marko Langer, Christine Maschke, Boris Henn, Holger Villmow, Jürgen Brand, Boris Weber, Florian Klump, Kathrin Speck, Ute Becker (Stern TV-Reportage) und Katja Jarrett (Spiegel-TV). Und dem ProSieben-Team: Sven Pietsch, Markus Rinderspacher, Manuel Lautner, Ute Fischer-Graf, Sabine Albersdörfer und Nadja Zoettl. Ebenfalls ein herzlicher Dank an Klaus Schlichtmann (Bild am Sonntag), Robin Mühlebach (Bild Stuttgart), Michael Ohnewald (Stuttgarter Zeitung), Michael Isenberg (Stuttgarter Nachrichten), Beat Kraushaar und Daniel Jaggi (Sonntags-

blick) und meiner russisch-lettischen Kollegin Maria aus Riga sowie Tamara und Natalija.

Für Freundschaft und für viele »gefahrenvolle« und auch lustige Situationen danke ich Gerd Glaser (ProSieben) und Frau Camy, Rainer Fromm (ZDF), Rainer Nübel (Stern), Bernd Liesert, Dietmar Wagner, Andreas Zilles sowie meinen Kamerateams: Alexis Jentzsch und Annette (euch besonderen Dank, ihr wisst, warum!), Thorsten Conrad, Rick Pennigton, Sven Ludwig, Steffen Braun, Tobias Kreutz, Matthias Suchanek, Lukas Lukincic, Stefan »Bob« Kuch, Tom, Walter Marchi sowie Paul Glöckner und den Kollegen Frank Waligorski, Daniel Richter und Kerstin sowie meinen Cuttern Manne, Andre Gallus und Kristian Knaps. Und wie immer ein Dankeschön an meine Eltern Magdalena und Walter, meinen Bruder Michael, Stefan, Martina und Kids, Klaus, Thomas und Marianne, Wolfgang und Gabi »Kali«-Italo, »Ringer«-Thomas, »Feger«-Uwe, Benni, Paul und Angelica, Peter, Ivonne und Jasmin, Harald und Familie und natürlich die »In-Joy-Fit-Crew« sowie Sandra, danke für so vieles, du weißt schon, was ich damit alles meine.

Ein spezieller Dank auch an alle Ermittler, Fahnder und Beamten verschiedener Polizeibehörden, die mich entweder offiziell oder inoffiziell mit Informationen, Fakten und Details unterstützt haben.

Ein herzliches Dankeschön auch an alle jene, die hier nicht aufgeführt sind, die ich entweder an dieser Stelle ohne Absicht »vergessen« habe oder die aus verschiedenen Gründen nicht genannt werden möchten.

Ohne sie alle wäre dieses Buch so nicht entstanden.

Anmerkungen

1. vgl. Barbara Ehrenreich: »Blutrituale«, München 1997, S. 81
2. vgl. Michael M. Rind: »Menschenopfer – Vom Kult der Grausamkeit«, Regensburg 1996, S. 13, 14
3. vgl. E-Mail von der Pressestelle des BKA, vom 07.03.06 an den Autor
4. vgl. Alexandra Robbins: »Bruderschaft des Todes – Skull & Bones, der Geheimorden hinter George W. Bush«, Kreuzlingen/München 2003, S.112
5. ebd., S. 128, 129
6. ebd., S. 146
7. ebd., S. 151–155, 159–161, 11
8. vgl. James H. Hatfield: »Das Bush-Imperium – Wie George W. Bush zum Präsidenten gemacht wurde«, Bremen 2002, S. 54, 55
9. vgl. Alexandra Robbins, a.a.O., S. 190, 191, 199
10. ebd., S. 196, 197
11. ebd., S. 249, 250: Ein Mitglied, das aussteigen wollte, hat das der Autorin erzählt
12. ebd., S. 14
13. ebd., S. 243
14. ebd., S. 10
15. ebd., S. 15
16. vgl. Gregor A. Gregorius: »Satanische Magie«, Berlin 1983, S. 10
17. vgl. Eliphas Levi: »Die Geschichte der Magie«, Basel 1994, S. 9, 168
18. vgl. Marcus M. Jungkurth: »Zos Kia – Der Magier Austin Osman Spare und die Magie des Voodoo«, Bergen/Dumme 1993, S. 31, 43, 80
19. vgl. Richard Cavendish: »Die Schwarze Magie«, Berlin 1980, S. 36, 37
20. kommt aus dem Griechischen Goetéia = Zauberei, Täuschung
21. vgl. Endbericht der Enquete-Kommission »Sogenannte Sekten und Psychogruppen«: »Neue religiöse und ideologische Gemeinschaften und Psychogruppen in der Bundesrepublik Deutschland«, Hrsg.: Deutscher Bundestag, 1998, S.87
22. vgl. Fax von Ingolf Christiansen an den Autor v. 02.01.01/Archiv Grandt
23. vgl. Hans-Jürgen Ruppert: »Satanismus – Zwischen Religion und Kriminalität«, EZW-Texte 140/1998, S. 34

24 vgl. Massimo Introvigne/Eckhard Türk: »Satanismus – Zwischen Sensation und Wirklichkeit«, Freiburg i. Br. 1995, S. 186
25 vgl. Hans-Jürgen Ruppert, a.a.O., S. 45
26 vgl. »Satanismus nimmt weiter zu« in: »Oberbayrisches Volksblatt« v. 17.05.96/»Rechter Satanskult in Tirol« in: »News 11/96«, S. 58 ff.
27 vgl. http://www.schwartzeorden.org/dasgrottenlied.htm (Zugriff: 16.09.00)
28 vgl. »Szene Almanach 1998«/Kopie Archiv Grandt
29 ebd.
30 vgl. Hans-Jürgen Ruppert, a.a.O.,, S. 49
31 vgl. Alexandra Robbins, a.a.O., S. 250
32 vgl. Gregor A. Gregorius, a.a.O., S. 315
33 vgl. Aleister Crowley in: »LIBER LXXVII ›OZ‹« und Guido & Michael Grandt: »Schwarzbuch Satanismus«, München 1996, S. 72 f.
34 vgl. Michael D. Eschner: »Netzwerk Thelema«, Clenze 1985, S. 67 f. (Eschner verweist bei dem Satz: »Kein Gesetz in diesem Staat ist rechtmäßig« auf die Fußnote: »Nach der antiken Rechtsauffassung«
35 Hans-Jürgen Ruppert, a.a.O.,, S. 46
36 vgl. »Dokumente: Sekten und Psychogruppen, Informations- und Diskussionsveranstaltung der SPD-Bundestagsfraktion am 13. März 1996, Bonn, Landesvertretung NRW«, 14. November 1996, S. 5
37 vgl. Eliphas Levi: »Das Geheimnis der Magie«, Basel 1994, S. 151/ Eliphas Levi: »Das große Mysterium«, Ulm 1986, S. 18, 19, 63, 67, 69
38 vgl. Endbericht der Enquete-Kommission »Sogenannte Sekten und Psychogruppen«, a.a.O., S. 85, 86
39 ebd., S. 85
40 vgl. »Protokoll der Mitgliederversammlung vom 21.X.70« des »Illuminaten-Orden e.V., Frankfurt a./M.«/Archiv Grandt
41 vgl. Horst Knaut: »Das Testament des Bösen«, Stuttgart 1979, S. 304
42 vgl. »Großloge Communitas Saturni« in: http://home.dinx.de/diavolo/Saturnloge.html /Zugriff: 02.12.99
43 vgl. Walter Jantschik: »Der Ordo Baphometis – Magische Praktiken eines Geheimordens«, Frankfurt/Main 1988, S. 21
44 vgl. »Neophitentum – notwendige Vorstufe zur Meisterschaft« von Bruder Heliobes/Archiv Grandt
45 vgl. »Die Sonnentempler: Sekte des Todes« in: »Das Beste – Reader's Digest 2/1998«
46 vgl. Endbericht der Enquete-Kommission »Sogenannte Sekten und Psychogruppen«, a.a.O., S. 85
47 vgl. »Satanismus – (k) ein polizeiliches Problem?« in: »Kriminalistik 4/2006«, S. 248
48 vgl. »Satans Jünger« in: »Stern 19/2000«, S. 64

49 vgl. Fax v. 02.01.01 von Ingolf Christiansen an den Autor/Archiv Grandt
50 vgl. Endbericht der Enquete-Kommission »Sogenannte Sekten und Psychogruppen«, a.a.O., S. 86
51 vgl. »NÖ hat keine organisierte Satanismus-Szene« in: http://www.noel.gv.at/service/lad/lad5/98033109.htm (Zugriff: 12.06.99)
52 vgl. Endbericht der Enquete-Kommission »Sogenannte Sekten und Psychogruppen«, a.a.O.,„ S. 85 (hier wird von einem mit »akademisch gebildeten Intellektuellen besetzten Rationalistischen Satanismus« gesprochen)
53 ebd., S. 84 (hier heißt es: »Nicht auszuschließen ist, dass es in diesem Bereich zu ›wahnhaft‹ motivierten Straftaten kommt«)
54 vgl. Schottliste + Gesprächsprotokoll v. 27.09.00/Archiv Grandt
55 vgl. »Der Mensch als Gott« in: »Kölner Stadtanzeiger« v. 31.10.99
56 vgl. Georg Otto Schmid: »Akron und sein Templum Baphomae« in: »Evangelische Informationsstelle: Kirchen – Sekten Religionen«, 1998
57 vgl. »Die Sonnentempler: Sekte des Todes«, a.a.O.
58 vgl. »Satans Jünger«, a.a.O., S. 62
59 vgl. Michael D. Eschner: »Die geheimen sexualmagischen Unterweisungen des Tieres 666«, Berlin 1985, S. 85, 109, 129, 138, 139, 147, 167
60 vgl. Aleister Crowely: »Magick, Band 1«, Bergen/Dumme 1993, S. 396
61 vgl. Aleister Crowley: »Liber Al Vel Legis«, Bergen/Dumme 1993, S. 303 f.
62 ebd., S. 395
63 vgl. Richard Cavendish, a.a.O, S. 287
64 vgl. Grandt/Grandt: »Schwarzbuch Satanismus«, München 1996, S. 164
65 vgl. Gregor A. Gregorius: »Aleister Crowley's Magische Rituale«, Berlin 1980, S. 311
66 vgl. Hans-Jürgen Ruppert, a.a.O., S. 69 / Richard Cavendish, a.a.O., S. 288
67 vgl. hierzu die Ausführungen in: Andreas Huettl/Peter-R. König: »Satan – Jünger, Jäger und Justiz«, Leipzig 2006, S. 68, 69, 74, 271
68 vgl. Fax von Ingolf Christiansen v. 02.01.01 an den Autor/Archiv Grandt
69 vgl. »Satans Jünger«, a.a.O., S. 64
70 vgl. Hans-Jürgen Ruppert, a.a.O., S. 37 mit Hinweis auf Cammans »Satanismus in der Beratung«
71 ebd., S. 44
72 gemeint ist der »Freimaurer Orden zum Goldenen Centurium«
73 vgl. Rainer Fromm: »Satanismus in Deutschland«, München 2003, S. 25, 78, 79
74 vgl. Hans-Jürgen Ruppert, a.a.O., S. 50

75 vgl. Massimo Introvigne/Eckhard Türk, a.a.O., S. 210
76 vgl. Hans-Jürgen Ruppert, a.a.O., S. 51
77 vgl. zu diesem Kapitel auch: »Protokoll der Beschuldigten-Vernehmung von Sebastian S. v. 05.05.93 + 06.05.93«/Archiv Grandt/»Anklageschrift der Staatsanwaltschaft Mühlhausen, Geschäftsnummer: 280 Js 52177/93 o.D.« an das »Landgericht Mühlhausen«/Archiv Grandt/Grandt/Grandt: »Schwarzbuch Satanismus«, München 1996, S. 171–197/Grandt/Grandt: »Satanismus – Die unterschätzte Gefahr«, Düsseldorf 2000, S. 143 ff./Brief von Torsten K. an CVJM Sondershausen v. 01.02.93/Archiv Grandt/»Interview mit Hendrik Möbus« in: »Kurz und Gut«, S. 10–14/Archiv Grandt/»Eidesstattliche Erklärung von Christina T. v. 06.02.94/Archiv Grandt/Barbara G. Walker: »Die geheimen Symbole der Frauen«, München 2000, S. 264/»Mord im Namen Satans – eine Flucht spült die alte Geschichte wieder hoch« in: »Berliner Morgenpost« v. 17.12.99/»Satanskinder schänden Grab ihres Opfers« in: »BerlinOnline« v. 04.01.95 und ohne Überschrift in: »BerlinOnline« v. 01.12.98/»Fakt« (MDR): »Satanisten«/»Opfer verhöhnt: Neuer Prozess um ›Satansmörder‹« in: »Berliner Morgenpost« v. 11.11.99/»Mörder verunglimpfte sein Opfer« in: »taz« v. 20.11.96/»'Satansmörder' erneut verurteilt« in: »Berliner Morgenpost« v. 20.11.99/»Verhöhnte Mörder sein Opfer?« in: »BerlinOnline« v. 11.11.99/»Deutscher Satanist in den USA verhaftet« in: »Hannoversche Allgemeine« v. 29.08.00/»US-Spezialeinheit spürt ›Satansmörder‹ auf« in: »Mannheimer Morgen« v. 30.08.00/»Satansmörder ist gefasst« in: »Zollernalb-Kurier« v. 30.08.00/»Fahndungserfolg« in: »Thüringer Allgemeine« v. 29.08.00/»Satans Jünger« in: »Stern 19/2000«/»Töten für Wotan« in: »Der Spiegel 38/2000«/»Asylantrag für Möbus vertagt« in: »Welt am Sonntag« v. 25.02.01/»Satanisten & Neonazis: Der Fall Hendrik Möbus« in: »Kriminalportal« (http://www.kriminalportal.de/thema/index_46951_47073.cfm)(Zugriff: 17.06.06)/»Psychologische Hintergründe des Satanismus am Beispiel der Ereignisse in Sondershausen« (http://www.thur.de/religio/satanism.html)(Zugriff: 21.12.98/»The Art of Necronomicon«, Insider-Magazin o.J./Archiv Grandt/Fax von Ingolf Christiansen an den Autor v. 02.01.01/Archiv Grandt/Gesprächsprotokoll mit Pfarrer Jürgen Hauskeller v. 15.04.96/Archiv Grandt/»Szene Almanach 1998« in: http://www.wolfenstein.com/almanach/index.html - almanach98.pdf, 18. Dez. 1998/Kopie Archiv Grandt/»... prollige Albernheiten«, Leserbrief von Ronald »Hellsturm« M. in: »Rock Hard Nr.74/Juli 93«/Kopie des LB Archiv Grandt/»Ausgekegelt! Kretschmer feuert den Knast-Chef« in: »Bild« v. 20.06.95/»Das war geplanter Mord« in: »Stern 21/93«/Liane von Billerbeck/Frank Nordhausen: »Satanskinder – Der Mordfall Sandro B.«, Berlin 1994 (1. Auflage), S. 7,

20, 23, 46, 48, 140, 146, 239, 242, 250, 275, 277/Liane von Billerbeck/ Frank Nordhausen: »Satanskinder – Der Mordfall von Sondershausen und die rechte Szene«, Berlin 2001 (3. erw. Auflage), S. 287, 289, 291, 293, 295–296, 298, 299, 302, 304, 310–312, 320–321/Jürgen Hauskeller: »Im Namen des Satans«, Wuppertal/Zürich 1995, S. 45/Rainer Fromm, a.a.O., S. 34/Michael Moynihan/Didrik Soderlind: »Lords of Chaos – Satanischer Metal: Der blutige Aufstieg aus dem Untergrund«, Zeltingen-Rachtig 2002, S. 307–310, 312, 325/»Antwort der Landesregierung Baden-Württemberg auf die Große Anfrage der Fraktion der CDU«, Drucksache 11/5380 v. 02.02. 1995, S. 5, 7 ff.

78 vollständige Namen dem Autor bekannt
79 vollständiger Name dem Autor bekannt
80 vollständiger Name dem Autor bekannt
81 vollständiger Name dem Autor bekannt
82 vgl. zu diesem Kapitel auch: »Fahndungsinformation der Polizeidirektion Hannover« (http://www.polizei.niedersachsen.de/pd-hannover/ Stieler.htm)(Zugriff: 12.12.00) und persönliches Gespräch mit Jürgen Schmid, Leiter der Kripo in Gifhorn/Gesprächsprotokoll v. 04.10.00/ Archiv Grandt/»Kindermord: Warum köpfte der Täter sein Opfer« in: »Bild« v. 11.03.98/»Polizei fasst Mordverdächtigen« in: »Rhein-Zeitung« v. 22.09.99/»Säge-Mörder: Polizei durchsucht alle Mülldeponien« in: »Bild« v. 13.03.98/. Gesprächsprotokoll mit einem Beamten der Soko v. 09.01.01/Archiv Grandt/ und lt. Ermittlungsbeamter (Namen bekannt) der Moko Wachtel beim persönlichen Interview des Autors/Gesprächsprotokoll v. 04.02.00/Archiv Grandt/»Kindermord: Warum köpfte der Täter sein Opfer« in: »Bild« v. 11.03.98/»Markus: Säge-Mörder lauerte 250 Meter vor dem Elternhaus« in: »Bild« v. 12.03.98/Richard Cavendish, a.a.O., S. 317 ff./Wolfgang Bauer/Irmtraud Dümotz/Sergius Golowin, »Lexikon der Symbole«, S. 192, 203, 301/Liselotte Hansmann/Lenz Kriss-Rettenbeck: »Amulett, Magie, Talismann«, Hamburg 1999, S. 254 ff./»Handbuch des Aberglaubens, Band 2«, Wien 1996, S. 273, 274, 329 ff./Marcus M. Jungkurth, a.a.O., S. 9, 48, 90/Barbara G. Walker, a.a.O., S. 243, 414 ff., 645 ff/»Markus Wachtel ermordet« in: http://rhein-zeitung.de/on/98/03/11/topnews/wachtel.html (Zugriff: 12.12.00)/»Eltern im Zeugenstand: Wachtels Baseballkappe lag noch auf dem Tisch« in: »Peiner Allgemeine« v. 14.12.00/
83 vgl. Gesprächsprotokoll mit einem Beamten der Moko v. 28.02.00
84 lt. Klaus Buhlmann, Pressesprecher Kripo Peine in: »Die Welt« v. 19.10.00
85 vgl. lt. AG-Leiter der Soko Nicole Udo Wagner, Kripo Bamberg/Gesprächsprotokoll v. 16.11.99 + 18.01.00/Archiv Grandt
86 der Selbstmordplan reifte beim Gläserrücken

87 Name dem Autor bekannt
88 vgl. persönliches Interview mit der Aussteigerin/Gesprächsprotokoll v. 03.02.00/Archiv Grandt
89 vgl. Jürgen Holtorf: »Die Logen der Freimaurer – Geschichte, Bedeutung, Einfluss«, München 1991, S. 147
90 vgl. Peter Wendling: »Logen, Clubs und Zirkel – Die diskrete Macht Geheimer Bünde«, München 2002, S. 43/»Jürgen Holtorf/Karl-Heinz Lock: »Stichwort Freimaurer«, München 1993, S. 77, 78
91 vgl. Jürgen Holtorf: »Die Logen der Freimaurer – Geschichte, Bedeutung, Einfluss«, München 1991, S. 147
92 vgl. Josef Dvorak: »Satanismus«, München 1991, S. 105
93 siehe »GOTOS-Belebung« von Walter Jantschik, 18 Grad and Grandmaster of the Fraternitas Saturni (http://www.cyberlink.ch/~koenig/gotos.htm)/Zugriff: 02.12.99/Jantschik war und ist zwischenzeitlich wohl immer noch auch Leiter des okkult-magischen »Ordo Baphometis« in München
94 vgl. Schottliste/Archiv Grandt
95 Archiv Grandt
96 vgl. »Zwei Grabschänder ermittelt« in: »Presseinfo der Polizei Essen« v. 18.03.99/Archiv Grandt/Gesprächsprotokoll v. 22.02.00 zwischen dem Autor und Uwe Klein, Pressesprecher Polizei Essen/Archiv Grandt
97 vgl. Gesprächsprotokoll mit dem zuständigen Beamten v. 30.11.99/Archiv Grandt
98 vgl. Gesprächsprotokoll mit Beamten der Moko v. 4.02.00/Archiv Grandt
99 vgl. Gesprächsprotokoll mit einem Beamten der Moko v. 15.02.00
100 persönliche Interviews am 05./06.10.00 in Peine
101 lt. Klaus Buhlmann (Pressesprecher Kripo Peine)/Gesprächsprotokoll v. 17.10.99/Archiv Grandt
102 Name dem Autor bekannt/Gesprächsprotokoll v. 04.10.00
103 vgl. zu diesem Kapitel auch: E-Mail der Staatsanwaltschaft Frankfurt an den Autor v. 13.06.06/Archiv Grandt/ http://bka.de/fahndung/personen/mordfaelle/tristan/tagesablauf.html (Zugriff: 19.04.06)/»Verletzungsbild – Tathergang« in: http://www.bka.de/fahndung/personen/tristan/neuinfo.html (Zugriff: 03.07.03)/»Mordfall Tristan« in: http://members.tripod.de/Tristan13/site01.htm (Zugriff: 12.12.00)/»Mord an Tristan« in: www.bka.de/fahndung/personen/tristan/default.htm (Zugriff: 16.11.99)/ /»Toter Junge gefunden« in: »Rhein-Zeitung« v. 27.03.98/»Verletzungsbild – Tathergang« in: http://www.bka.de/fahndung/personen/tristan/neuinfo.html (Zugriff: 03.07.03)/ BKA-Fahndung, Pressemitteilungen der Polizei v. 05.04.99/26.03.99/ 19.03.99, sowie Fallbeschreibung, Biographie von Tristan, Täterprofil

(http://www.bka.de/fahndung/personen/tristan/default.htm,)(Zugriff: 16.11.99)/http://bka.de/fahndung/personen/mordfaelle/tristan/neuinfo.html (Zugriff: 19.04.06)/»Handbuch des Aberglaubens, Band 3«, Wien, 1996, S. 748, 749/ Liselotte Hansmann/Lenz Kriss-Rettenbeck, a.a.O., S. 256/Dieter A. Binder: »Die Freimaurer – Ursprung, Rituale und Ziele einer diskreten Gesellschaft«, Freiburg i.Br. 1998, S. 387/ Barbara G. Walker, a.a.O., S. 212, 435, 481/Wolfgang Bauer/Irmtraud Dümotz/Sergius Golowin, a.a.O., S. 301, 302/Michael M. Rind, a.a.O., S. 29/Ulrike Müller Kaspar: »Handbuch des Aberglaubens, Band 1«, Wien 1996, S. 217 ff./Wolfgang Golther: »Handbuch der germanischen Mythologie«, o.O., 2000, S. 54 ff./Robert von Ranke-Graves: »Die Weisse Göttin – Sprache des Mythos«, Reinbek bei Hamburg 1985, S. 306 ff./Will-Erich Peuckert: »Geheimkulte«, München 1996, S. 444/ Robert von Ranke-Graves: »Die Weiße Göttin – Sprache des Mythos«, Reinbek bei Hamburg 1985, S. 73, 74/Miranda J. Green: »Die Druiden – Die Welt der keltischen Magie«, Düsseldorf 1998, S. 18/Jürgen Graupmann: »Das Lexikon der Tabus«, Bergisch Gladbach 1998, S. 91/Gerhard J. Bellinger: »Sexualität in den Religionen der Welt«, Frechen, 1999, S. 361/Marcus M. Jungkurth, a.a.O., S. 19 (mit Hinweis auf »Die Vision und die Stimme« von Aleister Crowley/Marcus M. Jungkurth, 1982 und »Die Henochischen Schlüssel der Magie« von Michael D. Eschner, 1982)/Guido & Michael Grandt: »Satanismus – Die unterschätzte Gefahr«, Düsseldorf, 2000, S. 42/Ulrike Müller-Kaspar: »Handbuch des Aberglaubens, Band 2«, Wien 1996, S.374/ Barabara Ehrenreich: »Blutrituale – Ursprung und Geschichte der Lust am Krieg«, München 1997, S. 78/»Toter Junge gefunden« in: »Rhein-Zeitung« v. 27.03.98/»Die Jäger von Tristans Mörder haben noch nicht aufgegeben« in: http://www.sena.de/Sena-Archiv/mrz_00/mrz_1/ mrz_2/mrz_3/hauptteil_mrz_25-1.html (Zugriff: 12.12.00)/»Tristan: Im Tunnel wartete der Mörder« in: »Bild« v. 28.03.98/»Tagesablauf von Tristan Brübach am Todestag« in: http://bka.de/fahndung/personen/ mordfaele/tristan/tagesablauf.html (Zugriff: 19.04.06) www.bka.de/ fahndung/personen/tristan/default.htm (Zugriff: 16.11.99)/»Fast professionell« in: »Der Spiegel 43/1999«/»Mordfall Tristan« in: »http:// members.tripod.de/Tristan13/site03.htm (Zugriff: 12.12.00)/ Gesprächsprotokoll v. 18./20.12.00 zwischen dem Autor und Job Tillmann/Archiv Grandt/Gesprächsprotokoll zwischen dem Autor und Peter Oehm v. 22.12.00/Archiv Grandt/»Hessenschau« v. 21.7.98 v. C. Pütter (TV-Manuskript)/Archiv Grandt/»Stern 19/2000«/Gesprächsprotokoll zwischen dem Autor und Klaus Thiessen v. 03.01.01/Archiv Grandt

104 vgl. Schottliste z. Interview/Archiv Grandt

105 vgl. zu diesem Kapitel: »... Zeugen und der Mörder von Tobias« in: »Schwäbisches Tagblatt online« v. 27.07.01/»16jähriger Schüler aus U-Haft entlassen« in: »Stuttgarter Nachrichten« v. 13.12.00/»Der Fall Tobias ist weiter offen« in: »Stuttgarter Zeitung online« v. 28.01.06/»Bei Mord bleibt der Deckel offen« in: »Zollernalb-Kurier« v. 08.03.06/»Wenn der Mörder ein Gesicht hätte ...« in: »Stuttgarter Nachrichten« v. 08.03.01/»Ein Video enthüllt die Panne der Ermittler« in: »Stuttgarter Zeitung« v. 24.11.05/»Mordfall Tobias: Keine Panik bei der Sonderkommission« in: »Stuttgarter Nachrichten« v. 14.12.00/ »Weniger Fahnder im Mordfall Tobias« in: »Stuttgarter Zeitung« v. 01.07.02/»Jagt ein Messermörder nach Kindern?« in: »Bild« v. 01.11.00/»Mordfall Tobias: Der Soko fehlen Beweise« in: »Stuttgarter Nachrichten« v. 16.11.00/»Mordfall Tobias noch ungeklärt« in: »Schwäbisches Tagblatt online« v. 27.07.01/»Keine neuen Erkenntnisse im Fall des erstochenen Elfjährigen« in: »Yahoo! Schlagzeilen« v. 01.11.00/»Mordfall Tobias: Schüler in Haft« in: »Stuttgarter Nachrichten« v. 11.11.00/»Der Mord an Tobias wühlt den Schönbuch auf« in: »Stuttgarter Nachrichten« v. 02.11.00/»Elf Jahre alter Bub erstochen« in: »Zollernalb-Kurier« v. 02.11.00/»Keine vorzeitige Entlassung« in: »Zollernalb-Kurier« v. 04.06.02/»Die Suche nach Tobias' Mörder beginnt von vorn« in: »Stuttgarter Nachrichten« v. 09.12.00/»Dieser Bub (16) im Mord-Verhör« in: »Bild« v. 15.11.00/»Verhaftung im Fall des ermordeten Elfjährigen Tobias« in: »RP-Online« v. 10.11.00/»Mordfall Tobias: Schüler in Haft« in: »Stuttgarter Nachrichten« v. 11.11.00/»Die Suche nach Tobias' Mörder beginnt von vorn« in: »Stuttgarter Nachrichten« v. 09.12.00/»In die Person des Täters kann sich niemand hineinversetzen« in: »Stuttgarter Nachrichten« v. 16.12.00/»Mein Gespräch mit dem Mordverdächtigen« in: »Bild« v. 14.11.00/»Die großen Probleme der Soko Weiher« in: »Bild« v. 15.11.00/»Ein Video enthüllt die Panne der Ermittler« in: »Stuttgarter Zeitung« v. 24.11.05/»Erstochener Tobias Opfer eines Ritualmordes?« in: »Bild« v. 13.11.00/Ingolf Christiansen: »Satanismus – Faszination des Bösen«, Gütersloh 2000, S. 124/Ulrike Müller-Kaspar: »Handbuch des Aberglaubens, Band 1«, Wien 1996, S. 39, 40/Horst E. Miers: »Lexikon des Geheimwissens«, München 1993, S. 41, 273, 469, 483/Sabine Heinz: »Symbole der Kelten«, Darmstadt 1998, S. 285 ff./Zsusanna E. Budapest: »Das magische Jahr«, München 1999, S. 311, 312/Barbara G. Walker, a.a.O., S. 244, 245, 432/Rainer Fromm, a.a.O.,, S. 120/Anton SzandorLaVey: »Die satanische Bibel«, Berlin 1999, S. 98 f., 138/»Wenn die Geister losgelassen« in: »Zollernalb-Kurier« v. 30.10.97/ Wolfgang Bauer/Irmtraud Dümotz/Sergius Golowin, a.a.O., S. 154 ff., 305/Liselotte Hansmann/Lenz Kriss-Rettenbeck, a.a.O., S. 261 ff./ Sabine Heinz: »Symbole der

Kelten«, Darmstadt, 1998, S. 251 ff./Paul Frischauer: »Weltgeschichte der Erotik – Band 1: Vom Paradies bis Pompeji«, München 1995, S. 214 ff./Michael D. Eschner (Hrsg.): »Aleister Crowley: Magick Band II«, Clenze 1986, S. 203, 339/Ulrich Rausch: »Die verborgene Welt der Geheimbünde«, München 1999, S. 193 ff./Walter-Jörg Langbein: »Das große Buch der Esoterik«, Rastatt o.J., S.42, 43/Richard Cavendish, a.a.O., S. 359/»Der Ordo Baphometis« von Walter Jantschik, Frankfurt/Main 1988, S. 8 ff., 16, 17/Marcus M. Jungkurth, a.a.O., S. 33, 46, 98, 156, 215, 255, 258/Michael D. Eschner: »Die geheimen sexualmagischen Unterweisungen des Tieres 666«, Berlin 1985, S. 23, 95, 223/Hans-Jürgen Ruppert, a.a.O., S. 18, 21, 22/Guido & Michael Grandt: »Schwarzbuch Satanismus«, Augsburg 1995, S. 94/Peter R. König: »Der kleine Theodor Reuss Reader«, o.A., o.J., S. 40 /Archiv Grandt/ Jörg Roestel: »Ägyptische Magie«, Clenze 1985, S. 140/Gerhard J. Bellinger: »Sexualität in den Religionen der Welt«, Frechen, 1999, S. 73/»Erotik und Moral, Teil 1: Ägypten« in: »Wissen – The History Channel« (www.zdf.de/wissen/history/37783/ (Zugriff: 16.12.00)/Gregor A. Gregorius: »Aleister Crowley's Magische Rituale«, Berlin 1980, S. 5/Gregor A. Gregorius: »Die Geheimlehre des Adonis-Kultes« in: »Mescalito 17/18« (Insider-Zeitschrift), S. 80 ff./Archiv Grandt/Will-Erich Peuckert: »Geheimkulte«, München 1996, S. 406 ff./»Südafrikas Okkultismuspolizei ist letzte Hoffnung für Scotland Yard« in: www.e110.de – Das Sicherheitsportal von Eduard Zimmermann (http://www.e110.de/suche/detail.cfm?pageid=76&id=35377)v. 19.04.02 (Zugriff v. 12.07.04)/Michael D. Eschner: »Die geheimen sexualmagischen Unterweisungen des Tieres 666«, Berlin 1985, S. 59, 61, 63/Aleister Crowely: »Magick, Band 1«, Bergen/Dumme 1993, S. 395, 396/John Douglas: »Die Seele des Mörders – 25 Jahre in der FBI-Spezialeinheit für Serienverbrechen«, Hamburg 1996, S. 134, 210/»In die Person des Täters kann sich niemand versetzen« in: »Stuttgarter Nachrichten« v. 16.12.00/»Ein Video enthüllt die Panne der Ermittler« in: »Stuttgarter Zeitung« v. 24.11.05/»Der Fall Tobias ist weiter offen« in: »Stuttgarter Zeitung online« v. 28.01.06/»Bei Mord bleibt der Deckel offen« in: »Stuttgarter Zeitung« v. 08.03.04/ »Jagt ein Messermörder nach Kinder?« in: »Bild« v. 01.11.00/»Ein bisschen Spucke soll den Mörder entlarven« in: »Stuttgarter Zeitung« v. 07.05.01/»Diese Männer werden als Zeugen gesucht« in: »Schwäbisches Tagblatt online« v. 27.07.01/»Mordfall Tobias: Ermittlungen eingestellt« in: »Stuttgarter Zeitung« v. 13.06.03/»Soko-Chef erschoss sich mit der Dienstwaffe« in: »Bild« v. 05.03.04/»Weniger Fahnder im Mordfall Tobias« in: »Stuttgarter Zeitung v. 01.07.02/»Wenn der Mörder ein Gesicht hätte …« in: »Stuttgarter Nachrichten« v. 08.03.01/»In die Person des Täters kann sich niemand versetzen« in: »Stuttgarter Nachrichten« v. 16.12.00/»Ist der Kommissar am Tod von Tobias zerbrochen?« in: »Stuttgarter Zeitung« v. 04.03.04/»Kein direkter Zusammenhang zwischen den Suiziden« in: »Stuttgarter Nachrichten« v. 10.03.04

106 vgl. inoffizielles Gespräch mit einem Beamten/Gesprächsprotokoll v. 15./22.01.06/Archiv Grandt/ »Weniger Fahnder im Mordfall Tobias« in: »Stuttgarter Zeitung« v. 01.07.02

107 vollständiger Name dem Autor bekannt

108 vgl. E-Mail der Staatsanwaltschaft Stuttgart v. 21.07.06 an den Autor

109 lt. Gespräch des Autors mit Achim Bächle/Gesprächsnotiz v. 24.04.06/ Archiv Grandt

110 vgl. E-Mail der Staatsanwaltschaft Stuttgart v. 28.04.06 an den Autor/ Archiv Grandt

111 inoffizielles Gespräch des Autors mit einem Beamten (Name bekannt) des BKA (Abteilung Operative Fallanalyse), der von einem »Tötungsdelikt mit rituellem Hintergrund« spricht und davon, dass dem Opfer »Hoden und Penis entnommen« worden seien/Gesprächsprotokoll v. 03.11. und 06.11.00/Archiv Grandt/weiteres Gespräch mit einer Journalistenkollegin, die diese internen Infos ebenfalls besitzt/Gesprächsprotokoll v. 11.11.00/Archiv Grandt

112 inoffizielles Gespräch des Autors mit einem Beamten, der diese Verletzungen nochmals inoffiziell bestätigt/Gesprächsprotokoll v. 28.12.00/ auch eine Staatsanwältin gab mir gegenüber inoffiziell zu, dass Hoden und Penis entnommen wurden/Gesprächsprotokoll v. 09.01.01/auch ein Kollege wusste davon/Gesprächsprotokoll v. 12.04.06/Archiv Grandt

113 Fax der Polizeidirektion Böblingen v. 15.12.00 an den Autor/Archiv Grandt

114 Gespräch zwischen dem Autor und der damaligen Pressestaatsanwältin/Gesprächsprotokoll v. 19.12.00/Archiv Grandt

115 Gesprächsprotokoll des Autors v. 18.12.00/Archiv Grandt

116 lt. Aussage vom LKA Stuttgart/Gesprächsprotokoll v. 15.12./18.12.00/ Archiv Grandt

117 vgl. »Landtag von Baden-Württemberg; Antwort der Landesregierung auf die Große Anfrage der Fraktion der CDU« (Drucksache 11/4815 v. 24.10. 1994)/»Gefährdung der Gesellschaft durch Okkultismus und Satanskulte« (Drucksachen 11/5380 v. 02.02.95)/Archiv Grandt

118 vgl. Aleister Crowely: »Magick, Band 1«, Bergen/Dumme 1993, S. 396 f.

119 vgl. Gregor A. Gregorius: »Aleister Crowley's Magische Rituale«, Berlin 1980, S. 208

120 vgl. Marcus M. Jungkurth, a.a.O., S. 19 (mit Hinweis auf »Die Vision

und die Stimme« von Aleister Crowley/Marcus M. Jungkurth, 1982 und die »Henochischen Schlüssel der Magie« von Michael D. Eschner, 1982)
121 vgl. Jungkurth, S. 111
122 vgl. Gregorius: »Aleister Crowley's Magische Rituale«, Berlin 1980, S. 208
123 vgl. . E-Mail der Staatsanwaltschaft Stuttgart v. 28.04.06 an den Autor/Archiv Grandt
124 vgl. zu diesem Kapitel auch: Horst Knaut, a.a.O., S. 106 ff./Grandt/Grandt, a.a.O., S. 211 ff./ Horst E. Miers, a.a.O., S. 220/vgl. Walter Jantschik: »Der Ordo Baphometis – Magische Praktiken eines Geheimordens«, Frankfurt/Main 1994, S. 2, 33/vgl. zu Diefenthals Logenzugehörigkeit zur Fraternitas Saturni auch Peter-R. König: »Das OTO-Phänomen – 100 Jahre Magische Geheimbünde und ihre Protagonisten von 1895 – 1994, Ein historisches Aufklärungswerk« erschienen in der »Arbeitsgemeinschaft für Religions- und Weltanschauungsfragen«, München 1994, S.85/Grandt/Grandt, a.a.O., S. 64, 65; 103/John Symonds: »Aleister Crowley – Das Tier 666«, Basel 1983, S. 196
125 vollständiger Name dem Autor bekannt
126 vgl. »The Temple of Set – Confidential – Inter-Communication Roster as of October XXIII«/Archiv Grandt
127 vgl. »Sterben für den Teufel« in: »Akte 2000«(Sat 1), Sendung v. 25.04.00
128 vgl. M. Newton: »Raising Hell«, London 1994, S. 59 ff./Grandt/Grandt: »Satanismus – Die unterschätzte Gefahr«, Düsseldorf 2000, S. 141 ff./Ingolf Christiansen: »Satanismus – Faszination des Bösen«, Gütersloh 2000, S. 120/Anton Szandor LaVey, a.a.O., S. 98
129 vgl. zu diesem Kapitel auch: »Grausamer Frauenmord: Hundert Polizisten suchen ihren Kopf« in: »Bild« v. 24.10.96/»Der Schlitzer: Haß auf alle Frauen?« in: »Bild« v. 25.10.96/»Mein Mann, der Ripper« in: »Bild« v. 10.12.00/»In Müllsäcken am Bahndamm: Drei Frauenleichen ohne Kopf« in: »Bild« v. 25.03.97/»Nach Geständnis von Serienmörder sucht Polizei weitere Fälle« in: »Hamburger Morgenpost online« v. 28.11.99/»Erschossen und verstümmelt« in: »Zollernalb-Kurier« v. 29.11.99/»Eine blutige Spur durch Deutschland?« in: »Bild« v. 30.11.99/»Mutmaßlicher Serienmörder hüllt sich in Schweigen« in: »Hamburger Morgenpost online« v. 01.12.,99/»Mein Mann, der Ripper« in: »Bild« v. 10.12.99/»Mein Sohn der Mörder« in: »Stern 44/2000«, S. 136/»Mein Sohn ist ein Mörder« in: »Welt am Sonntag« v. 01.06.03/»Der Frauen-Ripper« in: »Bild« v. 18.08.00/Stephan Harbort: »Die morbide Vorstellungs- und Erlebniswelt sadistischer Serienmörder« in: F. Robertz/A. Thomas (Hrsg.): »Serienmord – Kriminologi-

sche und kulturwissenschaftliche Skiziierungen eines ungeheuerlichen Phänomens«, 2002/»Urteil: Lebenslänglich in die Psychiatrie – Frauenmörder nie mehr frei« in: »Zollernalb-Kurier« v. 22.09.00/»Dreifacher Frauenmörder schlitzte auch Pferde und Kühe auf« in: »Berliner Zeitung online« v. 23.11.99/»Serienkiller: Auch Leichen geschändet« in: »Zollernalb-Kurier« v. 11.01.00/»Der Frauen-Ripper« in: »Bild« v. 18.08.00

130 vgl. zu diesem Kapitel auch: »Presseinformation des Oberlandesgericht Frankfurt am Main« v. 03.03.06/»Schlachtungs-Handlungen im sadomasochistischen Umfeld« in: »Kriminalistik 58(5/2004«), S. 322–324/»Der Kannibale« in: »Stern/Nr. 31/2003«/ »Der Fall des ›Kannibalen von Rotenburg‹: Chronologie« in: »Die Welt« (http://www.networld.at/articles/0619/15/139990_s1.shtml.?print)/Zugriff: 26.06.06/Peter-R. König: »Das OTO-Phänomen – 100 Jahre Magische Geheimbünde und ihre Protagonisten von 1895 – 1994, Ein historisches Aufklärungswerk« erschienen in der »Arbeitsgemeinschaft für Religions- und Weltanschauungsfragen«, München 1994, S. 86, 88/Joachim Schmidt: »Satanismus – Mythos und Wirklichkeit«, Marburg 1992, S. 205 ff./Horst E. Miers, a.a.O., S. 52 f., 103 f., 266 ff., 606 ff./Joachim Schmidt: »Satanismus – Mythos und Wirklichkeit«, Marburg 1992, S. 205/»Alexander von Bernus Gesellschaft e.V.: »Alexander von Bernus – Bedeutung, Definition, Erklärung, Glossar« (in: http://alexander_von_bernus.lexikona.de/art/Alexander_von_Bernus.html)/Zugriff: 28.06.06/Guido & Michael Grandt: »Waldorf Connection«, Aschaffenburg 1998, S. 102 – 124/»Flensburger Hefte 33/6/91: »Destruktive Kulte, Schwarze Magie, Sexualmagie«, Flensburg 1991, S. 124 ff., 156/ unveröffentlichtes Interviewmanuskript: »Es gibt keinen Teufel! – Gespräch mit der Magierin Ulla von Bernus«/sowie Tonbänder v. 28.09.93 + 03.10.93/Archiv Grandt/Abdul Alhazred: »Das Necronomicon – Nach den Aufzeichnungen von Gregor A. Gregorius«, Berlin 1980, S. 7, 211, 212/»Es war kein Mord, es war Sterbehilfe« in: »Bildonline« v. 02.12.03/»Richter zeigt das Schlacht-Video« in: »Bildonline« v. 05.12.03/»Das geheime Knastleben des schrecklichen Kannibalen« in: »Bildonline« v. 19.12.03/»204 Menschen boten sich als Opfer an« in: »Bildonline« v. 16.01.04/»Gutachter: Der Kannibale ist voll schuldfähig« in: »Bildonline« v. 19.01.04/»Menschenfresser soll lebenslang hinter Gitter – wegen Lustmord!« in: »Bildonline« v. 26.01.04/»Ist das wirklich kein Mord?« in: »Bildonline« v. 30.01.04/»Mein Opfer hatte einen schönen Tod« in: »Bildonline« v. 30.01.04/»Kannibale verklagt Hollywood« in: »Bild« v. 09.01.06/»Diesen Film will der (echte) Kannibale verbieten« in: »Bild« v. 11.01.06/»Kannibale von Rotenburg könnte als Mörder verurteilt werden« in: »Stuttgarter Zeitung« v.

11.01.06/»Der Rotenburger Kannibalismusfall wird neu aufgerollt« in: »Stuttgarter Zeitung« v. 11.01.06/»Menschenfresser mimt den Biedermann & grinst« in: »Bild« v. 13.01.06/»Gutachter: Der Kannibale ist nicht krank« in: »Bild« v. 14.02.06/»Die Rolle ist ein echter Leckerbissen« in: »Bild« v. 16.01.06/»Ich wollte ihn nur essen, nicht töten« in: »Bild« v. 17.01.06/»Meiwes' Aussage zieht klare Verteidigungslinien« in: »Stuttgarter Nachrichten« v. 17.01.06/»Armin Meiwes legt ein umfassendes Geständnis ab« in: »Stuttgarter Zeitung« v. 17.01.06/»Als ich ihn gegessen hatte, kam ich zum Orgasmus« in: »Bild« v. 18.01.06/»Kannibalen-Film darf ins Kino« in: »Bild« v. 30.01.06/»Armin Meiwes plaudert über seine Tat« in: »Stuttgarter Zeitung« v. 01.02.06/»Wie hält man bloß diesen Grusel aus?« in: »Bild« v. 01.02.06/»Gutachter: Opfer des Kannibalen lebte länger« in: »Stuttgarter Nachrichten« v. 08.02.06/»Gericht zeigt Schlacht-Video des Kannibalen« in: »Bild« v. 17.02.06/»Findet der Kannibale seinen Prozeß geil?« in: »Bild« v. 22.02.06/»Wiederholungsgefahr bei Armin Meiwes« in : »Stuttgarter Zeitung« v. 25.04.06/»Lebenslange Haft für Armin Meiwes gefordert« in: »Stuttgarter Zeitung« v. 04.05.06/»Staatsanwaltschaft will Höchststrafe für Meiwes« in: »Stuttgarter Nachrichten« v. 04.05.06/»Meiwes versteht die Welt nicht mehr« in: »Stuttgarter Zeitung« v. 09.05.06/»Armin M. droht lebenslange Haft« in: »Zollern-Alb-Kurier« v. 09.05.06/»Lebenslange Haft wegen Lustmordes« in: »Zollernalb-Kurier« v. 10.05.06/»Perverser Lustmord: Das Gericht nimmt dem ›Kannibalen‹ von Rotenburg die Reue nicht ab« in: »Stuttgarter Nachrichten« v. 10.05.06/»Kannibale grinst und will neuen Prozeß« in: »Bild« v. 10.05.06/»Kannibale von Rotenburg will 3. Prozeß« in: »Bild« v. 20.05.06/»Wohin mit dem ›Kannibalen von Rotenburg‹?« in: »Brisant« (ARD) v. 11.01.06 (www.mdr.de/brisant/2390295.html)/Zugriff: 22.06.06/»Kannibale will Hollywood stoppen« in: »Brisant« (ARD) v. 12.01.06 (www.mdr.de/brisant/2393494.html)(Zugriff: 22.06.06)/»Spiegel 51/2002«/»Ein Täter, ein Opfer, ein Einzelfall« in: »Spiegel online« v. 13.12.02/»«Hessischer Menschenfresser – Das Opfer war Ingenieur« in: »Spiegel online« v. 12.12.02/»Kannibalismus« (http://www.enzyklopda.de/infos/k/ka/kannibalismus.html)(Zugriff: 22.06.06)/»Kannibalismus bislang kaum erforscht« in: »faz.net« v. 02.12.03/ »Internet-Kannibalen feiern Armin M.« (http://www.naiin.org/de/content/dynamic.php?page=1&sub=d&article=106)(Zugriff: 22.06.06)/»Kannibalen in Deutschland« in: »Fakt (MDR)« v. 23.01.06/»Wieder ein unheimlicher Menschenfresser« in: »Bild« v. 08.10.04/»Er schlachtete einen Lehrer« in: »Bild« v. 15.11.04/»Haft und Einweisung in die Psychiatrie« in: »Stern.de« v. 10.05.05/»Er aß seine Schwester« in: »Bild« v. 23.01.06/»Irrer Sex-Kannibale« in: »Bild«

v. 08.2.05/ »Schlachtungs-Handlungen im sadomasochistischen Umfeld« in: »Kriminalistik 58(5/2004«), S. 322–324/E-Mail v. Marcus Köhler (Generalstaatsanwaltschaft Frankfurt) an den Autor v. 30.06.06/ Archiv Grandt/Norbert Borrmann: »Vampirismus oder die Sehnsucht nach Unsterblichkeit«, München 1998, S. 29 ff./Mircea Eliade: »Mythen, Träume, Mysterien«, Salzburg 1961, S. 46–52/Heidi Peter-Röcher: »Mythos Menschenfresserei«, Berlin 1998, S. 63/Jürgen Graupmann: »Das Lexikon der Tabus«, Bergisch Gladbach 1998, S. 89ff./Barbara Ehrenreich: »Blut und Rituale«, München 1997, S. 77, 136, 137/Grandt/ Grandt: »Schwarzbuch Satanismus«, München 1996, S. 141, 142/Marcus M. Jungkurth, a.a.O., S. 154/»Junge Satanisten wegen Folter, Mord und Kannibalismus vor Gericht« in: »dpa-Meldung« v. 18.03.99/»Kannibalismus bislang kaum erforscht« in: »Faz.net« v. 02.12.03/»Jugendliche wollen eigene Grenzen erfahren und nicht nur heile Welt kennen lernen« (http://www.kiz-online.de/pflege/detail.php?ID=283&ausgabe=8)(Zugriff: 28.06.06)/»Ritual Abuse Task Force Report« der »Los Angeles County Commission for Women«, v. 15.03.91, S. 12/»Satanisten sollen Babys ermordet und gegessen haben« in: »Die Welt.de« v. 15.01.03/»… ZDF.reporter schockiert Deutschland« in: »Rhein-Zeitung« v. 16.01.03/»Okkultismus oft nur Tarnung für Sexualtäter« in: »Rhein-Zeitung« v. 16.01.03/»Blut für den Teufel?« in: »Kriminalportal.de« (http://www.kriminalportal.de/thema/index_48031.cfm)(-Zugriff: 28.06.06)/Aleister Crowley (ediert und kommentiert von Michael D. Eschner): »Magick, Band I«, Clenze 1986, S. 509 ff./Richard Cavendish, a.a.O., S. 331, 342 ff./vgl.»Andreaskreuz« in: »Wikipedia, der freien Enzyklopädie« (http://de.wikipedia.org/wiki/Andreaskreuz)/Zugriff: 28.06.06/Peter Calvocoressi: »Who's Who in der Bibel«, München 1998, S. 44, 45/Barbara C. Walker, a.a.O., S. 77, 250, 430, 440/»Altes Wissen, Buchstabe A« (http://sphinx-suche.de/alteswissen/a.htm)/Ulrike Müller-Kaspar: »Handbuch des Aberglaubens, Band 2«, Wien 1996, S. 478/Grandt/Grandt: »Satanismus – Die unterschätzte Gefahr«, Düsseldorf 2000, S. 29 ff. (und dort weiteren Quellenhinweisen)/Zsuzsanna E. Budapest: »Das magische Jahr – Mythen, Mondaspekte, Rituale«, München 1999, S. 105, 106/Ulrich Rausch, a. a.O., S. 91, 92/Christoph Daxelmüller: »Zauberpraktiken – Die Ideengeschichte der Magie«, Düsseldorf 2001, S. 154 ff./ Sandra/Arno Frank Eser: »Weiße Magie, Schwarze Magie, Satanismus«, München 1999, S. 70 ff./»Kannibale grinst und will neuen Prozeß« in: »Bild« v. 10.05.06/Michael D. Eschner: »Die geheimen sexualmagischen Unterweisungen des Tieres 666«, Berlin 1985, S. 241–258/Rudolf Passian: »Licht und Schatten der Esoterik«, München 1991, S. 246 ff./Gerd Ziegler: »Tarot, Spiegel der Seele – Handbuch zum Crowley-Tarot«,

Sauerlach 1984, S. 11 ff., 45/Wolfgang Bauer/Irmtraud Dümotz/Sergius Golowin, a.a.O., S.327 ff.
131 »As a child, he remembered his mother Waltraud Meiwes inviting the neighbour lady over for afternoon coffee, talking about spells and curses and witchcraft ...« in: »Expatica's German news in English«: »Germany's internet cannibal«, dpa, January 2004 (http://www.expatica.com/source/site_article.asp?subchannel_id=52&story_id=4082)/Zugriff: 28.06.06
132 vgl. Guido & Michael Grandt: »Waldorf Connection«, Aschaffenburg 1998, S. 102–124
133 vgl. »Die Hexe von Nebenan« in: »Der Tagesspiegel« (Weltspiegel v. 16.12.02) und »Hessisch-Niedersächsiche Allgemeine« (Artikel von Frank Thonicke, der mir bei einem Gespräch erklärt, dass die beiden Häuser unmittelbar beieinander liegen und ihm Nachbarn von der Verbindung zwischen Meiwes und Bernus erzählt haben)/Gesprächsprotokoll v. 28.06.06
134 »... Von Bernus was best friends with Waltraud Meiwes, the future cannibal's domineering mother. The suspect himself told investigators he was 'in and out of Ulla's house all the time' until von Bernus died in 1998 at age 86 ... As a child, he remembered his mother Waltraud Meiwes inviting the neighbour lady over for afternoon coffee, talking about spells and curses and witchcraft ...« in: »Expatica's German news in English«: »Germany's internet cannibal«, dpa, January 2004 (http://www.expatica.com/source/site_article.asp?subchannel_id=52&story_id=4082)/Zugriff: 28.06.06
135 vgl. Gesprächsprotokoll mit Staatsanwaltschaft Trier v. 04.07.06/Archiv Grandt
136 vgl.«Ritual Abuse Task Force Report« der »Los Angeles County Commission for Women«, v. 15.03.91, S. 12
137 vgl. zu diesem Kapitel auch: Daniel Ruda: »Fehlercode 211 – Der ›Satansmord‹ von Witten – was wirklich geschah«, Frankfurt/Main 2004/»Ein Mord im Namen des Teufels« in: »Max 19/2001«/»Tod im Namen des Satans« in: »Stern 3/2002«/»Das Netz des Bösen« in: »Tomorrow 2/20022/»Noch keine heiße Spur in angeblichem Ritualmord-Fall« in: »Yahoo!Schlagzeilen« v. 11.07.01/»Das Grauen hinter diesem Fenster« in: »Bild« v. 11.07.01/»Grausamer Ritualmord« in: »Zollernalb-Kurier« v. 11.07.06/»Satans-Paar mit Todesliste auf Menschenjagd?« in: »Bild« v. 12.07.06/»Satanisten-Paar auf der Flucht« in: »Zollernalb-Kurier« v. 12.07.06/»Satans-Paar auf der Flucht« in: »Bild« v. 12.07.01/»Polizei schützte Mutter des Opfers des ›Satansmordes‹« in: »Yahoo! Schlagzeilen« v. 12.07.01/ »Das ist die Todesliste der Satansbraut« in: »Bildonline« (Zugriff: 13.08.02)/»Satanistenpaar ohne Widerstand

festgenommen« in: »Yahoo!Schlagzeilen« v. 12.07.01/»Verdächtiges Satanisten-Paar ist gefasst« in: »Zollernalb-Kurier« v. 13.07.01/»Der Teufel konnte ihr nicht helfen« in: »Bild« v. 13.07.01/»Der Satan hat es uns befohlen« in: »Bild« v. 14.07.01/»Auf Befehl des Teufels« in: »Zollernalb-Kurier« v. 14.07.01/»Satansmörderin Manuela – Sie liebte Fesselspiele auf Friedhöfen« in: »Bild am Sonntag« v. 15.07.01/»Wir trinken unser Blut« in: »Bild« v. 16.07.01/»Teuflisches Paar gesteht Ritualmord« in: »N24 – Politik & Magazin« v. 16.07.01/»Noch mehr Morde?« in: »Bild« v. 17.07.01/»Deutsche Satansjünger handeln mit Leichenteilen« in: »Bild« v. 18.07.01/»Wer Sünde tut, stammt vom Teufel, sagte die Pastorin« in: »Bild« v. 21.07.01/»Er war so ein lieber Junge« in: »Bild« v. 23.07.01/»Anklage wegen Mordes gegen Satanistenpaar« in: »Kölnische Rundschau« v. 22.11.01/»Mit Satans Messer stach ich zu« in: »Bild« v. 28.09.01/»Satanisten-Ehepaar wegen Mordes vor Gericht« in: »N24 – Politik & Magazin« v. 10.01.02/»Bluttat, ›auf Befehl des Teufels‹« in: »Zollernalb-Kurier« v. 11.01.02/»Augen, gierig nach Blut« in: »Bild« v. 11.01.02/»Der Prozess gegen die Satansmörder« in: »Bild« v. 12.01.02/»Die perversen Briefe der mörderischen Satansbraut« in: »Bild« v. 14.01.02/»In diesem Sarg schlief sie jede Nacht« in: »Bild« v. 15.01.02/»Ich war 105 Minuten mit dem Monster eingesperrt« in: »Bild« v. 16.01.02/»Setze einen Herzstich, befahl mir Satan« in: »Bild« v. 17.01.02/»Reue wäre Beleidigung Satans« in: »Zollernalb-Kurier« v. 17.01.02/»Wie kann diese Mutter das alles nur ertragen?« in: »Bild« v. 18.01.02/»Im Geiste bin ich schon längst tot« in: »Bild« v. 21.01.02/»Der absurde Schönheitswahn der Satansbraut« in: »Bild« v. 22.01.02/»Satanisten-Prozess: Bekannte von Daniel R. sagen aus« in: »wdr.de – Prozess um Wittener Ritualmord« v. 23.01.02/»Pärchen soll in Psychiatrie« in: »Zollernalb-Kurier« v. 25.01.02/»Angeklagte sind gefährlich« in: »Zollernalb-Kurier« v. 29.01.02/»Satanistenpaar völlig unbeeindruckt« in: »Zollernalb-Kurier« v. 01.02.02/»Gestörte Persönlichkeiten« in: »Stern.de« (Zugriff: 12.02.02)/»Beim Sex bis sie mich blutig« in: »Bild« v. 28.04.04/»Satansbraut will plötzlich ein Engel sein« in: »Bild« v. 07.04.06/»Satansbraut: So wurde ihr das Böse ausgetrieben« in: »Bild« v. 08.04.06/»Ohne ein Zeichen von Reue« in: »Berliner Zeitung« v. 01.02.02/»Zwei schwer gestörte Menschen« in: »Bremer Nachrichten« v. 01.02.02/»Mord im Auftrag Satans« in: »Bremer Nachrichten v. 17.01.02/»Angeklagtes Ehepaar hat Ritualmord gestanden« in: »Südwest Presse« v. 17.01.02/»Satanistin bereut« in: »Kriminalportal« (www.kriminalportal.de/thema/index_46951cfm)(Zugriff: 17.06.06/»Inszeniert und kritisiert« in: »Journalist 3/2002«/»Satanswahn: 16-jähriger schnitt die Kehlen der Eltern durch« in: »Stern.de« v. 25.03.02/»Satanismus ist Pop« in: »Berliner Zeitung« v. 26.01.02/

Norbert Borrmann: »Vampirismus oder die Sehnsucht nach Unsterblichkeit«, München 1998, S. 130, 133, 193 ff., 206, 207/Grandt/Grandt: »Satanismus – Die unterschätzte Gefahr«, Düsseldorf 2000, S. 102 ff./Barbara Ehrenreich: Blutrituale«, München 1997, S. 35, 43/Ray Tannahill: »Fleisch und Blut – Eine Kulturgeschichte des Kannibalismus«, München 1979, S. 12, 14/Katherine Ramsland: »Vampire unter uns«, Köln 1999, S. 15, 29, 43/Jürgen Graupmann: »Lexikon der Tabus«, Bergisch Gladbach 1998, S. 29/Marcus M. Jungkurth, a.a.O., S. 178 ff., 214 ff./»Jugendliche wollen eigene Grenzen erfahren und nicht nur heile Welt kennen lernen« (http://www.kiz-online.de/pflege/detail.php?ID=283&ausgabe=8)(Zugriff: 28.06.06)/Gregorius: »Satanische Magie«, Berlin 1983, S. 68/Anton Szandor LaVey, a.a.O., S. 89
138 vgl. Richard Cavendish, a.a.O., S. 287
139 vgl. Daniel Ruda, a.a.O., S. 5, 49, 64, 78
140 Archiv Grandt
141 vgl. Gesprächsprotokoll v. 22.06.06/Archiv Grandt
142 Vgl. »Gekreuzte Zweige« in: »Profil Nr. 25/17. Juni 1996«, S. 79 ff./»Kenne meinen Vater nur aus Gerichtsakten« in: »Salzburger Nachrichten« v. 26.05.06
143 Name geändert
144 Vgl. »Kind in schwarzer Messe getötet?« in: »Tages-Anzeiger« v. 29.07.93/»Ritualmord erfunden« in: »Ostschweiz« v. 03.08.93/»Schwarze Phantasien« in: »Tagesanzeiger« v. 03.08.93/
145 Name geändert
146 vgl. »Pressemitteilung des Kantonalen Untersuchungsrichters« v. 02.08.93
147 vgl. »Teufels Beitrag am Mord von Magda B.« in: »Sonntagszeitung« v. 01.11.98
148 vgl. »Kleinkind bei Satansmesse in St. Gallen geopfert?« in: »Blick« v. 29.07.93
149 vgl. Georg Otto Schmid: »Akron und sein Templum Baphomae« in: »Evangelische Informationsstelle: Kirchen – Sekten Religionen«, 1998 (http://www.ref.ch/zh/infoksr/akron.html)/Zugriff: 21.06.00
150 vgl. Horst E. Miers, a.a.O., S.150/Horst Knaut, a.a.O., S. 140 ff.
151 vgl. »Ich befasse mich mit der Schattenseite des Lebens« in: »Schweizer Illustrierte« v. 09.11.98
152 vgl. »Nackt im Schwitz-Zelt« in: »St. Galler Tagblatt« v. 01.11.99
153 vgl. Georg Otto Schmid, a.a.O,
154 vgl. Peter-R. König: »Das OTO-Phänomen – 100 Jahre Magische Geheimbünde und ihre Protagonisten von 1895 – 1994, Ein historisches Aufklärungswerk« erschienen in der »Arbeitsgemeinschaft für Religions- und Weltanschauungsfragen«, München 1994, S. 17

155 vgl. Anton Szandor LaVey, a.a.O., S. 135, 136
156 vgl. Georg Otto Schmid, A.a.o.
157 vgl. Rainer Fromm, a.a.O., S. 121
158 vgl. »NewAeon City: Wer wir sind« (http://www.newaeon.de/index.php?newaeon_wer_wir_sind)/Zugriff: 09.06.06
159 vollständiger Name dem Autor bekannt
160 vollständiger Name dem Autor bekannt
161 vgl. Peter-R. König, a.a.O., S.79
162 ebd., S. 119
163 vgl. Rainer Fromm, a.a.O., S. 98 ff.
164 vgl. »Im Namen des Teufels« von Stefanie Riedi«, 1996 (http://www.schwartzeorden.org/facts_teuflisch.htm)/Zugriff: 16.09.00
165 vgl. Horst E. Miers, a.a.O., S. 229, 250, 330, 478, 479, 676/Dieter A. Binder: »Die Freimaurer«, Freiburg i.Br. 1998, S. 379, 381/Richard Cavendish, a.a.O., S. 66/Wolfgang Bauer/Irmtraud Dümotz/Sergius Golowin, a.a.O., S. 41, 42/Christa Zettel: »Das Geheimnis der Zahl – Geheimlehre und Numerologie«, München 1996, S. 301 ff., 326/Grandt/Grandt: »Satanismus – Die unterschätzte Gefahr«, Düsseldorf 2000, S. 29 ff.
166 vgl. »Ein Novum in der Schweiz – Interview mit dem Sektenexperten Georg Otto Schmid« in: »Sonntagszeitung« v. 01.11.98
167 vgl. Petra Hutter/Stefan Jung: »Im Dunstkreis des Satanismus – Der Tod von Martha D. – Ein ferngesteuerter Mord?« in: »Kriminalistik 11/2004«, S. 723
168 ebd., S. 723, 725
169 vgl. »Ich befasse mich mit der Schattenseite des Lebens« in: »Schweizer Illustrierte« v. 09.11.98/»Wir wollten bewusst provozieren und verletzen« in: »Tages-Anzeiger« v. 15.12.99
170 vgl. E-Mail von Stefanie Amft, Pressestelle BKA, v. 07.03.06 an den Autor
171 vgl. »Experten warnen vor rechtsextremer Esoterik« in: »Die Welt.de« v. 08.05.04
172 vgl. Wolfgang Bauch: »Satanismus und Polizei – Probleme der Ermittlungsarbeit« in: »Berliner Dialog 2/99«, S. 10
173 vgl. Peter Göbel: »Satanismus – (k)ein polizeiliches Problem?« in: »Kriminalistik 4/2006«, S. 248
174 vgl. Werner Rügemer: »Recherchen am wunden Punkt« in: »Journalist 12/2000«, S. 22 ff.
175 vgl. Landtag von Baden-Württemberg, Plenarprotokoll 11/63 v. 22.03.95, S. 5146, zitiert nach Hans-Jürgen Ruppert, a.a.O., S. 34
176 vgl. Wolfgang Bauch: »Satanismus und Polizei – Probleme der Ermittlungsarbeit« in: »Berliner Dialog 2/99«, S. 9, 12

177 vgl. Dirk Marc Pelster: »Satanismus und kriminelles Unrecht« in: »Kriminalistik 7/2004«, S. 466 ff.
178 vgl. Peter Göbel: »Satanismus – (k)ein polizeiliches Problem?« in: »Kriminalistik 4/2006«, S. 252
179 vgl. Endbericht der Enquete-Kommission »Sogenannte Sekten und Psychogruppen«, a.a.O., S. 88
180 vgl. Dirk Marc Pelster, a.a.O., S. 471